程序逻辑及C语言编程

主　编　卢卫中　杨丽芳

副主编　高连成　周继松　陈　伟　李　英

参　编　朱丽卿　黄　磊　麻清应　向　魏　马　权
陈　序　李　翠　钟安元　秦陆国　付　涛
黎　勇　冯　瑞　廖晓宁　林　波

电子科技大学出版社
University of Electronic Science and Technology of China Press

·成都·

图书在版编目(CIP)数据

程序逻辑及C语言编程 / 卢卫中，杨丽芳主编. —
成都：电子科技大学出版社，2019.6（2024.8重印）
ISBN 978-7-5647-7383-0

Ⅰ. ①程… Ⅱ. ①卢… ②杨… Ⅲ. ①C语言—程序设计—高等职业教育—教材 Ⅳ. ①TP312.8

中国版本图书馆CIP数据核字（2019）第189914号

程序逻辑及C语言编程
CHENGXU LUOJI JI C YUYAN BIANCHENG

卢卫中 杨丽芳 主编

策划编辑 郭蜀燕 李燕芩
责任编辑 郭蜀燕
助理编辑 李燕芩
责任印制 段晓静

出版发行 电子科技大学出版社
成都市一环路东一段159号电子信息产业大厦九楼 邮编 610051
主 页 www.uestcp.com.cn
服务电话 028-83203399
邮购电话 028-83201495

印 刷 四川煤田地质制图印务有限责任公司
成品尺寸 210mm×285mm
印 张 18.25
字 数 452千字
版 次 2019年6月第1版
印 次 2024年8月第4次印刷
书 号 ISBN 978-7-5647-7383-0
定 价 68.00元

前　言

欢迎学习职业教育联盟校企合作系列课程（OEAC）。职业教育联盟由全国几十所优秀的职业教育学校组成。课程研发团队由一线教学经验丰富的老师、企业中工作经验丰富的行业专家及教育行业专家组成。我们的目的是：培养IT行业精英；我们的使命是：引领职业教育行业的发展。

本书充分考虑了读者的阅读习惯和学习习惯，在编排上做了非常科学的安排。

➢ 本书分为理论篇和上机篇。理论和上机是一对一的关系，学完理论马上就上机操作，一来可以提高理论的应用能力，二来可以巩固所学的理论知识。

➢ 理论部分的编排结构包括学习目标、预习任务、课程内容、总结、作业、扩展练习六个部分，这个编排结构可以让读者更加轻松、高效地学习。

➢ 上机部分的编排结构包括指导和练习两个阶段。指导阶段包括问题描述、分析、解决方案三个部分，这个阶段主要是通过分析问题帮助读者理清解决问题的思路，通过模仿增强熟练度。练习阶段只有问题描述，没有给出解决方案，锻炼读者自己解决问题的能力，举一反三。

➢ 本书有实战项目，让读者在提高应用能力的同时获得项目经验，真正体现了学以致用的指导方针。

➢ 本书采用图文结合的编排方式，宽松的版式让读者阅读起来非常轻松。

本系列课程由大量的老师及专家给予了支持和帮助，由于参与本系列课程研发的人数多，在这里没有一一列出他们的姓名，在此由衷地感谢他们！在编写过程中，还有一些图例和片段无法确定作者与出处，在此也向他们深表感谢，并请原作者与我们联系。同时希望读者和同行人士多提宝贵意见和建议。

编　者

2018年10月1日

目 录

理论篇

上机篇

理论篇

第1章　编程的基本概念

学习目标

- 了解C语言的发展历程及特点
- 熟悉使用Microsoft Visual Studio 2010进行C语言编程
- 编写第一个C语言程序
- 理解算法及流程图

本章单词

请在预习前完成下列单词，将其写在横线上。

① main（/mein/ 主要部分，主要的，重要的）：________________

② include（/in' kluːd/ 包括，包含）：________________

③ Microsoft（/ 'maikro,soːft / 美国微软公司）：________________

④ visual（/' vizjuəl/ 视觉的，形象的，栩栩如生的）：________________

⑤ studio（/' stjuːdiəu/ 工作室）：________________

⑥ error（/' erə/ 错误，误差）：________________

⑦ warning（/'wɔːniŋ/ 警告，预告）：________________

⑧ build（/bild/ 建立；建筑）：________________

⑨ void（/vɔid/ 空的，没有的）：________________

⑩ stdio（标准输入输出standard input/ouput）：________________

⑪ head（/hed/ 头，顶点）：________________

⑫ printf（/'printf/ 格式化输出）：________________

预习任务

1. 输出“新的学校新的起点!”效果如下图所示。【参考本章例1-1】

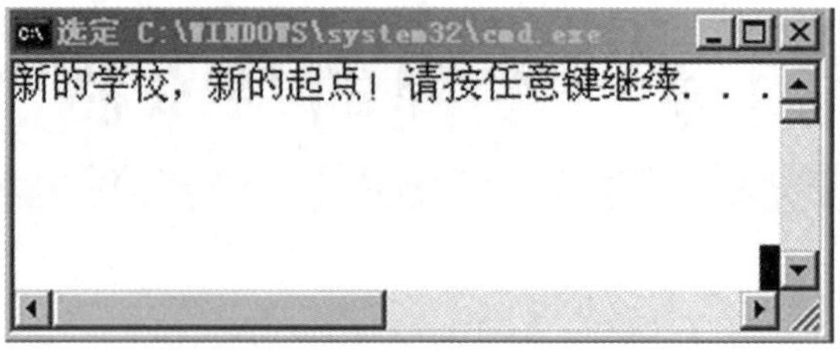

输出一行话

2. 输出“忍耐成就未来”并换行，效果如下图所示。【参考本章例1-1】

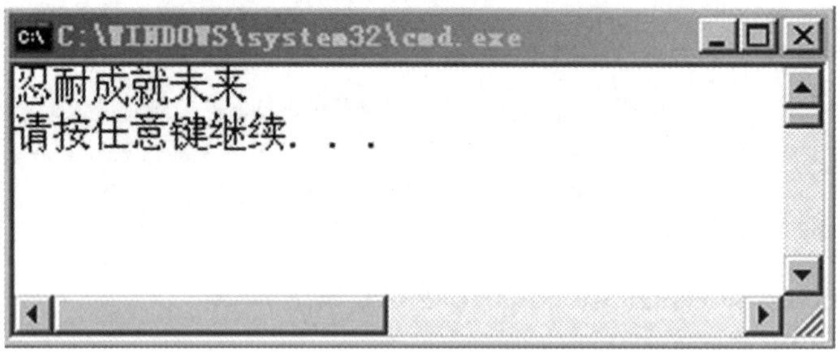

输出一行话并换行

在前面的课程中，我们已经学习了操作系统基础、Dos命令及计算机语言的介绍等软件技术基础课程，我们将从本章开始C语言程序的学习，正式踏上让人振奋的编程学习之旅，您准备好了吗？

C语言是一门什么样的语言呢？是低级语言还是高级语言？它能做什么？怎样编写C语言程序？在本章中，将为您深入浅出地介绍程序设计的基本概念与C语言的相关信息，并且开始编写第一个C语言程序。“好的开始，就是成功的一半”，相信我们进入程序设计领域时，能奠定一个良好的基础。

命令、程序、软件的概念

不懂计算机的人可能会把“程序”想象得十分深奥难懂，其实“程序”只是一堆符合语法规则的指令的集合。命令即指令，也称为程序语句，是组成C语言程序的基本条件。如果将一篇文章看成一个C语言程序，那么程序块就像是段落，程序语句就是段落中的句子。指令所包含的内容相当广泛，例如声明、变量、表达式、函数调用、流程控制和循环等。软件是一系列按照特定顺序组织的计算机数据和指令的集合。

C语言源程序的结构特点有：

（1）一个C语言源程序可以由一个或多个源文件组成。

（2）每个源文件可由一个或多个函数组成。

（3）一个源程序不论由多少个文件组成，并且只有一个main函数，即主函数。

（4）源程序中可以有预处理命令（include 命令仅为其中的一种），预处理命令通常应放在源文件或源程序的最前面。

（5）每一个说明，每一个语句都必须以分号结尾。但预处理命令，函数头和花括号“}”之后不能加分号。

（6）标识符，关键字之间至少加一个空格以示间隔。若已有明显的间隔符，就可以不加空格来间隔。C语言程序的结构如图1-1所示。

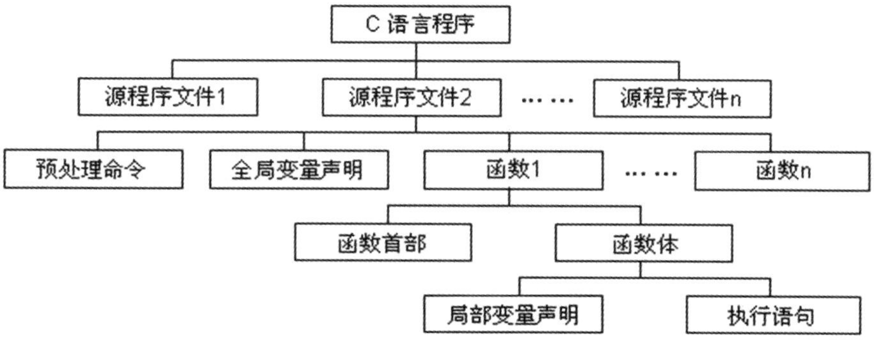

图1-1　C语言程序的结构

1.1　C语言的概述

1.1.1　C语言的发展历程及应用

C语言的原型ALGOL 60语言（也称为A语言）。

1963年，剑桥大学将ALGOL 60语言发展成为CPL（Combined Programming Language）语言。

1967年，剑桥大学的Matin Richards对CPL语言进行了简化，于是产生了BCPL语言。

1970年，美国贝尔实验室的Ken Thompson将BCPL进行了修改，并为它起了一个有趣的名字“B语言”。意思是将CPL语言煮干，提炼出它的精华。并且他用B语言写了第一个UNIX操作系统。

而在1973年，B语言也给人“煮”了一下，美国贝尔实验室的D.M.RITCHIE在B语言的基础上最终设计出了一种新的语言，他取了BCPL的第二个字母作为这种语言的名字，这就是C语言。

为了使UNIX操作系统推广，1977年Dennis M.Ritchie 发表了不依赖于具体机器系统的C语言编译文本《可移植的C语言编译程序》。即是著名的ANSI C。

1978年由美国电话电报公司（AT&T）贝尔实验室正式发表了C语言。同时由B.W.Kernighan和D.M.Ritchit合著了著名的“THE C PROGRAMMING LANGUAGE”一书。通常简称为《K&R》，也有人称之为《K&R》标准。但是，在《K&R》中并没有定义一个完整的标准C语言，后来由美国国家标准协会（American National Standards Institute）在此基础上制定了一个C语言标准，于1983年发表。通常称之为ANSI C。

1988年，随着微型计算机的日益普及，C语言出现了许多版本。由于没有统一的标准，使得这些C语言之间出现了一些不一致的地方。为了改变这种情况，美国国家标准研究所（ANSI）为C语言制定了一套ANSI标准，成为现行的C语言标准。C语言发展迅速，而且成为最受欢迎的语言之一，主要因为它具有强大的功能。许多著名的系统软件，如DBASE Ⅲ PLUS、DBASE Ⅳ 都是由C语言编写的。用C语言加上一些汇编语言子程序，就更能显示C语言的优势了，像PC-DOS 、WORDSTAR等就是用这种方法编写的。

总之，C语言是一种计算机程序设计语言。它既有高级语言的特点，又具有汇编语言的特点。它可以作为系统设计语言，编写系统应用程序，也可以作为应用程序设计语言，编写不依赖计算机硬件的应用程序。因此它的应用范围广泛。

1.1.2 C语言的特点

1. 简洁紧凑、灵活方便

C语言一共只有32个关键字，9种控制语句，程序书写自由，主要用小写字母表示。它把高级语言的基本结构和语句与低级语言的实用性结合起来。C语言可以像汇编语言一样对位、字节和地址进行操作，而这三者是计算机最基本的工作单元。

2. 运算符丰富

C语言的运算符范围很广泛，共有34个运算符。C语言把括号、赋值、强制类型转换等都作为运算符处理。从而使C语言的运算符类型极其丰富又多样化，灵活使用各种运算符可以实现在其他高级语言中难以实现的运算。

3. 数据结构丰富

C语言的数据类型有：整型、实型、字符型、数组类型、指针类型、结构体类型和共用体类型等。能用来实现各种复杂的数据类型的运算。并引入了指针概念，使程序效率更高。另外C语言具有强大的图形功能，支持多种显示器和驱动器。且计算功能、逻辑判断功能强大。

4. C语言是结构式语言

结构式语言的显著特点是代码及数据的分隔化，即程序的各个部分除了必要的信息交流外彼此独立。这种结构化方式可使程序层次清晰，便于使用、维护以及调试。C语言是以函数形式提供给用户的，这些函数可方便调用，并具有多种循环、条件语句控制程序流向，从而使程序完全结构化。

5. C语言语法限制不太严格，程序设计自由度大

虽然C语言也是强类型语言，但它的语法比较灵活，允许程序编写者有较大的自由度。

6. C语言允许直接访问物理地址，可以直接对硬件进行操作

C语言既具有高级语言的功能，又具有低级语言的许多功能，能够像汇编语言一样对位、字节和地址进行操作，而这三者是计算机最基本的工作单元，可以用来编写系统软件。

7. C语言程序生成代码质量高，程序执行效率高

用C语言生成的代码只比汇编程序生成的目标代码效率低10%～20%。

8. C语言适用范围广，可移植性好

C语言有一个突出的优点就是适合于多种操作系统，如DOS、UNIX，也适用于多种机型。

注意

初学C语言时，可能会对有些问题理解不透，或者表达方式与以往数学中不同（如运算符等），这就要求不气馁，不明白的地方多问多想，鼓足勇气进行学习，待学完后面的章节知识，前面的问题也就迎刃而解了。

1.1.3 使用Microsoft Visual Studio 2010进行C语言程序的开发

常用的C语言IDE（集成开发环境）有Microsoft Visual C++，Borland C++，Watcom C++，Borland C++，Borland C++ Builder，Borland C++ 3.1 for DOS，Watcom C++ 11.0 for DOS，GNU DJGPP C++，Lccwin32 C Compiler 3.1，Microsoft C，High C，Turbo C，Dev-C++，C-Free，win-tc，Microsoft Visual Studio 2010等，本书将采用Microsoft Visual Studio 2010进行C语言程序的开发，下面将介绍Microsoft Visual Studio 2010的基本使用步骤。

启动Microsoft Visual Studio 2010。单击【开始】→【程序】→【Microsoft Visual Studio 2010】→【Microsoft Visual Studio 2010】命令，启动Visual Studio 2010，如图1-2所示。

图1-2 “Microsoft Visual Studio 2010”的启动界面

步骤1：显示Microsoft Visual Studio 2010的主界面，如图1-3所示。

图1-3 Microsoft Visual Studio 2010主界面

步骤2：单击菜单栏的【文件】→【新建】→【项目】创建新项目，如图1-4所示。

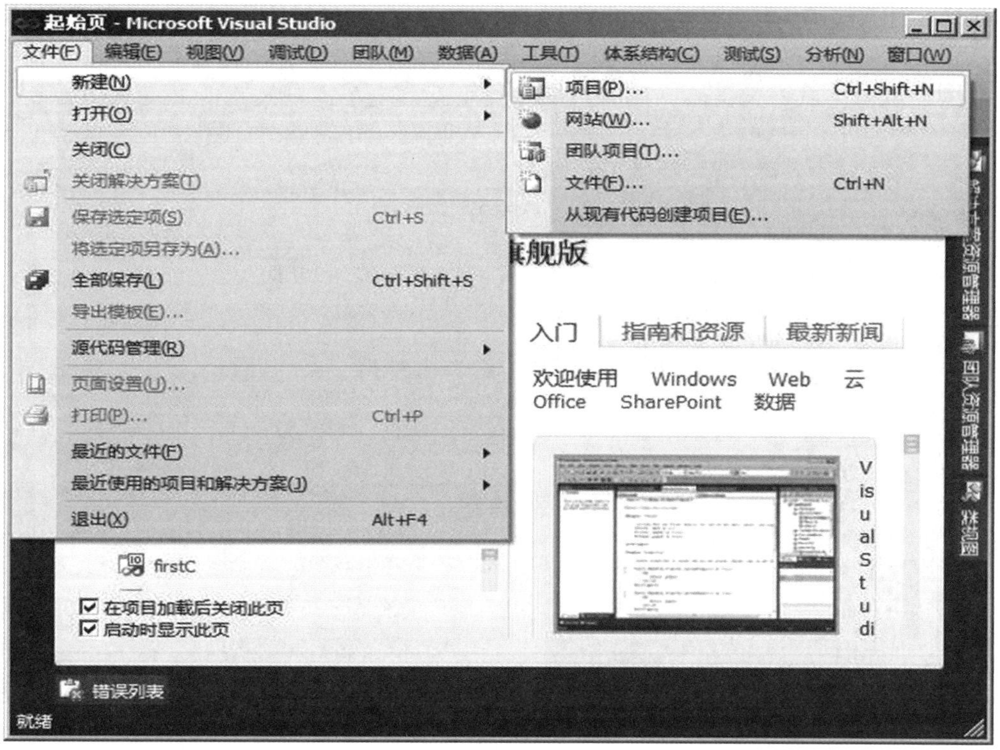

图1-4 创建新项目

步骤3：在弹出的对话框窗体中，选择左边的【Visual C++】，然后选中【空项目】，然后在窗口下边的名称文本框中输入项目名称，例如：firstC。选择保存位置，点击【确定】按钮，如图1-5所示。

图1-5 新建Visual C++

步骤4：在【解决方案资源管理器】中选择【源文件】，单击鼠标右键，选择【添加】→【新建项】，如图1-6所示。

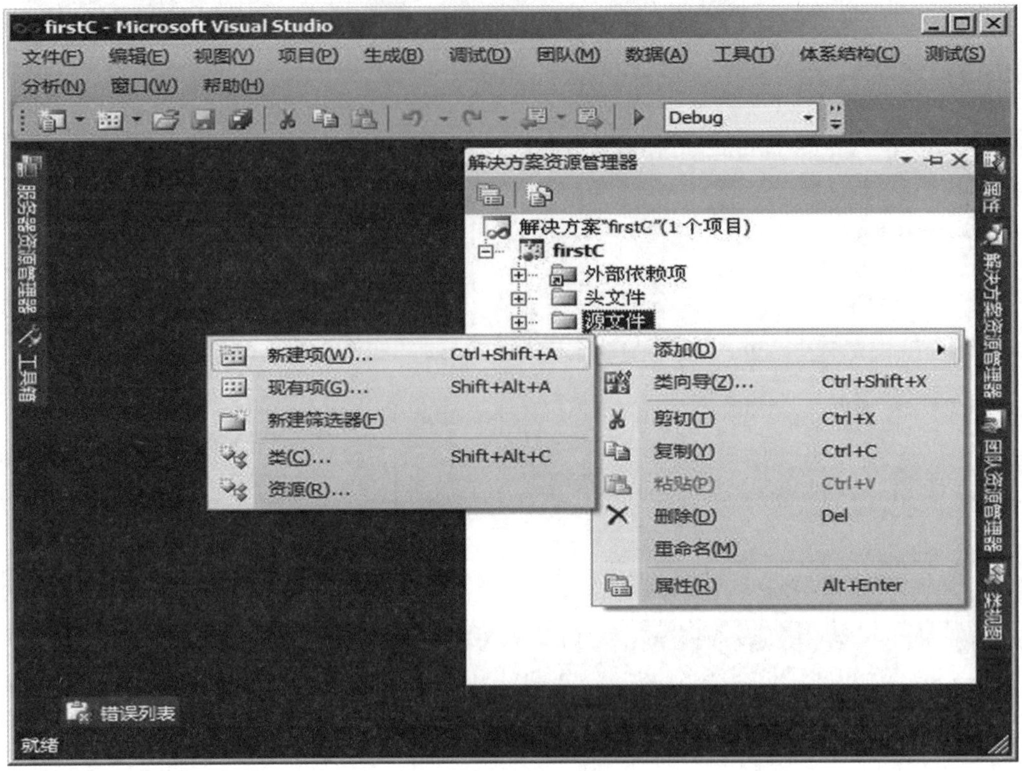

图1-6 添加新建文件的窗口

步骤5：在弹出的对话框窗体中，选择【C++文件（.cpp）】，然后在窗口下边的名称文本框中输入文件名，例如：firstC_1，点击【添加】按钮，如图1-7所示，新文件创建成功，显示文件编辑窗口，如图1-8所示。

图1-7 新建文件的窗口

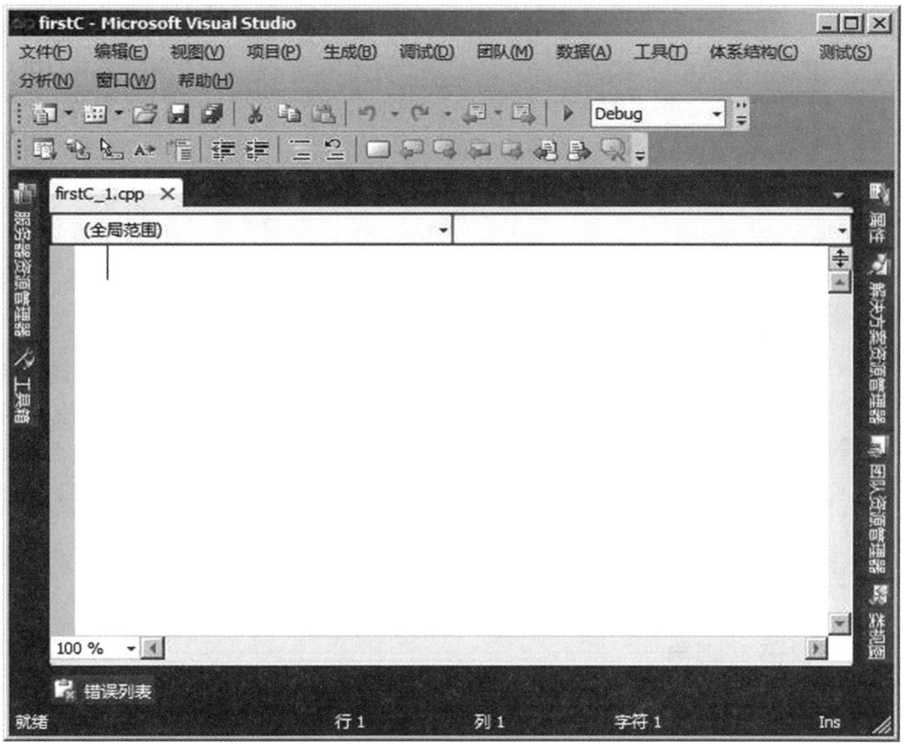

图1-8　文件编辑窗口

步骤6：代码编写完之后选择菜单中的【调试】→【开始执行（不调试）】将源文件进行编译，编译后，程序自动进行连接，如果在错误列表显示了0 error(s),0 warning(s),则说明编译、连接成功，如图1-9所示。

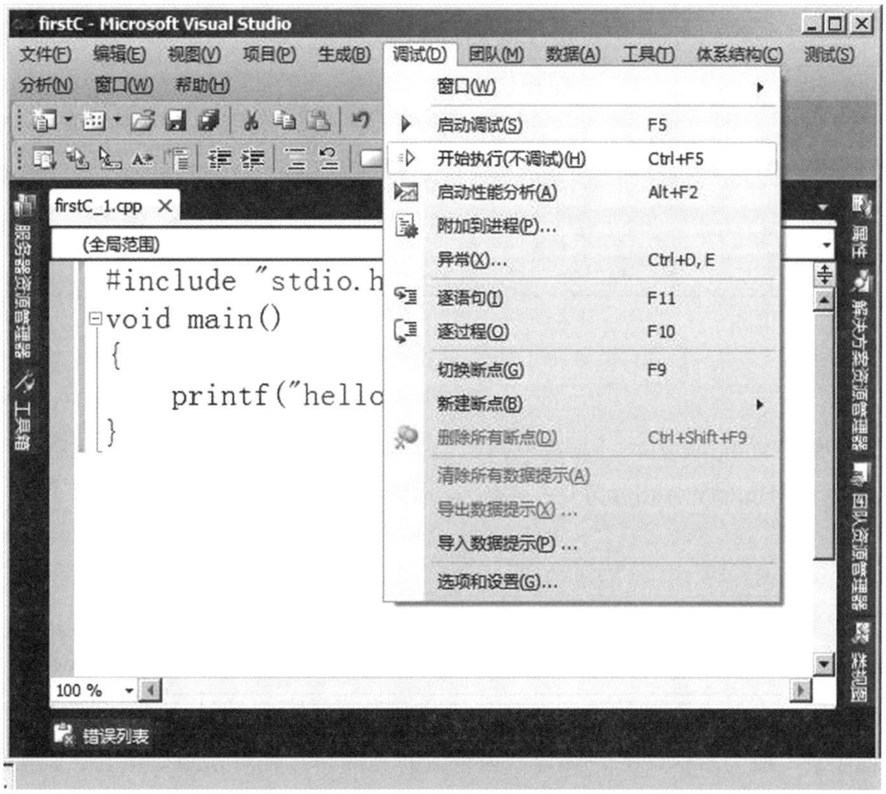

图1-9　文件编辑窗口

步骤7：输出运行结果，如图1-10所示。

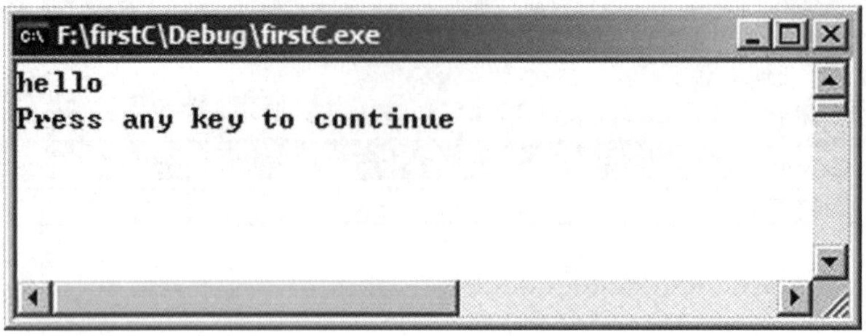

图1-10　输出窗口

注意

也可以选择“Ctrl+F5”直接运行代码。

1.2　C语言编程的步骤

1.2.1　第一个C语言程序

对C语言程序的开发环境有了基本认识后，先来了解C语言程序的基本框架。一个完整的C语言程序可以归纳为预处理区、程序块、程序语句和程序注释4部分，如图1-11所示。

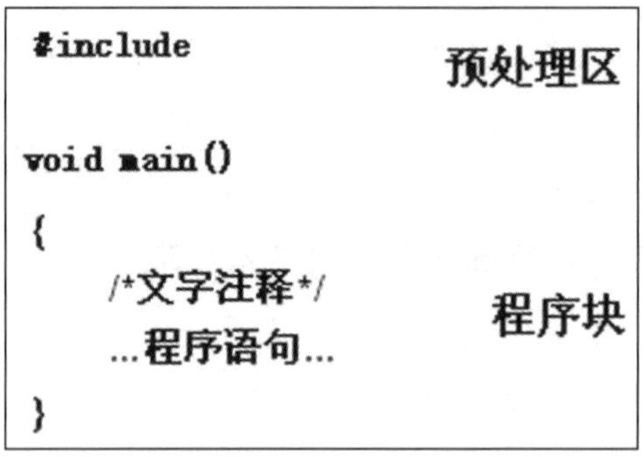

图1-11　C语言程序的基本框架

例1-1：编写第一个C语言程序。

```
#include <stdio.h>
void main( )
{
    /*输出"Hello World",并换行*/
    printf("Hello World! \n");
}
```

➢ include称为文件包含命令

在main()之前的一行为预处理区。预处理区包含预处理指令。这里的include称为文件包含命令，预处理命令还有其他几种，include指令其意义是把尖括号<>或引号""内指定的文件包含到本程序来，成为本程序的一部分。被包含的文件通常是由系统提供的，其扩展名为.h。h即head的首字母，因此也称为头文件或首部文件。C语言的头文件中包括了各个标准库函数的函数原型。因此，凡是在程序中调用一个库函数时，都必须包含该函数原型所在的头文件。

C语言程序的预处理区大多以“#”开头，是在开始编译文件之前先做的动作。例如“#include”就是一种预处理指令。由于C语言程序提供了许多标准函数，这些函数被分门别类放置于扩展名为“.h”的目标文件（也称头文件）中，“#include”指令的作用就是告诉编辑器要加入哪些C语言程序中所定义的目标文件或指令。它是C语言程序中必备的一条指令。

由于预处理器并不算是C语言程序的正式指令，因此不需要在指令后面加上分号（;）作为结束。通常，除了使用C语言程序所提供的头文件外，也可以使用我们自定义的头文件，不过会以“”符号将自定义的头文件括住。例如，以下两种方式：

方式1：#include <头文件名称>

方式2：#include “头文件名称”

方式1是用来加载系统自带头文件，而方式2是用来加载编程者自行编写的头文件。

注意

事实上，方式1和2之间的差异就在于搜索路径的不同。如果采用方式1的加载方式，编辑器去寻找系统默认的函数库目录，方式2则会先在当前的工作目录下寻找，找不到才会寻找默认的函数库目录。

下面列出C语言中常见的头文件以供参考。见表1-1所列。

表1-1　常见C语言头文件

头文件	说　明
<math.h>	包含数学运算函数
<stdio.h>	包含标准输出和输入函数
<stdlib.h>	标准函数库，包含各类基本函数
<string.h>	包含字符串处理函数
<time.h>	包含时间、日期的处理函数

➢ 程序注释

C语言中的注释主要是用于提供给程序的使用者与维护者的程序代码，主要有以下两种。

（1）单行注释

在行内以“//”开始，到行尾结束。

（2）多行注释

它是以“/*”作为开头，“*/”作为结束，并且可以出现在程序的任何位置。

当编译器遇到注释时，会采取略过的方式而不会编译注释包含的内容。

➢ main函数

main是函数的名字，表示“主函数”，main前面的void表示此函数是“空类型”，void是“空”的意思，即执行此函数后不产生一个函数值（有的函数在执行前后会得到一个函数值，例如正弦函数sin（x））。每一个C语言程序都必须有一个main函数，并且作为程序的入口。函数体由花括号{}括起来。

➢ printf函数

printf函数是一个由系统定义的标准函数，可在程序中直接调用。printf函数的功能就是向输出设备输出内容。

例1-1的执行结果如图1-12所示。

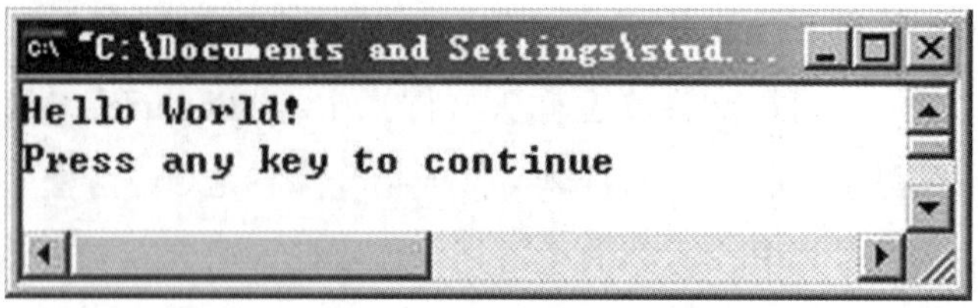

图1-12　执行结果

1.2.2　开发步骤

在前面的小节中我们已经编写过一个简单的C语言程序，可能你们对C语言程序开发的过程心中都有疑问，比如什么是“连接”，为什么要连接？下面我们将再次一起来熟悉开发步骤。

C语言是一门高级程序语言，所以C语言程序必须先编译。从开发一个C语言程序，到让计算机可以执行这些指令，需要经过【编辑】→【预处理】→【编译】→【连接】→【加载】与【执行】6个步骤，如图1-13所示。

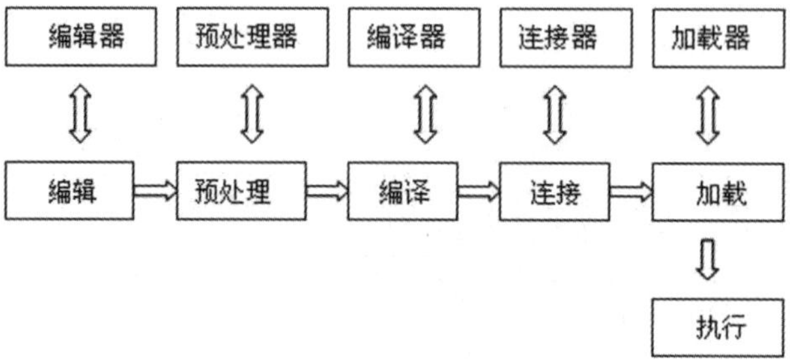

图1-13　C语言程序的开发步骤

1. 编辑

编辑即编写C语言程序的源文件，可以使用任何一种文字编辑器（如记事本）或集成开发环境（IDE，如Microsoft Visual Studio 2010）来作为编辑C语言程序代码的环境。C语言程序的源文件是一个纯文本文件，自行将编辑的源文件扩展名命名为“*.c”或者“*.cpp”即可。此文件可以在各种平台中，使用不同的编译器来编译生成可执行文件。

2. 预处理

在此阶段中“预处理器”会对C语言程序中的“预处理指令”进行处理动作，如宏展开、头文件（Header File）和包含（Include）等。

3. 编译

编辑器会将预处理器处理过的程序编译产生机器语言码（又称为“目标文件”），而此文件的扩展名为“*.obj”。所谓的目标文件就是用户开发的源代码，经过编译器编译后产生的一堆机器语言码，不过通常还得多执行一步，就是需要连接程序来连接函数库文件（*.lib）与其他目标文件才可以。

4. 连接

如果C语言程序中使用到函数库（扩展名为*.lib）的函数时，“连接器”会将所使用到的函数，从函数库中取出，并连接到程序内部。或者把一个程序分成数个文件来开发，这些文件在编译成为目标文件后，也必须通过连接器加以连接，才会产生可执行文件。

注意

学习程序语言和学游泳一样，跳下水感觉一下才是最快的方法。告诉各位同学一个小窍门，学程序是练出来的，不要只阅读书上的程序，最好一字一句输入进去。这样会使原本搞不懂的概念，灵光一现就茅塞顿开了。

1.3 算法及流程图

做任何事情都有一定的步骤。例如，你去商店购物，首先进入商店挑选自己想要的物品，然后到收银台付款结账，之后才能带着商品离开商店。我们从事各种工作和活动都必须事先想好进行的步骤，然后按部就班地进行，才能避免产生错乱。实际上，在日常生活中，由于已经养成的习惯，所以人们并没有意识到每件事情都需要事先设计出“行动步骤”。例如，吃饭、上学、打球、做作业等，事实上这些事情都是按照一定的规律进行的，只是人们不必每次都重复考虑它而已。

不要认为只有“计算”的问题才有算法。广义地说，为解决一个问题而采取的方法和步骤，就称为“算法”。例如，描述太极拳动作的图解，就是“太极拳算法”。一首歌曲的乐谱，也可以称为该歌曲的算法，因为它指定了演奏该歌曲的步骤，按照它的规定就能演奏出预定的曲子。

对同一个问题，可以有不同的解题方法和步骤。

例 1-2：求1×2×3×4×5。

最原始的方法：

步骤1：先求1×2，得到结果2。

步骤2：将步骤1得到的乘积2乘以3，得到结果6。

步骤3：将6再乘以4，得24。

步骤4：将24再乘以5，得120。

试想，如果是1×2×3×4×5…×1000呢？这样的算法虽然可行，但太烦琐。

改进的算法：可以设置两个变量，一个变量代表被乘数，一个变量代表乘数。不用另设变量存放乘积结果，直接将每一步骤的乘积放在被乘数变量中。实现代码如下，代码中5可以改为1000，最终变量m的值即为结果。

```
#include <stdio.h>
void main()
{
    int m=1;
    for (int i=2;i<=5;i++)
    {
        m=m*i; /*每一步骤的乘积放在被乘数变量中*/
    }
    printf("%d\n",m);  /*最后输出运算结果*/
}
```

说明

这段程序中包含了for循环、赋值运算符等，这些我们将在后续章节中讲到。现在如果看不懂没关系，这里主要是为了了解算法。

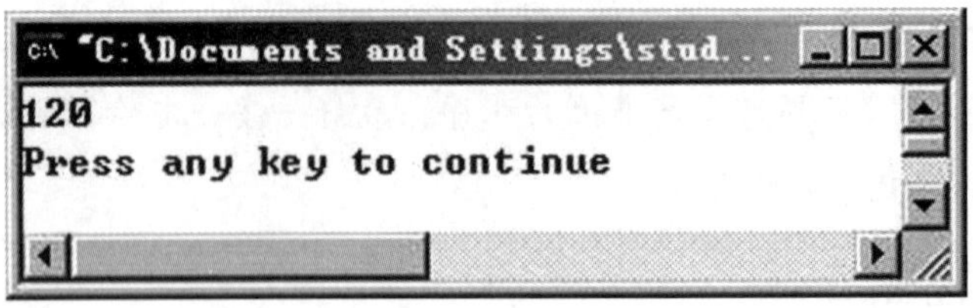

图1-14　例1-2运行结果

1.3.1　算法的特性

（1）有穷性：一个算法应包含有限的操作步骤而不能无限地执行。

（2）确定性：算法中每一个步骤应当是确定的，而不能是含糊的、模棱两可的。

（3）输入项：有零个或多个输入。

（4）输出项：有一个或多个输出。

（5）有效性：算法中每一个步骤应当能有效地执行，并得到确定的结果。

对于程序设计人员，必须会设计算法，并根据算法写出程序。

1.3.2　怎样表示一个算法

为了表示一个算法，可以有不同的方法。常用的方法有：自然语言、伪代码、流程图、计算机语言等。

1. 用自然语言表示算法

自然语言就是人们日常使用的语言，可以是汉语、英语或者其他语言。用自然语言表示通俗易懂，但是文字冗长，容易出现歧义。自然语言表示的含义往往不太严格，要根据上下文才能判断其正确的含义。假如有这样一句话："李先生对张先生说他的孩子考上了大学。"请问是张先生的孩子考上了大学呢还是李先生的孩子考上了大学？仅从这句话本身难以判断。此外，用自然语言来描述包含分支和循环的算法，非常不方便。

2. 用伪代码表示算法

伪代码是指用介于自然语言和计算机语言之间的文字和符号来描述算法。

例如：

```
if a为正数
    输出a为正数
if a为负数
    输出a为负数
```

3. 用流程图表示算法

流程图是人们对解决问题的方法、思路或算法的一种描述方式。

流程图的优点：

（1）采用简单规范的符号，画法简单；

（2）结构清晰，逻辑性强；

（3）便于描述，容易理解。

流程图常采用的符号如图1-15所示。

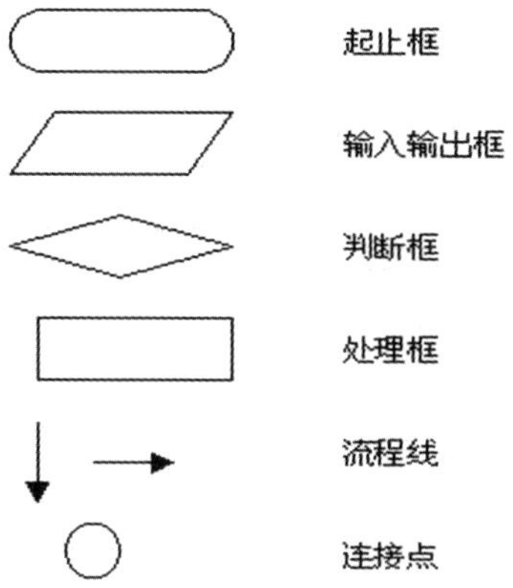

图1-15 流程图常采用的符号

例1-3：判断一个数是奇数还是偶数，用画流程图表示算法。

输入一个数字x，y=x%2。如果y=0则输出x是偶数，否则输出x不是偶数。将这个程序用流程图表示。

首先需要知道流程图的符号有哪些，要分析在这个问题中有哪些步骤是能用流程图表示的。比如我们把这个问题拆分如下。

表示输入输出的有：

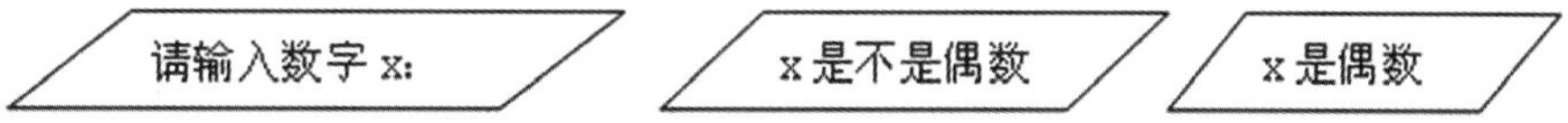

表示要运算的有：

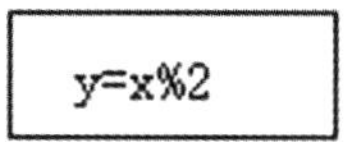

表示判断的有：

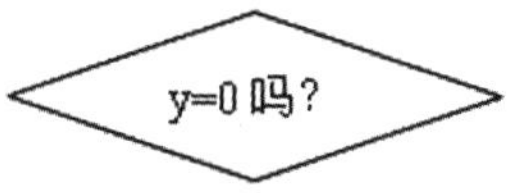

然后我们把这些部分根据程序执行步骤用流程线连接起来就形成了流程图，如图1-16和图1-17所示。

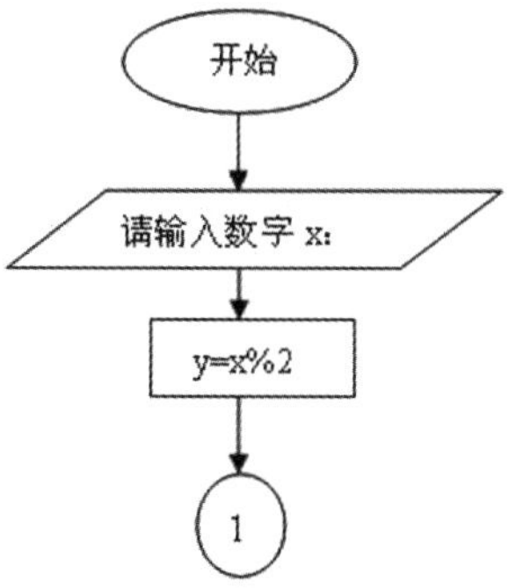

图1-16 判断一个数是奇数还是偶数的流程图的上半部分

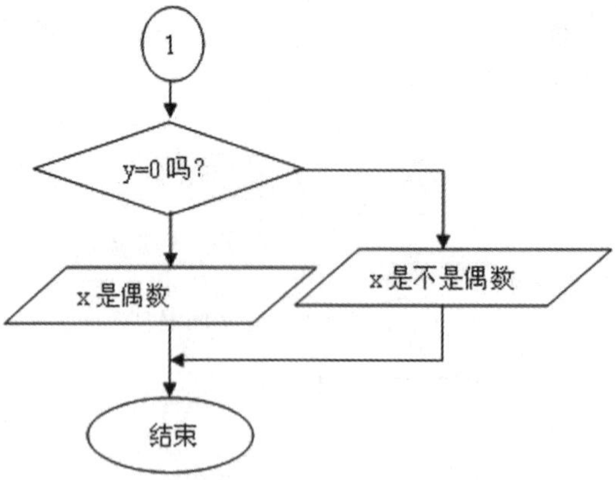

图1-17　判断一个数是奇数还是偶数的流程图的下半部分

注意

本例中的流程图可以不使用“连接点”符号，在这里使用是为了演示连接点符号。

4. 用计算机语言表示算法

例1-4：判断一个数是正数还是负数，用计算机语言表示算法。

```
#include <stdio.h>
void main()
{
    double x;
    printf("请输入一个数:");
    scanf("%lf",&x);
    if(x>0)
    {
        printf("x为正数\n");
    }
}
```

上面这段程序要求用户输入一个数字，如果输入的数大于0，则输出“x为正数”，若输入的数小于0就直接退出程序。运行结果如图1-18所示。

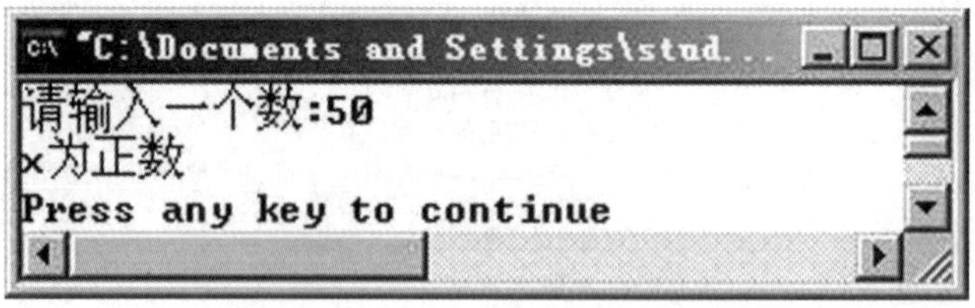

图1-18　例1-4的运行结果

总结

通过本章的学习，我们学到了以下知识：

- 命令、程序、软件的基本概念。
- 了解C语言的发展历程。
- C语言的特点。
  - ·简洁紧凑、灵活方便
  - ·运算符丰富
  - ·数据结构丰富
  - ·C是结构式语言
  - ·C语法限制不太严格，程序设计自由度大
  - ·C语言允许直接访问物理地址，可以直接对硬件进行操作
  - ·C语言程序生成代码质量高，程序执行效率高
  - ·C语言适用范围大，可移植性好
- 使用Microsoft Visual 2010编写第一个C语言程序。
- C语言编程的步骤：编辑→预处理→编译→连接→加载→执行。
- C语言程序的注释：单行注释、多行注释。
- 每一个C语言程序都必须有一个main函数，main函数作为程序的入口。
- 算法及流程图
  - ·算法的特性：有穷性、确定性、有效性、有零个或多个输入、有一个或多个输出。
  - ·表示算法的方式：自然语言法、伪代码、计算机语言和流程图。
  - ·流程图的优点：采用简单规范的符号，画法简单；结构清晰，逻辑性强；便于描述，容易理解。

作业

1. 请阅读以下游戏规则，完成游戏功能界面。游戏规则如下：

- 游戏分为5局，每局您可以猜拳一次，分胜、负、平三种结果；
- 游戏中您可以输入1、2、3分别代表出石头、剪刀、布；
- 石头比剪刀大，剪刀比布大，布比石头大；
- 五局结束后您可以选择再来一次或直接退出游戏。

运行程序，效果如图1-19所示。

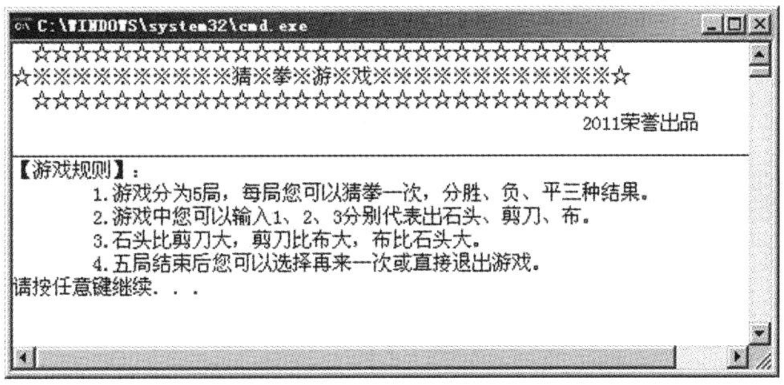

图1-19　游戏运行界面

2. 编写程序，输出效果如图1-20所示。

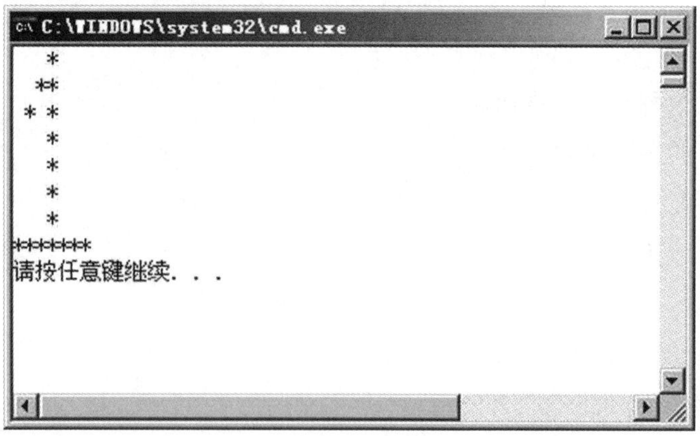

图1-20　输出图形

3. 编写程序，实现效果如图1-21所示。

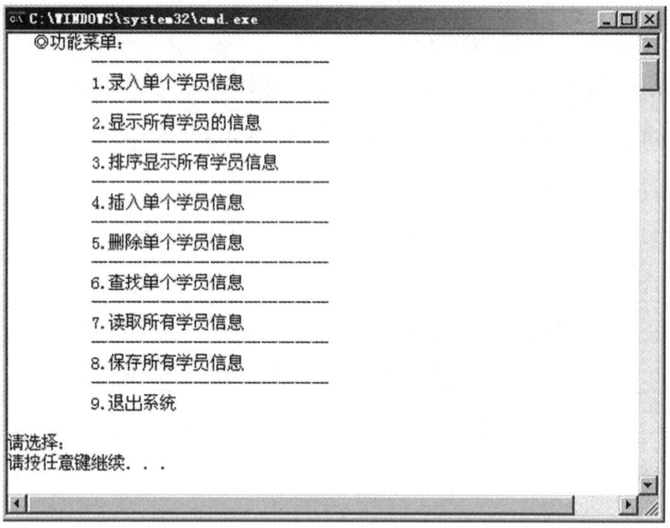

图1-21　功能菜单

4. 从控制台打印输出一份成绩单，如图1-22所示。

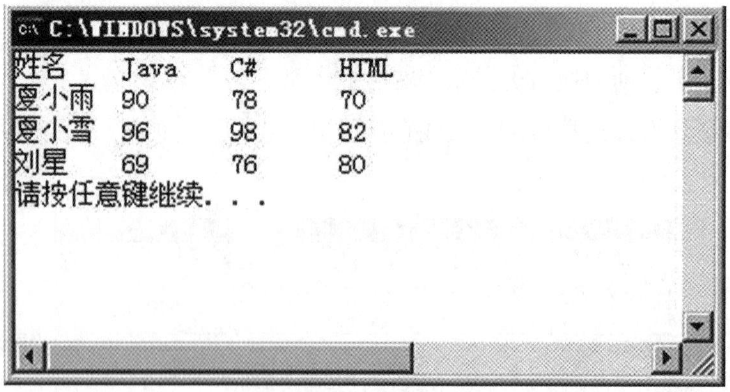

图1-22 输出成绩单

扩展练习

1. 定义一个变量，存放自己的年龄，并输出自己的年龄，运行效果如图1-23所示。

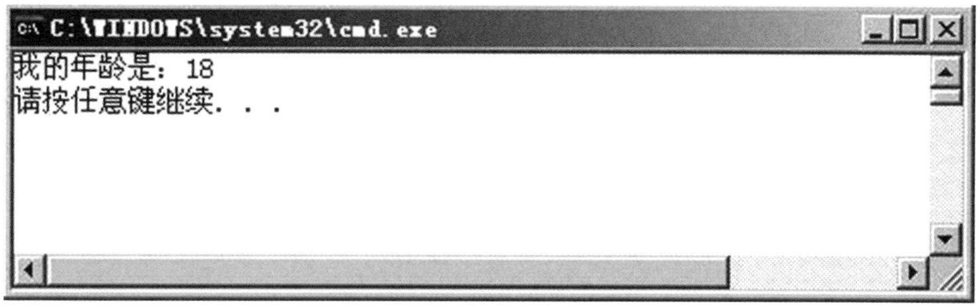

图1-23　输出变量中的值

2. 定义三个变量，分别存放三角形的底边和高，计算三角形的面积，并输出三角形的面积，运行效果如图1-24所示。

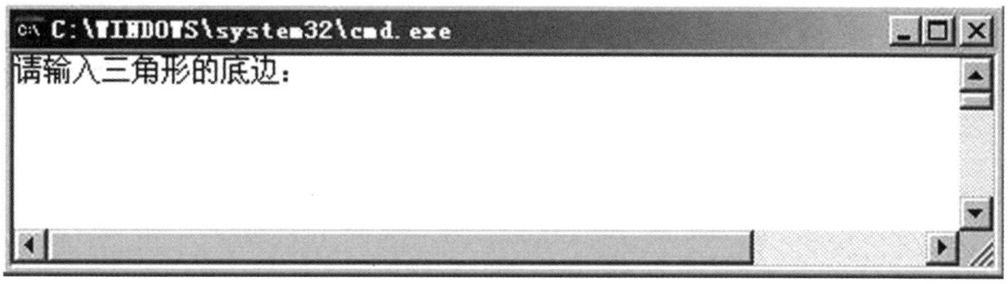

图1-24　输出三角形的面积

第2章　常量、变量和数据类型

学习目标

- 掌握常量和变量的使用
- 掌握C语言的基本数据类型
- 熟悉转义符的使用

本章单词

请在预习前完成下列单词，将其写在横线上。

① define（/di'fain/ 定义，规定）：________________

② double（/'dʌbl/ 双重的，两倍的）：________________

③ int（/int/ 整数）：________________

④ short（/ʃɔːt/ 短的，不足的）：________________

⑤ long（/lɔŋ，lɔːŋ/ 长的，过长的）：________________

⑥ float（/fləut/ 浮动，飘动）：________________

⑦ scanf（/'skæn'ef/ 输入函数）：________________

⑧ sizeof（/saizɔv/ 大小）：________________

⑨ char（/tʃɑː/ 字符）：________________

预习任务

1. 定义符号常量，然后输出符号常量的值，效果如下图所示。【参考本章例2-1】

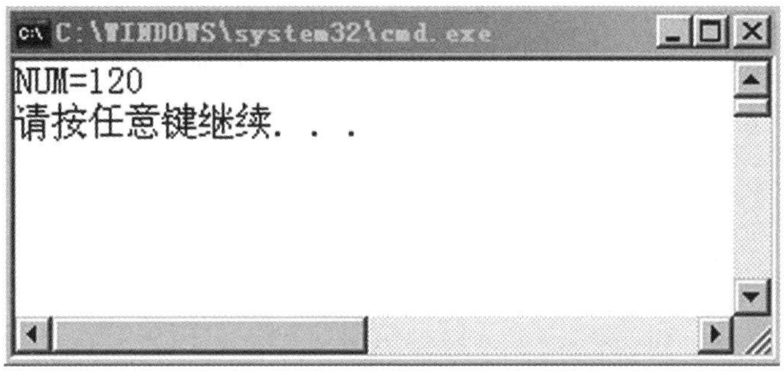

使用常量

2. 定义变量num1和num2，先给变量赋值，然后输出变量的值，效果如下图所示。【参考本章例2-6】

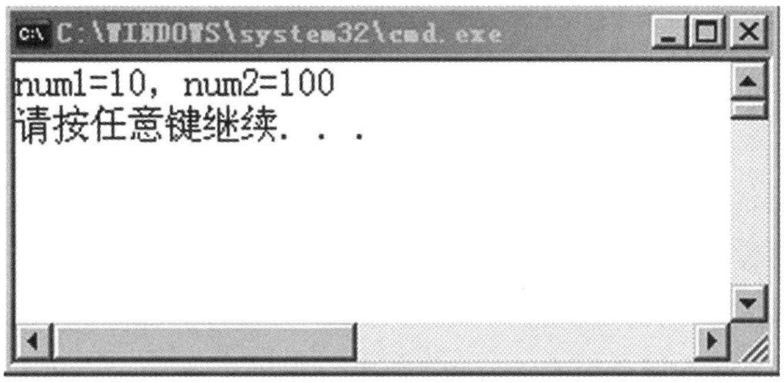

定义变量

3. 定义变量存放字符a，然后输出变量的值，效果如下图所示。【参考本章例2-7】

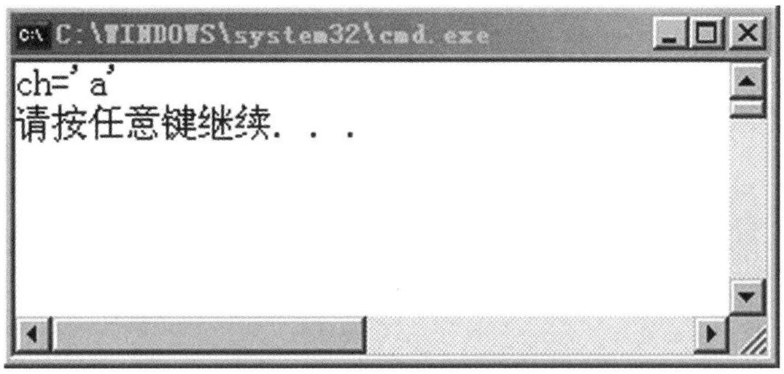

定义字符数据类型变量及输出

在上一章中，我们对C语言进行了一定程度的了解，编写了第一个C语言程序，但对于初涉编程的你，对上一章的示例程序可能会感到难以消化。首先请您放松心情，从本章开始，我们将从C语言的基本数据类型开始讲起。

C语言中最基本的数据处理对象是变量和常量，它们都必须事先声明一个对应的数据类型，以决定所分配到的内存大小和可存储值的范围。

2.1　常量

在程序运行过程中，其值不能被改变的量称为常量。常量区分为不同的类型，如‘a’、‘b’、‘c’为字符型常量，10、25、-12为整型常量，1.5、3.2、-142.5为实型常量。常量一般从其字面形式即可判断其类型。这种常量称为字面常量或直接常量。

也可以用一个标识符代表一个常量，这种用于标示一个常量的符号，称为“符号常量”，即以标识符形式出现的常量。如例2-1中定义的PI。

例2-1：使用符号常量。

```
#define PI 3.14
#include <stdio.h>
void main()
{
        int r; //声明圆半径r
        double s; //声明圆面积s
        printf("请输入圆半径:");      //提示输入圆半径
        scanf("%d",&r);            //接收用户输入的半径值
        s = PI*r*r;              //计算圆面积
        printf("圆面积为:%lf\n",s);   //输出圆面积
}
```

运行结果如图2-1所示。

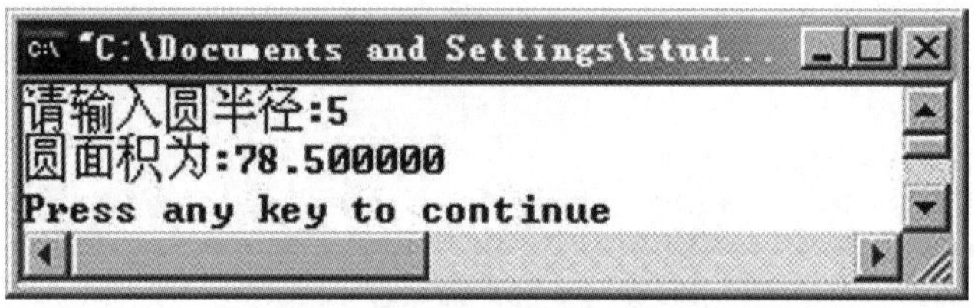

图2-1　例2-1程序运行结果

程序中用#define命令定义PI代表常量3.14，此后凡在本程序中出现的PI都代表3.14，可以和变量一起进行运算，程序运行结果如图2-1所示。

请注意符号常量与变量不同，符号常量的值在其作用域（在例2-1中的主函数）内不能改变，也不能再被赋值。如果再用赋值语句给PI赋值是错误的。

如， PI=3.1415926；/*错误，不能给符号常量赋值*/

习惯上，符号常量名用大写，变量名用小写，以示区别。

使用符号常量的好处如下：

➢ 含义清楚。如例2-1中，看程序时从常量名PI上就知道它代表圆周率。因此定义符号常量名时应考虑“见名知意”。

➢ 在需要改变常量值时能做到“一改全改”。例如在今后的程序中可能许多地方都有常量，假如全部直接用3.14，到想改成3.1415926的时候有多个地方都需要修改，容易出错，效率也不高，如果用符号常量，只需将“#define PI 3.14”改为“#define PI 3.1415926”就可以了。

2.2 变量

所谓变量，是具有名称的一块内存空间，用来存储可变的数据。当程序需要使用某个内存中的数据时，就可以通过变量名将数据由内存中取出或写入。例如，我们声明两个整型变量num1、num2，其中“int”为C语言中整数声明的关键词（keyword）。

```
int num1 = 50;
int num2 = 30;
```

这时C语言系统会分别自动分配内存给变量num1，存储值为50，以及变量num2，存储值为30。当程序需要使用这块内存中的数据时，可以直接使用变量名num1和num2来进行存取，如图2-2所示。

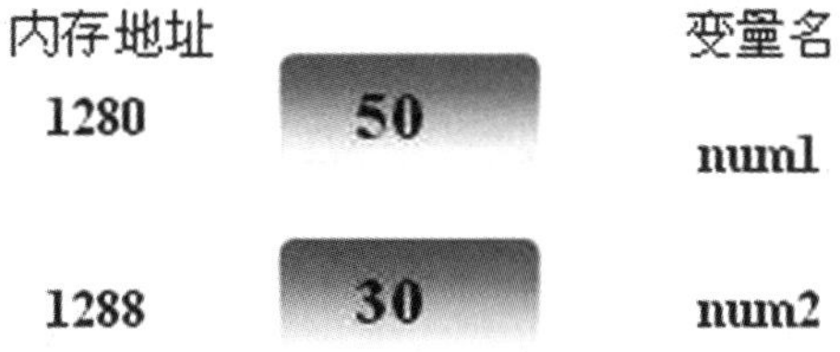

图2-2　变量的存储

2.2.1 变量命名规则

基本上，变量名都是由编码者自己定义的，考虑到程序的可读性，最好以符合变量的功能和意义的名字来命名变量。例如，表示总和的变量取名为“sum”，表示年龄的变量取名为“age”等。特别是当程序规模越来越大时，变量名越显得重要。另外从C语言的语法限制方面来看，变量命名还必须遵守以下基本规则：

➢ 变量名只能由字符、数字和下画线组成。

➢ 变量名不能以数字开头。

➢ C语言保留字不可用作变量名，如if、return、int等，见表2-1所列。

表2-1　ANSI C中定义共有32个保留字

auto	break	Case	char
const	continue	Default	do
double	else	Enum	extern
float	for	Goto	if
int	long	Register	return
short	signed	Sizeof	static
struct	switch	Typeof	union
unsigned	void	Volatile	while

除了变量之外，在C语言中需要被命名的还包括常量、函数、结构、联合、函数名称和列举常量等，这些统称为标识符（Identifier）。标识符的命名也都要遵循以上的规则。

2.2.2 变量的声明

变量声明的主要功能就是在内存上分配存储地址，作为存放数据的地方，通常分配地址由编译器来分配。由于C语言是属于"静态内存分配"的程序语言，也就是在编译时才处理变量存储区配置的问题，因此C语言中的变量都必须事先声明后才能使用，否则在程序编译时会出现错误信息。

例如，声明整数类型的变量width如下：

```
int width;
```

以上程序代码就类似我们到餐厅预定位置，先预定width的位置，为四个字节的整数空间。在这个位置上不确定有多少数值，只是先把位置保留下来。一旦变量设置初始值时，就会将数值放入这4个字节的整数空间，如图2-3所示。

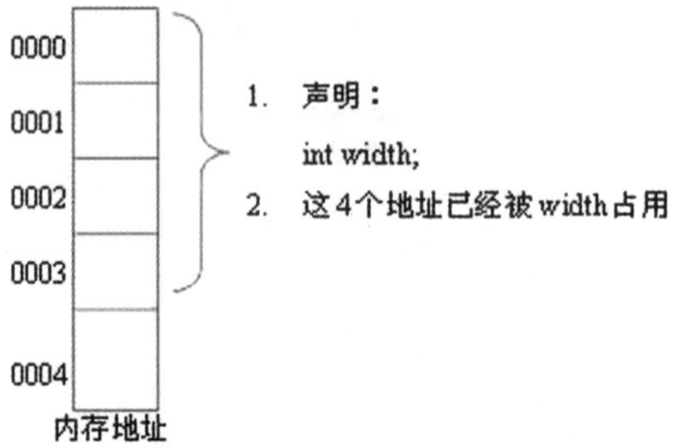

图2-3 声明变量时内存分配

基本上，正确的C语言变量声明方式是由数据类型加上变量名和分号构成，可分为声明后再设值和声明时设置值两种方式。语法如下：

方式1：

```
数据类型 变量名1,变量名2,…,变量名n;
```

方式2：

```
数据类型 变量名=初始值;
```

例如：

```
int width; /*声明变量width,暂时未设值*/
int height=100; /*声明变量height,并直接设初始值为100*/
int width,height; /*声明变量width和height，并均未设初始值*/
```

在C语言中，要求对所有用到的变量作强制定义，也就是"先定义，后使用"。这样做的目的如下：

（1）凡是未被事先定义的，系统不把它认作变量名，这就能保证程序中变量名使用的一致。例如，如果在声明部分有语句：

```
int student;
```

而在执行语句中错写成stadent。例如：

```
stadent = 30;
```

在编译时检查出stadent未经定义，不能作为变量名，因此输出“Undefined symbol stadent in function main”的信息，提醒用户检查错误，避免使用变量时出错。

（2）每一个变量都有一个确定的类型，在编译时就能为其分配相应大小的存储单元。

（3）指定每一个变量属于一个类型的另一个好处，就是便于在编译时据此检查在程序中要求对该变量进行的运算是否合法。例如，整型变量a和b，可以进行求余运算：$a\%b$。“%”是“求余”，得到a/b的余数。如果将a、b指定为实型变量，则不允许进行“求余”运算，在编译时将显示出错信息。

下面将会分别介绍整型、实型（浮点型）和字符型数据。

2.3 基本数据类型

由于C语言是一种强类型的语言，当变量声明时，必须要指定数据类型。有关C语言的基本数据类型，可以分为3大类，分别是整数、浮点数和字符类型。C语言中的数据类型所占用的空间与可表示的数值范围，往往会因为计算机硬件和编译器的位数不同而有差异，在本书中将以32位计算机为主要依据。

2.3.1 整型数据

1. 整型常量的表示方法

（1）十进制整数，如15、68、-12。

（2）八进制整数，以0开头的数是八进制数。例如：0123表示八进制数123，相当于十进制数83。

（3）十六进制整数。以0x开头的数是十六进制数。如0x123表示十六进制数123，相当于十进制数291。

2. 整型变量

（1）整型变量在内存中的存放形式

数据在内存中是以二进制形式存放的。比如int i = 10；十进制数10对应的二进制数为1010，所以在内存中存放的是1010。

（2）整型变量的分类

整型变量的基本数据类型符为int。可以根据数值的范围将变量定义为基本整型、短整型或长整型。

- 基本类型：以int表示；
- 短整型：以short int或者short表示；
- 长整型：以long int或者long表示。

一个int型变量的范围为-2147483648 ～ 2147483647，即-2^{31}～（$2^{31}-1$），其余数据类型以此类推。

例2-2：测试整型所占内存大小。

```
#include <stdio.h>
void main()
{
     printf(" 基本整型sizeof(int)的长度为%d字节\n",sizeof(int));
     printf(" 短整型(short int)的长度为%d字节\n",sizeof(short int));
     printf(" 短整型(short)的长度为%d字节\n",sizeof(short));
     printf(" 长整型(long int)的长度为%d字节\n",sizeof(long int));
     printf(" 长整型(long)的长度为%d字节\n",sizeof(long));
}
```

例2-2中通过sizeof求每种类型在内存中所占字节的大小（长度），如图2-4所示。

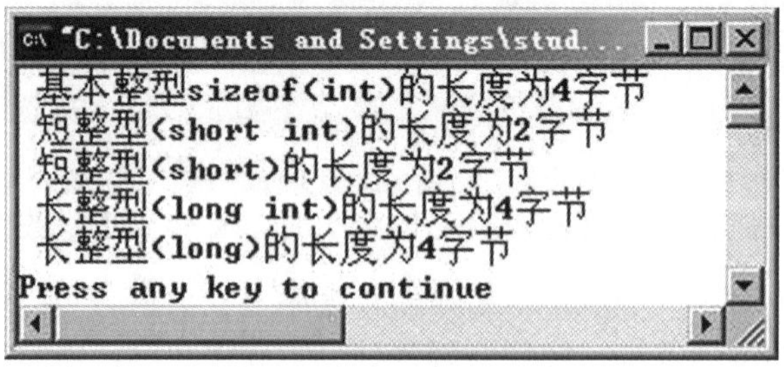

图2-4　检测数据类型的长度

注意

使用不同的编译系统时，具体情况可能有些差别，例如Visual C++为整型数据分配4字节（32位），其取值范围为-2147483648 ～ 2147483647；而Turbo C/Turbo C++为整型数据分配2字节（16位），取值范围为-32768 ～ 32767。

3. 整型数据的溢出

我们知道类型都有一定的取值范围，如果我们在程序中使用变量时超出了范围，那将会出现什么情况？

例2-3：整型数据的溢出。

```
#include <stdio.h>
void main()
{
  short int a,b;
  a = 32767;
  b = a+1;
  printf("%d,%d\n",a,b);
}
```

在例2-3中声明了两个短整型变量a和b，它们的取值范围都是在–32768 ～ 32767，将此范围的最大值赋给变量a，然后执行b=a+1时，b就发生了“溢出”。但运行时并没有报错，它好像汽车的里程表一样，达到最大值之后，又从最小值开始计数。所以，32767加1得不到

32768，而得到了−32768。解决办法：将short改为long，b就能得到预期的结果32768，如图2-5所示。

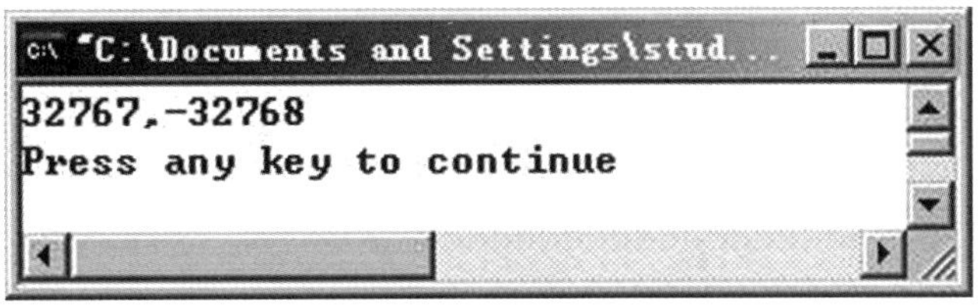

图2-5　例2-3程序运行结果

4. 整型常量的类型

整型变量可分为int、short、long等类别，那么常量是否也有这些类别？不同类别的常量和变量是如何进行匹配的？请注意以下几点：

（1）一个整数，如果其值在−2147483648 ～ 2147483647，就认为它是int型，它可以赋值给int型和long int型。

（2）在一个整型常量后面加一个字母l（long的首字母）或者L，则认为是long int型常量，例如12l、56L等。

2.3.2　浮点型数据

浮点数数据类型指的就是带有小数点的数字，也就是数学上所指的实数。由于C语言普遍应用于许多学科的精密运算，因此整数所能表现的范围是十分有限的，这时浮点数就派上用场了。

浮点数的表示方法有两种：一种是小数点方式；另一种是科学计数方式。如，3.14、−100.521、6e−2和3.2E−18等。其中e或者E是代表C语言中以10为底数的科学计数法。如，6e−2，其中6称为底数，−2称为指数，见表2-2所列。

表2-2　小数点计数法和科学计数法互换表

小数点计数法	科学计数法
0.05	5e−2
−543.236	−5.432360e+02
1234.555	1.234555e+03
3450000	3.45E6
0.000666	6.66E−4

C语言中的浮点数可以分为单精度浮点数（float）和双精度浮点数（double）两种，两者的差别就在于表示的范围不同，下面进行详细介绍。

1. float单精度浮点数

声明为float单精度浮点数的数据长度为4个字节，有效范围为1.2×10^{-31} ～ $3.4\times10^{+31}$。声明方式如下：

```
float 变量名;
```

程序逻辑及C语言编程

如果想声明float变量时直接设置浮点数值，那么系统会认为应该用double类型的变量来存储，而不是float类型。如果想将数值设置为float类型，必须在数值的末尾加上“F”或者“f”。例如：

```
float PI = 3.14159F;
或者
float PI = 3.14159f;
```

2. double双精度浮点数

double双精度浮点数的数据长度为8字节，有效范围为2.2×10^{-61} ～ $1.8\times10^{+61}$

声明方式如下：

```
double 变量名;
```

不论是float单精度浮点数或double双精度浮点数，当用printf()函数输出时，所采用的格式化字符都是“%f”，“%f”和“%d”是一样的作用。如果以科学计数法的形式输出，则格式化字符为“%e”。

以下示例将声明一个有很多小数位的实数，并以float单精度浮点数、double双精度浮点数和科学计数法分别打印出来。

例2-4：使用浮点类型变量。

```
#include <stdio.h>
void main()
{
    float f_number = 123.1122334455667788f;/*单精度浮点数声明*/
    double d_number = 123.1122334455667788;/*双精度浮点数的声明*/

    printf("实数值 = 123.1122334455667788\n");
    printf("--------------------------------\n");

    /*单精度浮点数的输出方法*/
    printf("单精度浮点数小数表示法=%f\n",f_number);
    printf("单精度浮点数科学计数法=%e\n",f_number);

    printf("--------------------------------\n");

    /*双精度浮点数的输出方法*/
    printf("双精度浮点数小数表示法=%lf\n",d_number);
    printf("双精度浮点数科学计数法=%e\n",d_number);
}
```

运行结果如图2-6所示。

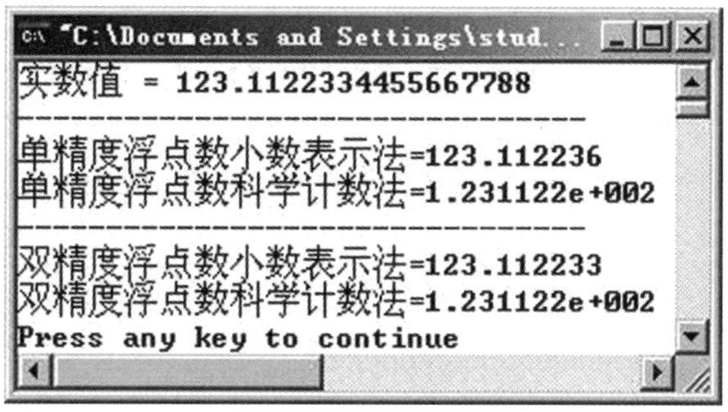

图2-6　例2-4运行结果

2.3.3　字符型数据

字符型数据包括字符常量和字符变量。

1. 字符常量

字符常量是用单引号括起来的一个字符。

例如：

```
'a'、'b'、'='、'+'、'?'
```

以上都是合法字符常量。

在C语言中，字符常量有以下特点：

（1）字符常量只能用单引号括起来，不能用双引号或其他括号。

（2）字符常量只能是单个字符。

（3）字符可以是字符集中的任意字符。数字被定义为字符型之后，参与数值运算时将使用该数字字符的ASCII值。如'5'和5是不同的。'5'是字符常量，参与运算时使用ASCII值53。

2. 转义字符

转义字符是一种特殊的字符常量。转义字符以反斜线“\”开头，后跟一个或几个字符。转义字符具有特定的含义，不同于字符原有的意义，故称“转义”字符。例如，在前面各例题printf函数的格式串中用到的“\n”就是一个转义字符，其意义是“回车换行”。转义字符主要用来表示那些用一般字符不便于表示的控制代码，见表2-3所列。

表2-3　常用的转义字符及其含义

转义字符	转义字符的意义	ASCII码（十进制）
\n	回车换行	10
\t	横向跳到下一制表位置	9
\b	退格	8
\r	回车	13
\f	走纸换页	12
\\	反斜线符"\"	92
\'	单引号符	39
\”	双引号符	34

例2-5：转义字符的使用，这个例子只简单地用了“\t”和“\n”。

```
#include <stdio.h>
void main()
{
    printf("*********************************\n");
    printf("*\t IT之行 始于SEC\t*\n");
    printf("*********************************\n");
}
```

运行效果如图2-7所示。

图2-7 例2-5运行结果

3. 字符变量

字符变量用来存储字符常量，即单个字符。

字符变量的类型说明符是char。字符变量类型定义的格式和书写规则都与整型变量相同。例如：char a,b。

4. 字符数据在内存中的存储形式及使用方法

每个字符变量被分配一个字节的内存空间，因此只能存放一个字符。字符值是以ASCII码的形式存放在变量的内存单元中。如x的十进制ASCII码是120，y的十进制ASCII码是121。对字符变量a,b赋予'x'和'y'值。

```
a='x';
b='y';
```

实际上是在a，b两个单元内存放120和121的二进制代码。

a：

0	1	1	1	1	0	0	0

b：

0	1	1	1	1	0	0	1

所以也可以把它们看成是整型量。C语言允许对整型变量赋以字符值，也允许对字符变量赋以整型值。在输出时，允许把字符变量按整型量输出，也允许把整型量按字符量输出。

整型量为4字节量，一个整数占4个字节；字符量为单字节量，一个字符占1个字节。

例2-6：向字符变量赋以整数。

```
#include <stdio.h>
void main()
{
    char a,b;
    a=120;
    b=121;
    printf("%c,%c\n",a,b);
    printf("%d,%d\n",a,b);
}
```

运行结果如图2-8所示。

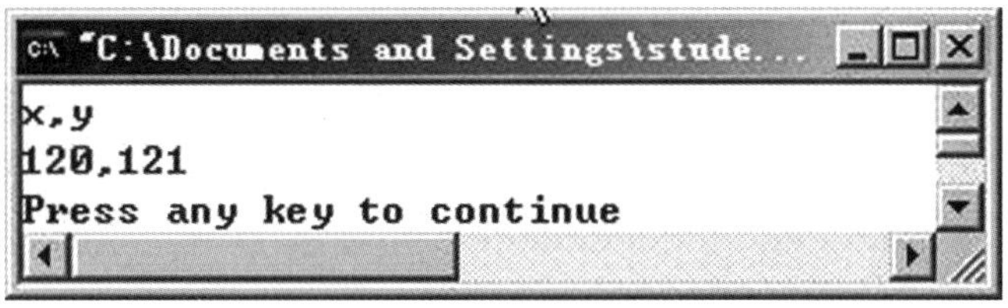

图2-8　例2-6的运算结果

例2-6中定义a,b为字符型，但在赋值语句中赋以整型值。从结果看，a、b值的输出形式取决于printf函数格式串中的格式符，当格式符为“c”时，对应输出的变量值为字符，当格式符为“d”时，对应输出的变量值为整数。

例2-7：字符型变量参与运算。

```
#include <stdio.h>
void main()
{
    char a,b;
    a='a';
    b='b';
    a=a-32;
    b=b-32;
    printf("%c,%c\n%d,%d\n",a,b,a,b);
}
```

本例中，a、b被说明为字符变量并赋予字符值，C语言允许字符变量参与数值运算，即用字符的ASCII码参与运算。由于大小写字母的ASCII码相差32，因此运算后把小写字母换成大写字母。然后分别以整型和字符型输出，如图2-9所示。

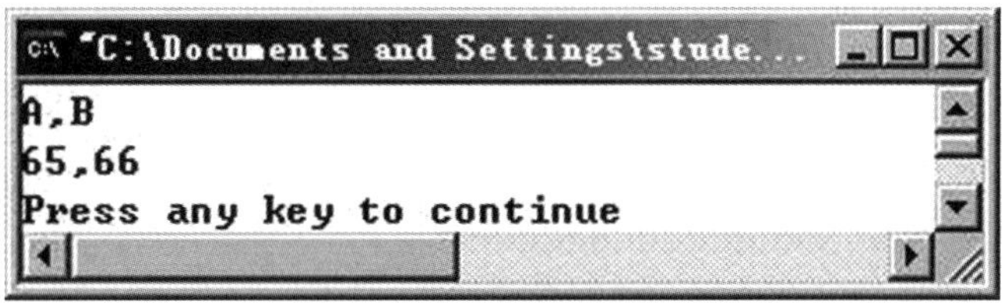

图2-9　例2-7的运算结果

总结

通过本章的学习后，我们学到了如下四个方面的内容。

- C语言中最基本的数据处理对象是变量和常量，它们都必须事先声明一个对应的数据类型，以决定所分配到的内存大小及可存储值的范围。
- 变量，是具有名称的一块内存空间，用来存储可变的数据内容。当程序需要存取某个内存数据时，就可以通过变量名将数据由内存中取出或写入。
- 变量声明的主要功能就是在内存中分配存储地址，作为存放所要声明变量的地方，通常分配地址由编译器来分配。
- 有关C语言的基本数据类型，可以分为3大类，分别是整数、浮点数和字符类型。

作业

1. 定义变量存放学员的五门课成绩，输出成绩的总和及平均值，运行效果如图2-10所示。

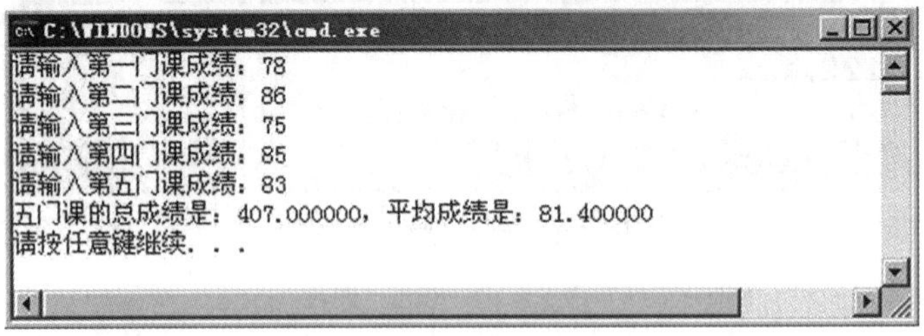

图2-10　输出学员成绩

2. 某公司员工的工资计算方式为：养老保险金占工资的5%，医疗保险金占工资的5%，失业保险金占工资的2%，其他杂费占工资的1%，某员工一月份的总工资为3600，要扣除以上几项资金，请计算出该员工的实际工资及各项需要扣除资金的数额，并进行输出（注意输出格式的美观）。运行效果如图2-11所示。

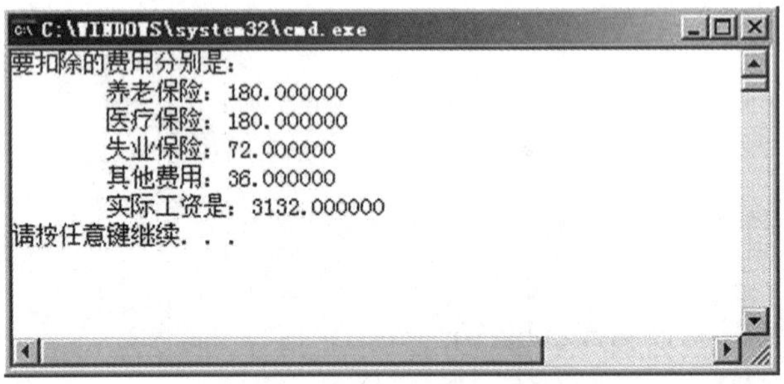

图2-11　输出员工工资信息

3. 定义变量存放圆的半径，计算并输出圆的面积和周长。输出面积和周长保留2位小数，用 #define定义符号常量表示圆周率。运行效果如图2-12所示。

图2-12　输出圆的周长和面积

4. 用变量存放两个数，交换两个变量的值。如a=10，b=20，交换以后a=20，b=10。（借助一个中间变量来完成）运行效果如图2-13所示。

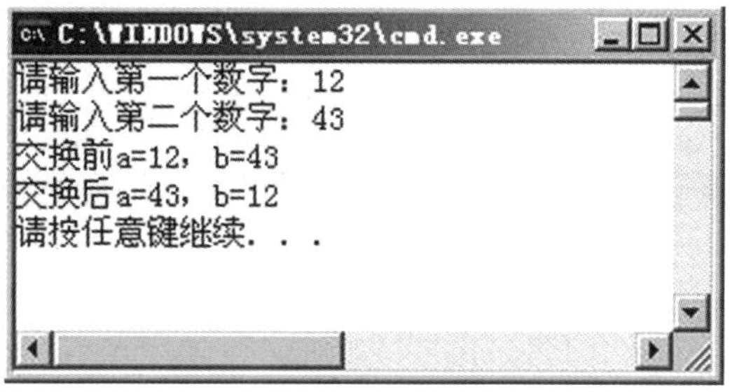

图2-13　交换两个变量的值

5. 定义变量存放两个数，求出两个数的和、两个数的差、两个数的积、两个数的商。运行效果如图2-14所示。

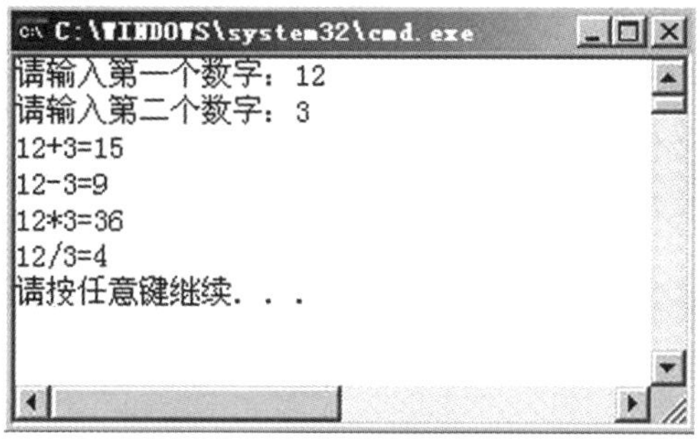

图2-14　输出结果

扩展练习

1. 接收用户输入的3个数字，依次交换他们之间的次序。如a=11，b=12，c=13，交换之后：a=13，b=11，c=12。运行效果如图2-15所示。

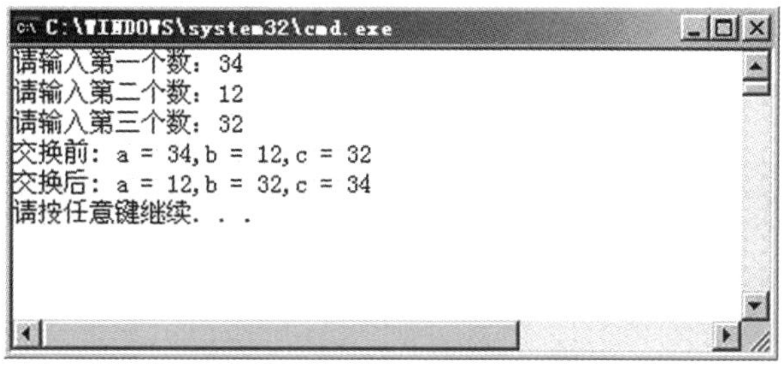

图2-15　交换三个数字的顺序

2. 接收用户输入的一个小写字母，然后以大写字母的形式输出。运行效果如图2-16所示。

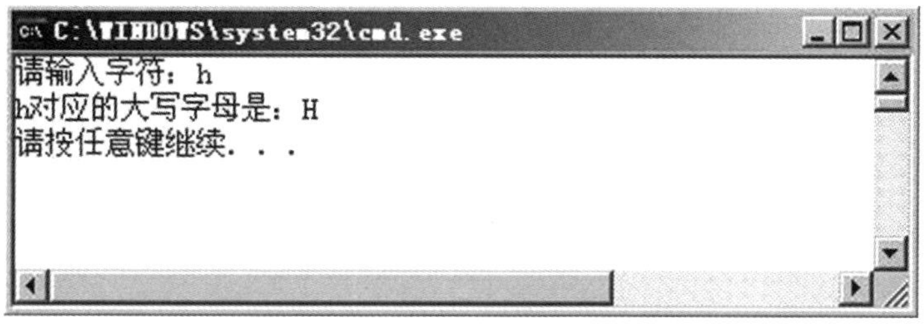

图2-16　将小写字母转换成大写字母

第3章　运算符与表达式

学习目标

- 熟悉使用C语言常用的运算符
- 熟练掌握C语言常用的表达式
- 掌握C语言中的类型转换

本章单词

请在预习前完成下列单词，将其写在横线上。

① operator（/'ɔpəreitə/ 运算符）：________________

② math（/mæθ/ 数学）：________________

③ fmod（/fmɔd/ 求余数）：________________

④ true（/truː/ 真实的，准确的）：________________

⑤ false（/fɔːls/ 不真实的，错误的）：________________

⑥ type（/taip/ 类型，种类）：________________

预习任务

1. 定义2个变量a和b，分别赋值为8和−1，然后进行以下运算：$a > b$ && b >0、$a > b$ || $b > 0$和!b。把运行结果打印出来，效果如下图所示。【参考本章例3-3】

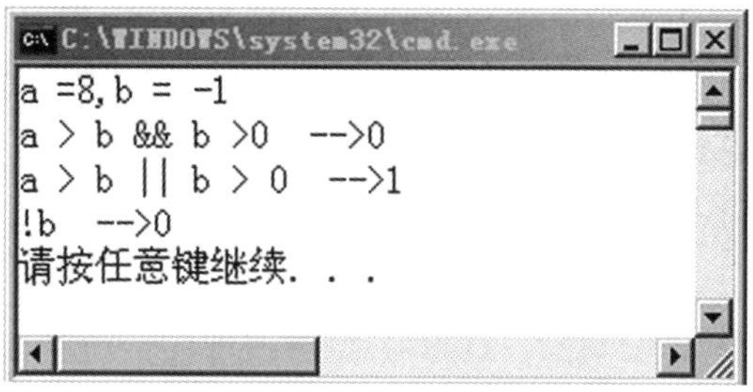

使用关系运算符

2. 定义变量a，b，c，num1，num2；其中num1的初始值是4，num2是4；然后进行以下运算：a = ++num1；b = num2--；c = num1 > num2?10：5；效果如下图所示。【参考本章例3-7，3-8】

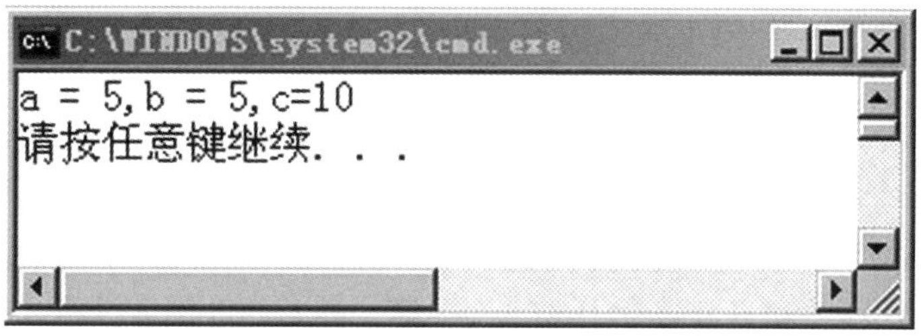

自增/自减运算符，条件运算符

3. 表达式1/2*3*4的值为（　）。(选择一项)

A. 0　　B. 1

C. 2　　D. 6

4. C语言中，运算对象必须是整型的运算符是（　）。(选择一项)

A. +　　B. -

C. *　　D. %

C语言中运算符和表达式数量之多，在高级语言中是少见的。正是丰富的运算符和表达式使C语言功能十分完善。这也是C语言的主要特点之一。

C语言的运算符不仅具有不同的优先级，而且还有一个特点，就是它的结合性。在表达式中，各运算量参与运算的先后顺序不仅要遵守运算符优先级别的规则，还要受运算符结合性的制约，以便确定是自左向右进行运算还是自右向左进行运算。这种结合性是其他高级语言的运算符所没有的，因此也增加了C语言的复杂性。

3.1 算术运算符

算术运算符（Arithmetic Operator）是程序语言中使用率最高的运算符，包含了四则运算、操作符、正负号运算符和%取模运算符等，见表3-1所列。

表3-1　算术运算符(设A=10,B=5)

运算符	说　明	使用语法示例	执行结果
+	加	A+B	15
-	减	A-B	5
*	乘	A*B	50
/	除	A/B	2
%	取模（求余）	A%B	0
+	正号	+A	10
-	负号	-B	-5

其中四则运算操作符和日常数学上的作用一模一样。而取模运算符%则是计算两数相除后的余数，不过这两个操作数都必须是整数类型。

例3-1：取模运算符的使用。

```
#include <stdio.h>
#include <math.h>

void main( )
{
    int a=10,b=6;
    printf("a取模b结果为:%d\n",a%b);
    float f=3.14f;
    float f2 = 35.45f;
    /*这样写会报错，取模算术运算符只能用于整数*/
    //printf("f取模f2结果为%f\n",f%f2);
    /*调用fmod函数来求浮点数的余数*/
    printf("f取模f2结果为%f\n",fmod(f,f2));
}
```

提示

取模算术运算符%只能用来计算两个整数相除后的余数，那如果是两个浮点数的余数呢？别着急，使用C语言函数库的fmod(a,b）函数即可，其中a，b为浮点数。fmod函数包含在math.h头文件中。

运行结果如图3-1所示。

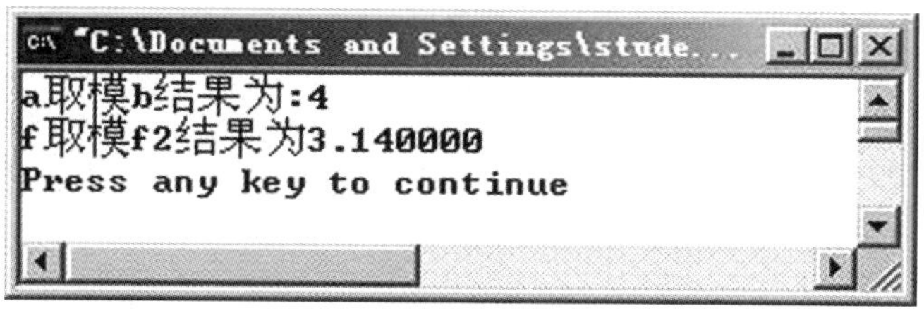

图3-1　例3-1程序运行结果

例3-2：表3-1中涉及的运算示例。

```
#include <stdio.h>

void main()
{
    int A=10,B=5;
    /*算术运算符的各种运算*/
    printf("A=10,B=5\n");
    printf("A+B=%d\n",A+B);  /*加*/
    printf("A-B=%d\n",A-B);   /*减*/
    printf("A*B=%d\n",A*B); /*乘*/
    printf("A/B=%d\n",A/B); /*除*/
    /*取模,表达式中书写了A%%B,其中两个%表示输出一个%*/
    printf("A%%B=%d\n",A%B);
}
```

运行结果如图3-2所示。

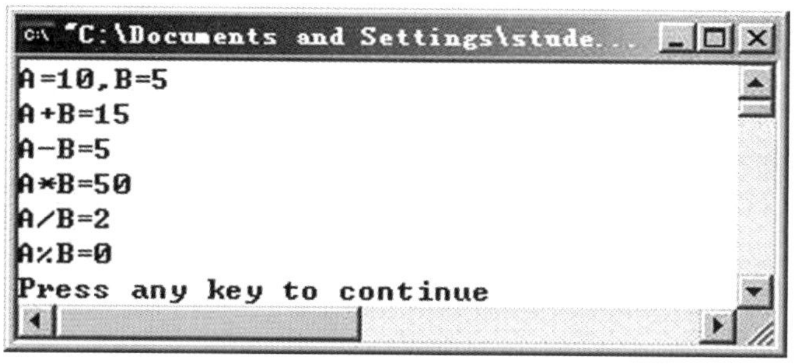

图3-2　例3-2程序运算结果

3.2　关系运算符

关系运算符的功能是比较两个数值之间的大小关系，通常用于流程控制语句。由于C语言中没有特别定义布尔（boolean）类型，进行关系运算后，所运算的结果只有“真（true）”和“假（false）”两种情况，关系运算符见表3-2所列。

表3-2　关系运算符（设A=10，B=5）

运算符	说明	使用语法示例	执行结果
>	大于	A>B	10>5,结果为true(1)
<	小于	A<B	10<5,结果为false(0)
>=	大于等于	A>=B	10>=5,结果为true(1)
<=	小于等于	A<=B	10<=5，结果false(0)
= =	等于	A= =B	10= =5，结果为false(0)
!=	不等于	A!=B	10!=5,结果为true(1)

提示

（1）在C语言中的相等关系是“==”运算符，至于“=”则是赋值运算符。在编程中请多加留意，容易出错。

（2）在C语言中用非0代表true，用0代表false。

例3-3： 使用关系运算符。

```
#include <stdio.h>

void main()
{
    int a = 10;
    int b = 5;
    printf("a=%d,b=%d\n",a,b);
    printf("a>b:%d\n",a>b);
    printf("a<b:%d\n",a<b);
    printf("a>=b:%d\n",a>=b);
    printf("a<=b:%d\n",a<=b);
    printf("a==b:%d\n",a==b);
    printf("a!=b:%d\n",a!=b);
}
```

运行效果如图3-3所示。

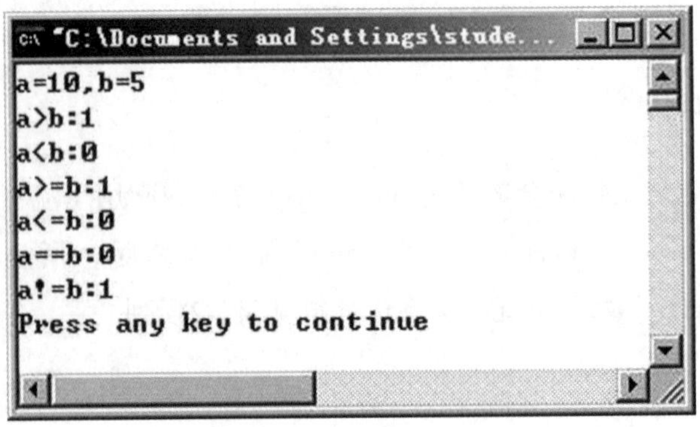

图3-3　例3-3运行结果

3.3 逻辑运算符

逻辑运算符是用来判断基本的逻辑运算，C语言编译系统在给出逻辑运算结果时，以0代表“假”，以1代表“真”。但在判断一个逻辑量“真假”时，以非0表示“真”，以0表示“假”。“&&”和“||”运算符的运算规则和比较运算符相同，是由左至右，而“!”运算符则是由右至左。以下是相关的介绍和说明：

（1）&&（逻辑与）运算符

当&&运算符两边的表达式都为真（1）时，其运算结果才为真（1），任何一边为假（0）时，运算结果都为假（0）。

（2）||（逻辑或）运算符

当||运算符两边的表达式只要其中一边为真（1）时，其运算结果就为真（1）。当两边结果都为假（0）时，其运算结果为假（0）。

（3）!（逻辑非）运算符

！运算符是一元运算符，它会将比较表达式的结果进行反向输出。

例3-4：使用逻辑运算符。

```
#include <stdio.h>
void main()
{
    int a = 10;
    int b = 5;
    printf("a=%d,b=%d\n",a,b);
    int result1=a>b && b<5;
    int result2 = a>b || b<5;
    int result3 = !(a>b);
    printf("a>b && b<5 --> %d\n",result1);
    printf("a>b || b<5 --> %d\n",result2);
    printf("!(a>b) --> %d\n",result3);
}
```

输出结果如图3-4所示。

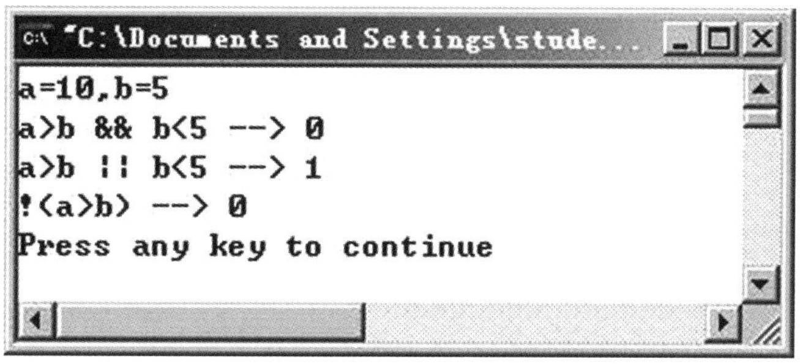

图3-4　例3-4程序运行结果

3.4 赋值运算符

赋值运算符是“=”，其作用是将赋值运算符右侧的表达式的值赋给其左侧的变量。值得注意的是，赋值运算符运算对象中的左侧对象一定是变量。如：

```
a=b-c=5;相当于a=（（b-c）=5）;
```

由于表达式中出现将数值5赋给b-c的表达式，因此该表达式是非法的。

注意

错误的赋值格式：

（1）赋值号"="的左边不允许出现常量或表达式形式（不包括合法的指针表达式）。

c=a+b=3； /*错误格式*/

a+b=c； /*错误格式*/

a=b=3=c； /*错误格式*/

（2）不能给未定义的变量（未开辟的空间）赋值 。

如 int a；a=5；k = 5；/*根本没定义变量k，何来赋值一说？编译错误!*/

（3）变量未明确赋值不能参与运算。

如：int a，b，c；c=a+b；

由赋值运算符将操作对象（操作数）连接起来符合C语言语法规则的表达式称为赋值表达式。赋值表达式形式如下：

```
变量名=表达式;
```

即将右边表达式的值赋给左边的变量。赋值号"="的左边量必须为变量（或其他代表此变量的等价表达式，如"指针"）。

既然"="为运算符号，那么显然有它的运算级别和所谓的运算方向。在C语言众多的运算符号中，除了本章最后一小节将要谈到的逗号运算符，赋值号"="运算级别为倒数第二，因逗号运算符在表达式中较少用到，所以当表达式中出现"="时，通常它是最后处理的，另外注意：赋值号"="的运算方向为自右向左，即先算右边表达式的值，然后再将其值赋给左边的变量。

例3-5：赋值运算符的用法。

```
#include <stdio.h>
void main()
{
    int a,b,c;
    a=1;  /* 将整型常量1放入a对应的内存单元中,所谓的赋值*/
    printf("此时的a=%d\n",a);
    b=a+1; /* 将变量a中存放的值加上1的和,存入变量b中*/
    printf("此时的b=%d\n",b);
    c=a+b; /*将变量a和变量b中的值相加之和放入变量c中*/
```

```
    printf("此时的c=%d\n",c);
}
```

例3-5中有三个赋值语句（赋值表达式加上分号即为赋值语句）。a=1；是将整型常量1赋值给整型变量a，经过此句后变量a中将存放整数1。当执行到b=a+1；时，因a中已存放了1，所以此句等价于b=1+1；b中毫无疑问存放了2；依次类推，变量c中存放了3。

运行结果如图3-5所示。

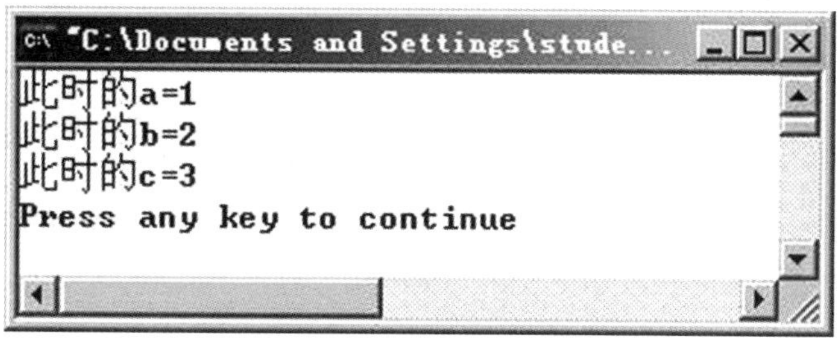

图3-5　例3-5运行结果

注意

当变量名出现在赋值号左边时，其代表变量所对应的内存空间；当出现在赋值号右边时，其代表变量所对应内存空间中存放的数据。

```
int a = 1;
a=a+1;
```

当出现此句时，千万不要和数学中的式子混为一谈。在数学中此式子肯定不合法，不过在C语言中，此种形式的语句我们以后会经常用到。其实质的含义是将变量a中存放的数据加1后，重新再赋给本身。经过以上语句后，变量a中的值增加1。

上面给a赋初值为1，故此时a中将存放2，那么以前存放的1呢？它已被新赋的2所覆盖。对于任意一个基本变量，同一时刻它只能存放一个数据，所以无论给其赋值多少次，它只能保留最后一次赋予的数据。

3.5　复合赋值运算符

在赋值符“=”之前加上其他运算符，可以构成复合的运算符。如果在“=”前加一个“+”运算符就成了复合运算符“+=”。例如，可以有：

```
a+=3        等价于    a=a+3
x*=y+8      等价于    x=x*(y+8)
x%=3        等价于    x=x%3
```

以“a+=3”为例来说明，它相当于让a进行一次自加（3）的操作。即先让a加3，再赋给变量a。同样，“x*=y+8”的作用是使x乘以（y+8）的和，再赋给变量x。

例3-6：复合赋值运算符的使用。

```
#include <stdio.h>

void main()
{
      int m,n;

      m = n =10;
      printf("m=%d,n=%d\n",m,n);
      m += 10;
      printf("m+=10之后的m的值为:%d\n",m);
      n*=2;
      printf("n*=2之后的值为:%d\n",n);

      /*复合赋值运算符的多层运算*/
      m+=m+=n+=n%=4;
      printf("m+=m+=n+=n%%=4 的值为:%d\n",m);
}
```

运行结果如图3-6所示。

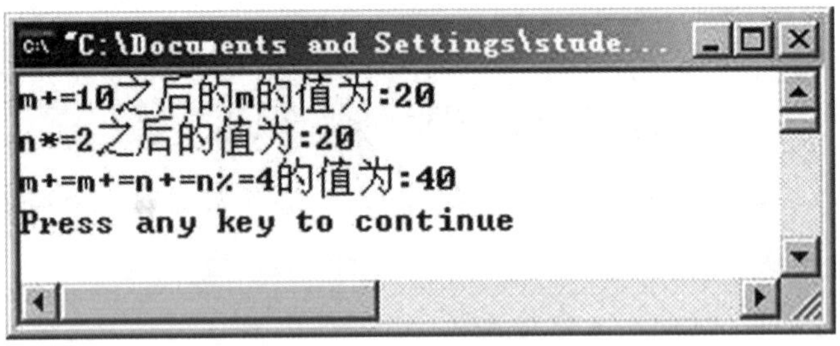

图3-6　例3-6的执行结果

例3-6中简单演示了一些赋值运算符，可能m+=m+=n+=n%=4；语句有点难以理解，其实很简单，从右至左计算，执行此语句时，n=20，m=20，现在先执行n%=4，此时n=0，然后执行n%=4这段代码，结果为0，即现在整个表达式已经为m+=m+=n+=0了，依此类推，可以计算出整个表达式的值为40（就是m的值）。

为便于记忆，a+=b可以这样理解：

① $a += b$　　（其中 a 为变量，b 代表变量或表达式）

② $a\ +\ =\ b$　　（将有下划线的"a+"移到"="右侧）

③ $a = a + b$　　（在"="左侧补上变量名 a）

注意，如果b是包含若干项的表达式，则相当于它有括号。如：

x %= y + 3

x % = (y + 3)

x = x %（y+3）　（不要错写成 x=x%y+3）

凡是二元（二目）运算符，都可以与赋值符一起组合成复合赋值运算符。C 语言规定可以使用5种复合赋值运算符。即：

+=，−=，*=，/=，%=

C语言采用这种复合运算符，一是为了简化程序，使程序精练，二是为了提高编译效率（这样写法与“逆波兰”式一致，有利于编译，能产生质量较高的目标代码），但是可读性稍差。

注意

在编写复合表达式时，应注意：

（1）不要编写太复杂的复合表达式。例如：

i = a >= b && c < d && c + f <= g + h ；// 复合表达式过于复杂

（2）不要有多用途的复合表达式。

3.6 自增/减运算符

这是一类特殊的运算符，自增运算符++和自减运算符--，是对变量自身的值增加1和减少1。例如：

-- count； 这里相当于 count = count -1；

count --； 这里相当于 count = count -1；

++amount；这里相当于 amount = amount +1；

amount ++； 这里相当于 amount = amount +1；

在这些例子里，运算符在前面还是在后面对本身的影响都是一样的，都是加1或者减1，但是当把他们作为其他表达式的一部分，两者就有区别了。运算符放在变量前面，那么在运算之前，变量先完成自增或自减运算；如果运算符放在后面，那么自增自减运算是在变量参加表达式的运算后再运算。这样讲可能不太清楚，看下面的例子。

例3-7：自增运算符使用示例。

```
#include <stdio.h>

void main()
{
    int a,b;
    a=b=0;
    int num1=4;
    int num2=8;
    printf("运算前:a=%d,b=%d,num1=%d,num2=%d\n",a,b,num1,num2);
    printf("----------------------->\n");
    a=++num1;
    b=num2++;
    printf("经过运算后，a=%d,num1=%d\n",a,num1);
    printf("经过运算后，b=%d,num2=%d\n",b,num2);
}
```

程序运行效果如图3-7所示。

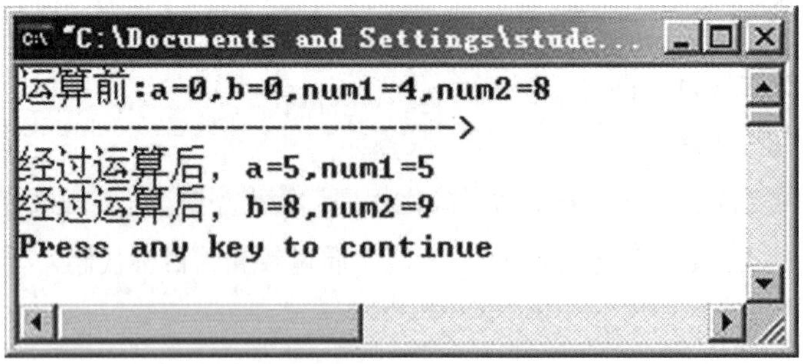

图3-7　例3-7的运行结果

a=++num1；这是一个赋值的过程，把++num1的值赋给a，因为自增运算符在变量的前面，所以num1先自增加1变为5，然后赋值给a，最终a也为5。b=num2++；这是把num2++的值赋给b，因为自增运算符在变量的后面，所以先把num2赋值给b，b应该为8，然后num2自增加1变为9。

如果出现这样的情况我们怎样处理呢?

```
c=num1+++num2;
```

到底是c=（num1++）+num2；还是c=num1+（++num2）呢?这样的语句不仅可读性差，而且还要根据编译器来决定，不同的编译器可能有不同的结果。所以我们在以后的编程当中，应该尽量避免出现上面复杂的情况。

3.7　条件运算符

条件表达式的一般形式为：

```
exp1 ? exp2 : exp3
```

条件运算符（? :）有三个操作数，故我们将其称为三目运算符（ternary operator）。条件运算符是C语言中唯一一个三目运算符。我们把上面这个表达式称为条件表达式。这个条件表达式的意思是，如果exp1为真，则运算exp2，整个条件表达式的值为exp2的值；反之，则运算exp3，整个条件表达式的值为exp3的值。

例3-8：输入两个数，求最大值。

```
#include <stdio.h>

void main()
{
    int a,b,m;
    printf("输入数字a：");
    scanf("%d",&a);  //接收用户输入的数字a

    printf("输入数字b：");
    scanf("%d",&b);  //接收用户输入的数字b
```

```
    m=a>b?a:b;  //将a和b进行比较，将较大值赋值给m

    printf("您输入的数字a为%d、b为%d\n最大值是：%c=%d\n",a,b,m==a?'a':'b',m);
}
```

输出结果如图3-8所示。

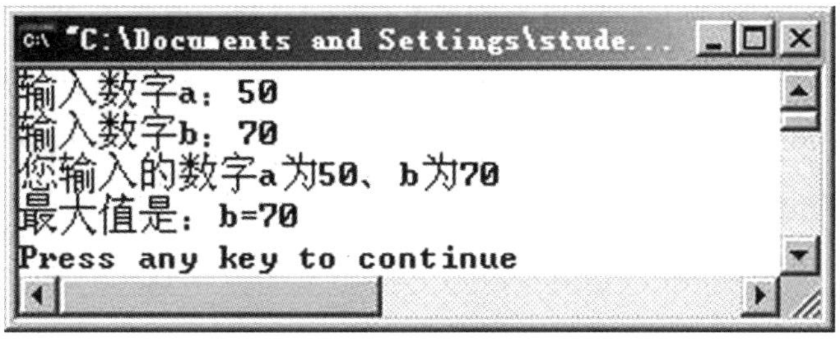

图3-8　例3-8程序运行结果

在运算中，首先对exp1进行判断，如果为真，则返回exp2的值；如果为假，则返回exp3的值。

3.8　逗号运算符

C语言提供了一种特殊的运算符——逗号运算符。用它将两个表达式连接起来。如：3+5，6+8称为逗号表达式，又称为“顺序求值运算符”。逗号表达式的一般形式为：

```
表达式1，表达式2
```

逗号表达式的求解过程是：先求解表达式1，再求解表达式2。整个逗号表达式的值是表达式2的值。例如，上面的逗号表达式“3+5，6+8”的值为14。

例3-9：逗号表达式的使用。

```
#include <stdio.h>
void main()
{
    int a,m;
    m=(a=3*5, a*4);
    printf("a的值为%d,表达式的值m等于%d\n",a,m);
}
```

输出结果如图3-9所示。

图3-9　例3-9程序运行结果

对a=3*5，a*4表达式的求解，大家可能会有两种不同的理解：一种认为“3*5，a*4”是一个逗号表达式，先求出此逗号表达式的值，如果a的原值为3，则逗号表达式的值为12，将12赋给a，因此最后a的值为12。另一种认为：“a=3*5”是一个赋值表达式，“a*4”是另一个表达式，二者用逗号相连，构成一个逗号表达式。这两种计算方式哪一个对呢？赋值运算符的优先级别高于逗号运算符，因此应先求解a=3*5（也就是把“a=3*5”作为一个表达式）。经计算和赋值后得到a的值为15，然后求解a*4，得60。整个逗号表达式的值为60。

一个逗号表达式又可以与另一个表达式组成一个新的逗号表达式，如（a=3*5，a*4），a+5；先计算出a的值等于15，再进行a*4的运算得60（但a值未变，仍为15），再进行a+5得20，即整个表达式的值为20。

逗号表达式的一般形式可以扩展为：

```
表达式1，表达式2，表达式3……表达式n
```

它的值为表达式n的值。

逗号运算符是所有运算符中级别最低的。因此，下面两个表达式的作用是不同的。

x=（a=3，6*3）

x=a=3，6*a

第①个是一个赋值表达式，将一个逗号表达式的值赋给x，x的值等于18。

第②个是逗号表达式，它包括一个赋值表达式和一个算术表达式，整个逗号表达式的值为18，但是x的值为3。

其实，逗号表达式无非是把若干个表达式“串联”起来。在许多情况下，使用逗号表达式的目的只是想分别得到各个表达式的值，而并非一定要得到整个逗号表达式的值，逗号表达式最常用于循环语句（for语句）中。

请注意并不是任何地方出现的逗号都是作为逗号运算符。例如函数参数也是用逗号来间隔的。如：

```
printf("%d，%d，%d"，a，b，c);
```

上一行中的“a，b，c”并不是一个逗号表达式，它是printf函数的3个参数，参数间用逗号间隔。如果改写为：

```
printf("%d，%d，%d"，(a，b，c)，b，c);
```

则“（a，b，c）”是一个逗号表达式，它的值等于c的值。括弧内的逗号不是参数间的分隔符而是逗号运算符。括弧中的内容是一个整体，作为printf函数的一个参数。

3.9　求字节运算符

C语言的求字节运算符是sizeof，它用于计算变量或某种类型的量在内存中所占的字节数。sizeof是C语言的一种单目操作符，如C语言的其他操作符++、--等。它并不是函数。操作数可以是一个表达式或括在括号内的类型名。操作数的存储大小由操作数的类型决定。

sizeof的使用方法：

➢ 用于数据类型

使用形式：

```
sizeof(type)
```

数据类型必须用括号括住。如sizeof（int）。

➢ 用于变量

使用形式：

```
sizeof(var_name)或 sizeof   var_name
```

变量名可以不用括号。如“sizeof（变量名）”，“sizeof变量名”等都是正确形式。带括号的用法更普遍，大多数程序员采用这种形式。

例3-10：sizeof运算符的使用。

```
#include <stdio.h>
void main()
{
      int a=10;
      double b = 3.14;
      printf("a×b 的值占用了%d 字节\n",sizeof(a*b)); /* a*b 为 double 型 */
      printf("a 占用了%d 字节\n",sizeof a);
      printf("int 型占用%d 字节\n",sizeof(int));
      printf("long int 型占用%d 字节\n",sizeof(long int));
      printf("float 型占用%d 字节\n",sizeof(float));
      printf("double 型占用%d 字节\n",sizeof(double));
}
```

输出结果如图3-10所示。

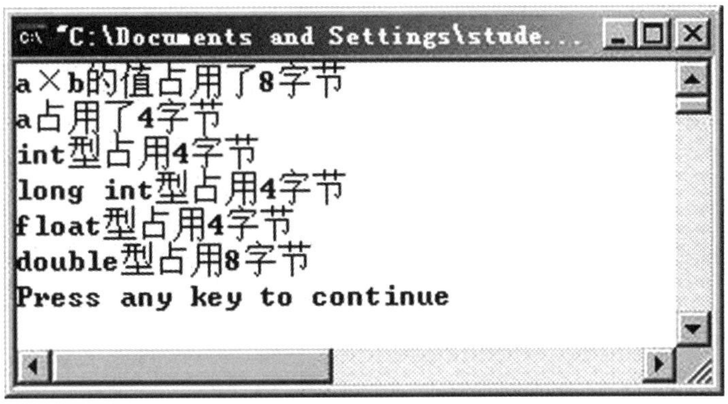

图3-10　例3-10的运行结果

注意

sizeof操作符不能用于函数类型，不完全类型或位字段。不完全类型指具有未知存储大小的数据类型，如未知存储大小的数组类型、未知内容的结构或联合类型、void类型等。

sizeof 的返回值为 size_t 类型。size_t 定义于头文件 stddef.h，它是机器特定（machine-specific）的无符号整数类型，它能用来表示内存中任何对象的大小。size_t 可能是 unsigned int，也可能是 unsigned long 或者别的无符号整数类型。

3.10 运算符的优先级

当表达式使用超过一个运算符时，如z=x+3*y，就必须考虑运算符的优先级。通过数学基本运算（先乘除后加减）的观念，该表达式会先执行3*y的运算，再把运算结果和x相加，最后才将相加的结果赋值给z，得到算式的答案。因此在C语言中，可以说*运算符的优先级高于+运算符。所以在处理一个多运算符的表达式时，有一些规则和步骤是必须要遵守的。

- 当遇到一个表达式时，先区分运算符和操作数
- 按照运算符的优先级排序
- 将各运算符根据其结合顺序进行运算
- 通常运算符会依照优先级来进行计算，但是也可以利用“()”括号来改变优先级。

见表3-3所列是C语言中各种运算符计算的优先级

表3-3　C语言运算符的优先级与结合性

优先级	运算符	含义	参与运算对象的数目	结合方向
1	() [] → .	圆括号运算符 下标运算符 指向结构体成员运算符 结构体成员运算符	双目运算符	自左至右
2	! ++ -- - (类型) * & sizeof	逻辑非运算符 自增运算符 自减运算符 负号运算符 类型转换运算符 指针运算符 取地址运算符 求类型长度运算符	单目运算符	自右至左
3	* / %	乘法运算符 除法运算符 求余运算符	双目运算符	自左至右
4	+ -	加法运算符 减法运算符	双目运算符	自左至右
5	< <= > >=	关系运算符	双目运算符	自左至右
6	== !=	判等运算符 判不等运算符	双目运算符	自左至右
7	&	按位与运算符	双目运算符	自左至右

续表

优先级	运算符	含义	参与运算对象的数目	结合方向
8	&&	逻辑与运算符	双目运算符	自左至右
9	||	逻辑或运算符	双目运算符	自左至右
10	?:	条件运算符	三目运算符	自右至左
11	= += −= *= /= %=	赋值运算符	双目运算符	自右至左
12	,	逗号运算符 （顺序求值运算符）		自左至右

3.11 类型转换

1. 自动类型转换

一般来说，同一句语句或表达式应该使用同一种类型的变量和常量。如果使用了多种类型的变量和常量（类型混用），C语言会自动把它们转换成同一种类型。自动类型转换为我们写程序提供了方便，却也带来了危机。因粗心大意而造成的类型混用会导致程序运行出错。以下是自动类型转换的基本规则。

（1）在表达式中，char 和 short 类型的值，无论有符号还是无符号，都会自动转换成 int 或者 unsigned int（如果 short 的大小和 int 一样，unsigned short 可表示的最大值就大于 int，在这种情况下，unsigned short 被转换成 unsigned int）。因为它们被转换成表示范围更大的类型，故而我们把这种转换称之为“升级（promotion）”。

（2）按照从高到低的顺序给各种数据类型分等级，依次为：long double，double，float，long long，unsigned long，long，unsigned int 和 int。这里有一个小的例外，如果 long 和 int 大小相同，则 unsigned int 的等级应位于 long 之上。char 和 short 并没有出现在这个等级列表中，是因为它们参与运算时已经被升级成了 int 或者 unsigned int。

（3）在任何涉及两种数据类型的操作中，它们之中等级较低的类型会被转换成等级较高的类型。

（4）在赋值语句中，等号（=）右边的值在赋予等号（=）左边的变量之前，首先要将右边的值的数据类型转换成左边变量的类型。也就是说，左边变量是什么数据类型，右边的值就要转换成什么数据类型的值。这个过程可能会导致右边的值的类型升级，也可能会导致其类型降级（demotion）。所谓“降级”，是指等级较高的类型被转换成等级较低的类型。

（5）作为参数传递给函数时，char 和 short 会被转换成 int，float 会被转换成 double。使用函数原型可以避免这种自动升级。类型升级通常不会有什么问题，但是类型降级却会带来不少问题。例如：

```
char ch = 1222;
```

整型常量1222 降级为 char类型，但 char 无法表示 1222。再如：

```
int j = 22.2;
```

22.2降级为 int，小数部分被截断。

2. 类型转换运算符（强制类型转换）

使用类型转换运算符可以指定我们想要进行的类型转换。类型转换运算符由括号和类型名组成：

```
(type)
```

其中，我们应该用我们想转换成的类型替换掉 type，例如：(long)，(unsigned long)。

类型转换运算符应该放在值的前面：

```
int i = (int)1.1 + (int)2.2;
```

浮点型 1.1 在加法运算前就因为类型转换运算符而降级为 int，其值变为 1。类似2.2也降级为 int，其值变为 2。又如：

```
int j = 20;
double k = (double) j;
```

j 的值被转换成double，然后用于初始化k。

总结

本章主要学习了以下内容：

- 在C语言中的运算符：算术运算符、关系运算符、逻辑运算符、赋值运算符、条件运算符、逗号运算符、特殊运算符等几种。
- 运算符的优先级。
- 类型转换：自动类型转换与强制类型转换。

作业

1. 在银行存储1000元钱，银行一年的利息是5%，输出存一年后的钱是多少。运行效果如图3-11所示。

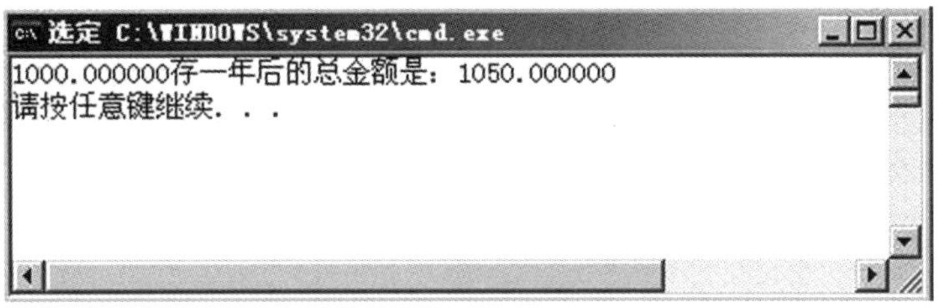

图3-11　输出总金额

2. 为抵抗洪水，解放军战士连续作战89小时，编程计算共多少天共多少小时。运行效果如图3-12所示。

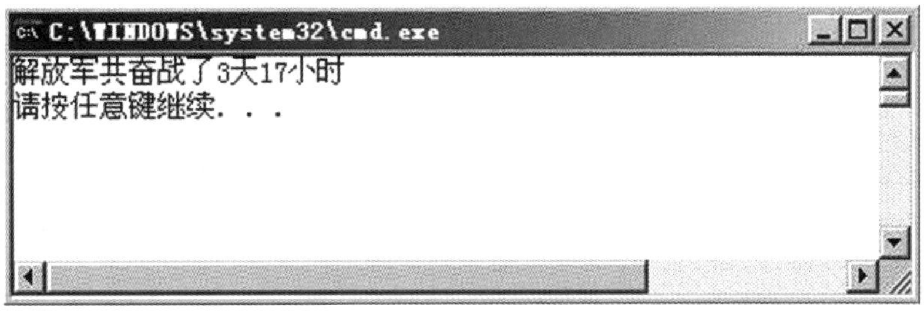

图3-12　输出时间

3. 根据下面的商品信息，计算客户的消费金额。

客 户	购买商品	单 价	个 数	折 扣
1	T恤	￥420.78	1	9.5
2	网球	￥45	3	无

运行效果如图3-13所示。

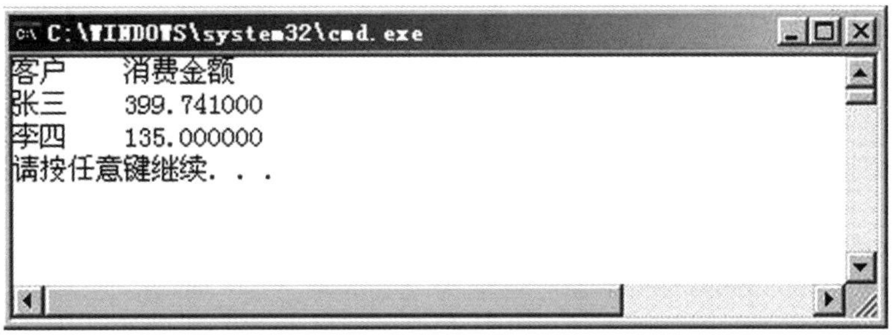

图3-13　输出消费金额

4. 张三（享受8折）的购物信息如下所示，结算时支付1200元。

商　品	单　价	个　数
T恤	245	2
网球鞋	570	1
网球拍	320	1

计算消费总额并打印购物小票，并计算此次购物获得的会员积分（每消费100元可获得3分）。运行效果如图3-14所示。

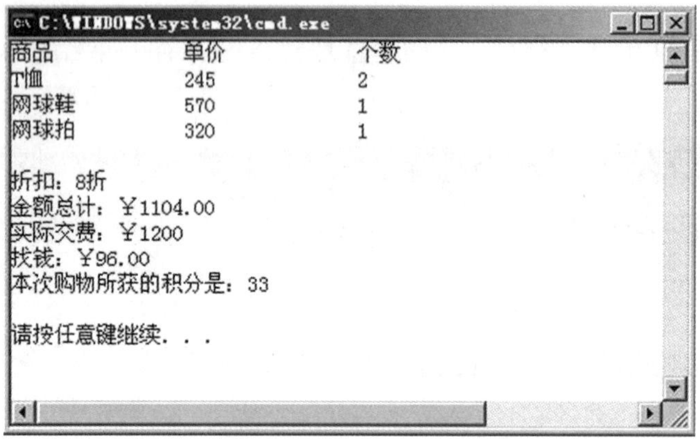

图3-14　打印购物小票

5. 银行提供了整存整取定期储蓄业务，其存期分为一年、两年、三年、五年，到期凭存单支取本息，年利率见下表所列。

存　期	年利率（%）
一年	2.25
两年	2.7
三年	3.24
五年	3.6

现存入银行10 000元，编写一个程序，计算假设存一年、两年、三年或五年，到期取款时，银行应支付的本息分别是多少。运行效果如图3-15所示。

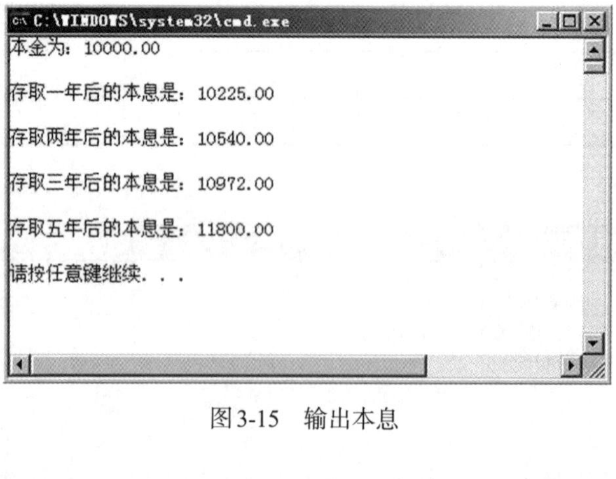

图3-15　输出本息

扩展练习

1. 接收用户输入的一个5位数，求个位数、十位数、百位数、千位数、万位数的和。运行效果如图3-16所示。

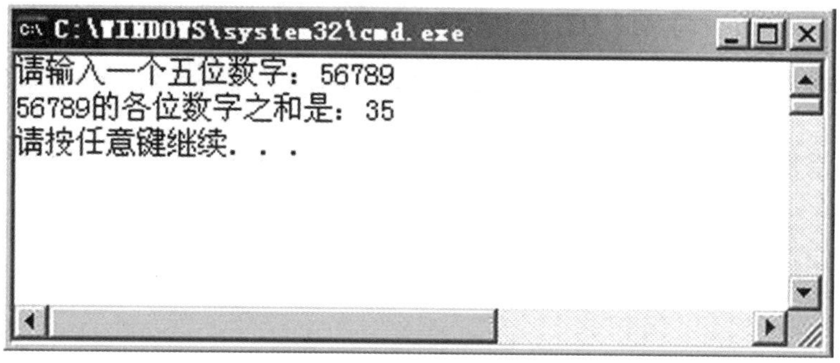

图3-16　求各位数之和

2. 接收用户输入的一个大写字母，以小写字母的形式输出。运行效果如图3-17所示。

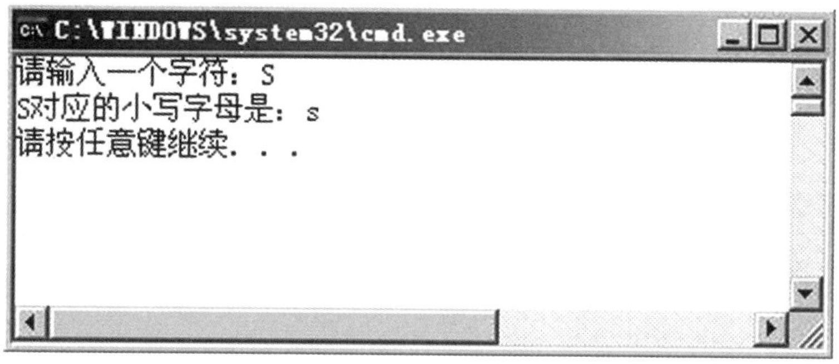

图3-17　将大写字母转换成小写字母

第4章　输入输出语句

学习目标

- 理解并掌握printf、scanf函数
- 熟练使用scanf、printf、getchar、putchar等函数

本章单词

请在预习前完成下列单词，将其写在横线上。

① getchar（/get/ /tʃɑː/ 获取字符）：______________________

② putchar（/put/ /tʃɑː/ 输出字符）：______________________

③ fflush（f/flʌʃ/ 刷新缓冲区）：______________________

④ stdin（标准输入 standard input）：______________________

预习任务

1. 使用scanf()函数一次接收用户输入的3个整数，然后输出这三个数字，效果如下图所示。【参考本章例4-4】

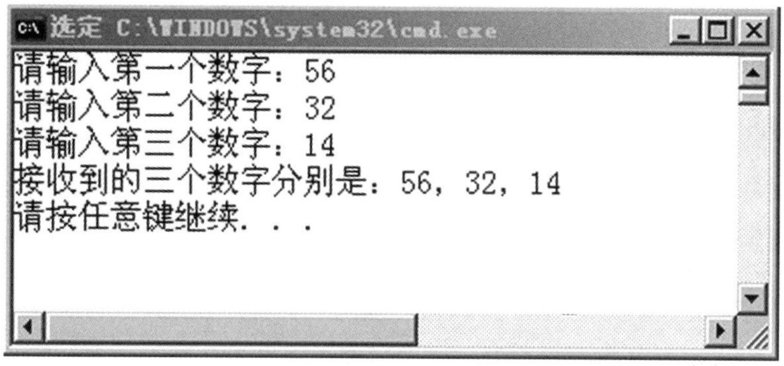

格式化输入输出

2. 使用getchar()函数接受用户输入的一个字符，使用putchar()函数输出这个字符，效果如下图所示。【参考本章例4-6】

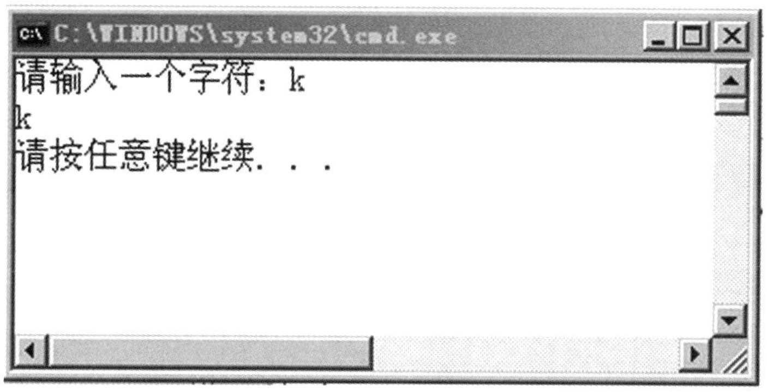

字符输入输出

在程序的运行过程中，往往需要由用户输入一些数据，而程序运算所得到的计算结果又需要输出给用户，由此实现人与计算机之间的交互，所以在程序设计中，输入输出语句是一类必不可少的重要语句，在C语言中，没有专门的输入输出语句，所有的输入输出操作都是通过对标准I/O库函数的调用实现。

最常用的输入输出函数有scanf()、printf()、getchar()和putchar()，本章将分别介绍。

4.1 printf函数

printf()函数是格式化输出函数，一般用于向标准输出设备按规定格式输出信息。在编写程序时经常会用到此函数。printf()函数的调用格式为：

```
printf("<格式化字符串>", <参量表>);
```

其中格式化字符串包括两部分内容：一部分是正常字符，这些字符将按原样输出；另一部分是格式化规定字符，以“%”开始，后跟一个或几个规定字符，用来确定输出内容格式。

参量表是需要输出的一系列参数，其个数必须与格式化字符串所说明的输出参数个数一样多，各参数之间用“,”分开，且顺序一一对应， 否则将会出现意想不到的错误。

1. 格式控制

格式化字符串的语法是：

```
%[标志][输出最小宽度][.精度][长度]格式字符
```

（1）格式字符（格式说明符）

表4-1　格式字符列表

符号	作用
c	单个字符
d	有符号十进制整数
f/lf	浮点数(包括float和double)
e或者E	浮点数指数形式输出[e-(E-)记数法]
o	八进制整数　例如0123
x或者X	十六进制整数0f(0F) 例如0x1234
s	字符串
%	"%"

（2）标志

表4-2　标　志

标志	意义
-	结果左对齐，右边填空格
+	输出符号（正号或负号）
空格	输出值为正（包括0）时冠以空格，为负时冠以负号
#	对c,s,d,u类无影响；对o类,在输出时加前缀o；对x类,在输出时加前缀0x；对e,g,f类当结果有小数时才给出小数点。

例4-1：格式字符和标志的使用。

```
#include <stdio.h>
void main()
{
    int a=50;
    float b=156.255f;
    printf("(%%d)a=%d\n",a);  /*原样输出*/
    printf("(%%-d)a=%-d\n",a); /* 应用标志 - */
    printf("(%%+d)a=%+d\n",a);      /* 应用标志 + */
    printf("(%% d)a=% d\n",a); /* 应用标志 空格 */
    /* 应用标志 # */
    printf("(%%#o)a=%#o\n",a);
    printf("(%%#x)a=%#x\n",a);
    printf("(%%#f)b=%#f\n",b);
}
```

输出结果如图4-1所示。

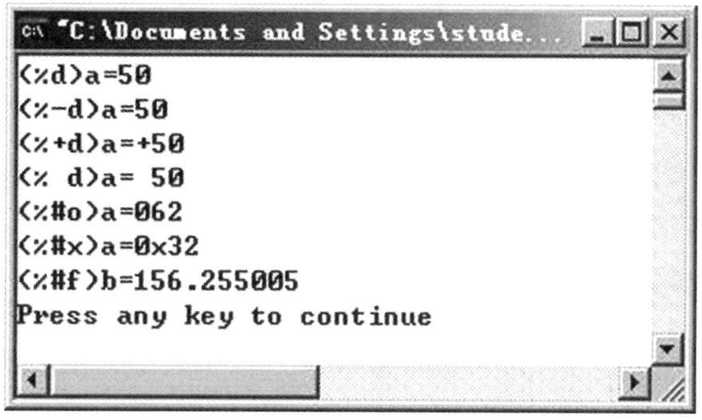

图4-1　例4-1的运算结果

（3）输出最小宽度：用十进制整数来表示输出的最少位数。

➢ 若实际位数多于定义的宽度，则按实际位数输出。

➢ 若实际位数少于定义的宽度，则右对齐，左边留空。

➢ 有负号，左对齐，右边留空。

➢ 表示宽度的数字以0开始，则右对齐，左边留空。

例4-2：设置输出最小宽度。

```
#include <stdio.h>
void main()
{
    int a=200;
    printf("%-9d\n",a); /*有负号左对齐，右边留空*/
    printf("%9d\n",a); /*无负号右对齐，左边留空*/
    printf("^^^^^^^^^\n");
    printf("123456789\n");
}
```

输出结果如图4-2所示。

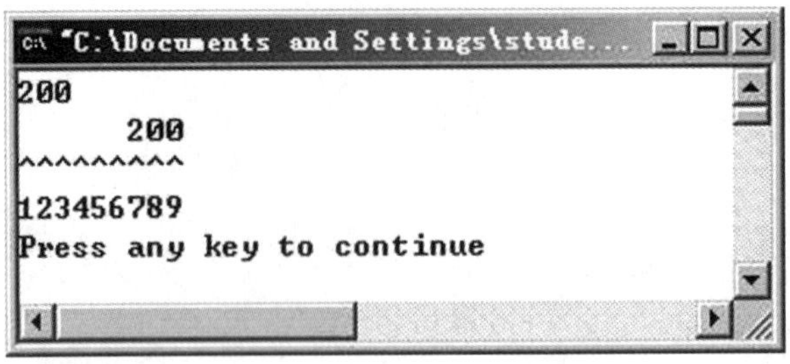

图4-2　例4-2的运行结果

（4）精度：精度格式符以“.”开头，后跟十进制整数。意义是：

➢ 如果输出数字，则表示小数的位数；若实际位数大于所定义的精度数，则四舍五入。若不足则补0。

➢ 如果输出的是字符，则表示输出字符的个数；若实际位数大于所定义的精度数，则截去超过的部分。

例4-3：设置精度。

```
#include <stdio.h>
void main()
{
    double d = 25.1234;

    printf("d=%lf\n",d);
    printf("格式化输出d：\n");
    printf("%%.3f\t%.3f\n",d);
    printf("%%.9f\t%.9f\n",d);

    printf("格式化输出字符\n");
    printf("%%.3s\t%.3s\n","abcdefg");
    printf("%%.9s\t%.9s\n","abcdefg");
}
```

运行结果如图4-3所示。

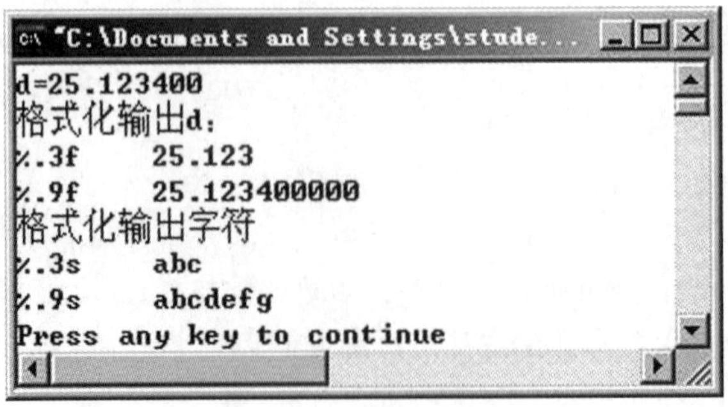

图4-3　例4-3运行结果

（5）长度

长度格式符为h，l两种，h表示按短整型量输出，l（不是1，是L字母的小写）表示按长整型量输出。比如我们前面输出double类型时用%lf，这个l就代表长度格式。

4.2 scanf函数

scanf()函数是格式化输入函数，它从标准输入设备（键盘）读取输入的信息。其调用格式为：

```
scanf("<格式化字符串>", <地址表>);
```

其中，格式字符串的作用与printf函数相同，但不能显示非格式字符串，也就是不能显示提示字符串。地址表中给出各变量的地址。地址是由地址运算符“&”后跟变量名组成的。例如：

```
&a, &b
```

分别表示变量a和变量b的地址。

这个地址就是编译系统在内存中给*a*，*b*变量分配的地址。在C语言中，使用了地址这个概念，这是与其他语言不同的。应该把变量的值和变量的地址这两个不同的概念区别开来。变量的地址是C语言编译系统分配的，用户不必关心具体的地址是多少。

变量的地址和变量值的关系如下：

在赋值表达式中给变量赋值，如：

```
a=123;
```

则，a为变量名，123是变量的值，&a是变量a的地址。

但在赋值号左边是变量名，不能写地址，而scanf函数在本质上也是给变量赋值，但要求写变量的地址，如&a。这两者在形式上是不同的。&是一个取地址运算符，&a是一个表达式，&a的功能是求变量a的地址。

例4-4：使用scanf函数。

```
#include <stdio.h>


void main()
{
    int a,b;
    printf("请输入a、b(用英文逗号分隔)：");
    scanf("%d,%d",&a,&b);
    printf("您输入的数字为:\n");
    printf("a=%d,b=%d\n",a,b);
}
```

在例4-4中，由于scanf函数本身不能显示提示串，故先用printf语句在屏幕上输出提示，“请输入a、b（用英文逗号分隔）：”。执行scanf语句，进入等待用户输入状态。用户输入

“12530，100”后按下回车键，此时，显示了程序执行结果（图4-4）。在scanf语句的格式串中由于在%d之间有非格式字符作输入时的间隔，因此在输入时要输入非格式字符作间隔。

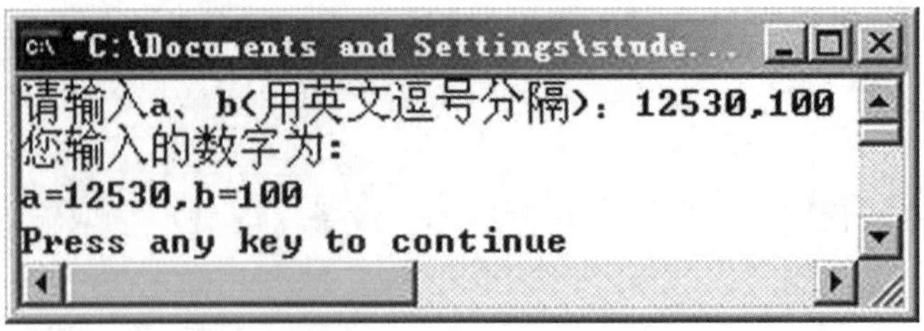

图4-4　例4-4运行结果

在输入字符数据时，若格式控制串中无“非格式字符”，则认为所有输入的字符均为有效字符。例如：scanf（"%c%c%c"，&a，&b，&c）；输入“d e f”，则把‘d’赋予a，空格赋予b，‘e’赋予c。只有当输入为“def”时，才能把‘d'赋予a，‘e'赋予b，‘f'赋予c。

1. 格式字符串

格式字符串的一般形式为：

```
%[*][输入数据宽度][长度]类型
```

其中有方括号[]的项为任选项。各项的意义如下：

（1）类型：表示输入数据的类型，其格式符和意义见表4-3所列。

表4-3　格式字符表

格式字符	字符意义
d	输入十进制整数
o	输入八进制整数
x	输入十六进制整数
f/lf或e	输入实型数(用小数形式或指数形式)
c	输入单个字符
s	输入字符串

（2）“*”符：用以表示该输入项读入后不赋予相应的变量，即跳过该输入值。如：

```
scanf("%d %*d %d",&a,&b);
```

当输入为“1 2 3”时，把1赋予a，2被跳过，3赋予b。

（3）宽度：用十进制整数指定输入的宽度（即字符数）。

例如：

```
scanf("%5d",&a);
```

输入：12345678

只把12345赋予变量a，其余部分被截去。

又如：

```
scanf("%4d%4d",&a,&b);
```

输入：12345678

将把1234赋予a，而把5678赋予b。

（4）长度：长度格式符为l和h，l表示输入长整型数据（如%ld）和双精度浮点数（如%lf）。h表示输入短整型数据。

使用scanf函数还必须注意以下几点：

（1）scanf函数中没有精度控制，如：scanf（"%5.2f"，&a）；是非法的。不能用此语句输入小数为2位的实数。

（2）scanf中要求给出变量地址，如果给出变量名则会出错。如 scanf（"%d"，a）是非法的，应改为scanf（"%d"，&a）才是合法的。

（3）在输入多个数值数据时，若格式控制串中没有非格式字符作输入数据之间的间隔则可用空格、TAB或回车作间隔。C语言编译器在碰到空格、TAB、回车或非法数据（如对“%d”输入“12A”时，A即为非法数据）时即认为该输入结束。

（4）多个scanf()函数连续给多个字符变量输入时的问题。

例4-5：连续输入字符。

```
#include <stdio.h>

void main()
{
    char c1, c2;
    scanf("%c", &c1);
    scanf("%c", &c2);
    printf("c1 = %c, c2= %c\n",c1,c2);
}
```

运行该程序，输入一个字符A后回车（要完成输入必须回车），在执行scanf（"%c"，&c1）时，给变量c1赋值‘A’，但回车符仍然留在缓冲区内，执行输入语句scanf（"%c"，&c2）时，变量c2输出的是一空行，输出结果如图4-5（a）所示。

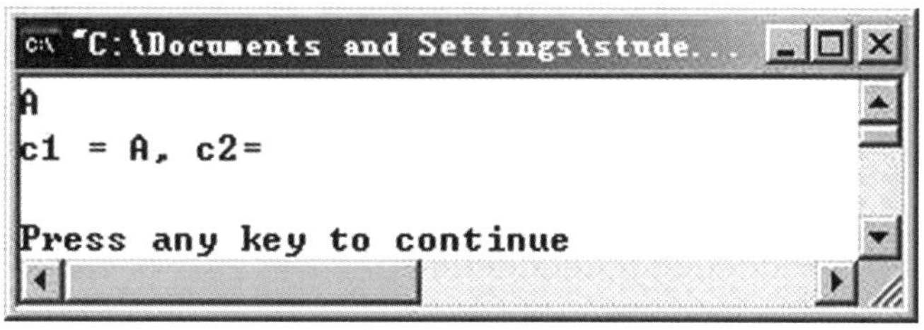

图4-5（a） 例4-5运算结果图

再次运行例4-5程序，如果输入“AB”后回车，那么输出结果为：“c1= A，c2 = B”，输出结果如图4-5（b）所示。

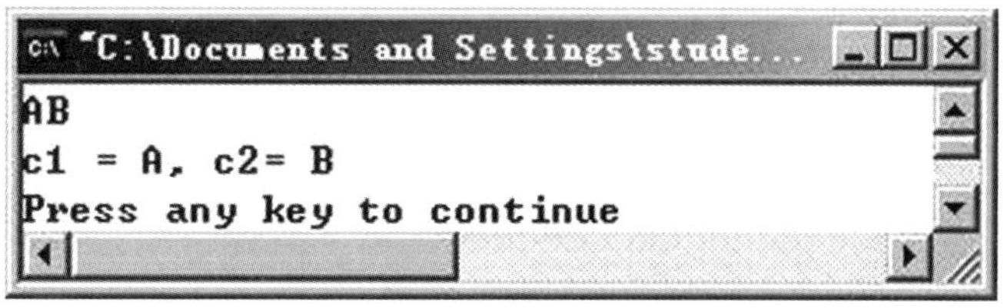

图4-5（b） 例4-5运算结果图

要解决以上问题，可以在输入函数前加入清除缓存的fflush()函数。

修改以上程序如下：

```
#include <stdio.h>
void main()
{
    char c1, c2;
    scanf("%c", &c1);
    fflush(stdin); //清空输入缓冲
    scanf("%c", &c2);
    printf("c1 = %c, c2= %c\n",c1,c2);
}
```

4.3 getchar 函数

getchar()函数也是从键盘（标准输入设备）上读入一个字符，并带回显（这里的回显是指，当getchar()函数从键盘读入一个字符后将会得到的字符显示在显示屏幕上）。getchar()函数的调用格式为：

```
变量名 = getchar();
```

例4-6：使用getchar函数。

```
#include<stdio.h>

void  main()
{
    char  ch;
    printf("输入一个字符:");
    ch=getchar();     /*从键盘读入字符直到回车结束*/
    printf("你输入的字符为：");
    printf("%c\n",ch);  /*显示输入的第一个字符*/
}
```

输出结果如图4-6所示。

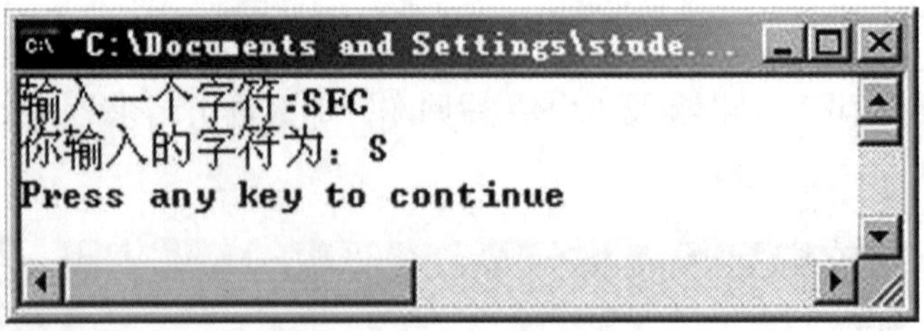

图4-6　例4-6的运算结果图

使用getchar函数应注意的几个问题：

（1）getchar函数只能接收单个字符，输入数字也按字符处理。输入多于一个字符时，只接收第一个字符，比如在例4-6中，用户输入为“SEC”，但是输出的仅仅只是第一个字符‘S’。

（2）使用本函数前必须包含头文件“stdio.h”。

4.4 putchar函数

putchar()函数是向标准输出设备输出一个字符，其调用格式为：

```
putchar(ch);
```

其中，ch为一个字符变量或常量。使用putchar()函数前必须包含stdio.h头文件。

putchar()函数的作用等同于printf（"%c"，ch）；

例4-7：使用putchar输出一个字符。

```
#include<stdio.h>
void main()
{
    char c;  /*定义字符变量*/

    c='B';   /*给字符变量赋值*/
    putchar(c);   /*输出该字符*/
    putchar('\x42'); /*输出字母B*/
    putchar(0x42);  /*直接用ASCII码值输出字母B*/
    /* 换行,对于控制字符则执行控制功能，不在屏幕上显示*/
    putchar('\n');
}
```

从本例中的连续4个字符输出函数语句可以分清字符变量的不同赋值方法。

输出结果如图4-7所示。

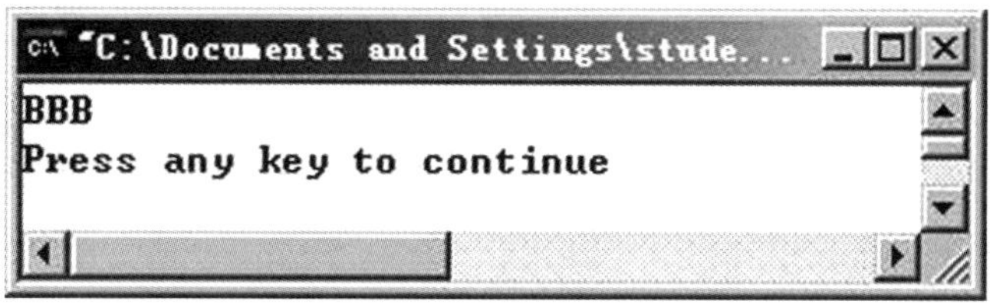

图4-7　例4-7的运算结果图

总结

在本章中，我们详细介绍了输入输出语句，主要知识点如下。

- printf函数，格式化输出一个字符串，可用格式字符进行格式控制。
- scanf函数，从标准输入设备（键盘）读取输入的信息。
- getchar函数，也是从键盘（标准输入设备）上读入一个字符。
- putchar函数，向标准输出设备输出一个字符。

作业

1. 用下面的scanf函数输入数据，使a=3，b=7，x=8.5，y=71.82，c1='A'，c2='a'，问在键盘上如何输入?

```
void main()
{
    int a,b;
    float x,y;
    char c1,c2;
    scanf("a=%d b=%d",&a,&b);
    scanf(" x=%f y=%e",&x,&y);
    scanf(" c1=%c c2=%c",&c1,&c2);
}
```

2. 比较scanf()函数和getchar()函数在接收字符时的差异。

3. 下面这个程序可以接收用户的输入，可以成功编译，但是执行时会发生执行错误，请问错在哪里？

```
#include <stdio.h>

void main()
{
    int score;
    printf(“请输入分数:”);
    scanf(“%d”,score);
    printf(“分数:%d”,score);
}
```

第5章　条件语句1

学习目标

- 掌握单分支if语句
- 掌握if-else语句
- 掌握多重if语句
- 掌握if语句的嵌套使用

本章单词

请在预习前完成下列单词，将其写在横线上。

① if（/if/ 如果，假如）：________________________________

② else（/els/ 其他，另外）：________________________________

③ password（/'pæs'wɜːd/ 口令，密码）：________________________________

④ score（/skɔː/ 得分，记分）：________________________________

预习任务

1. 输入两个数比较大小，输出最小值，效果如下图所示。【参考本章例5-2】

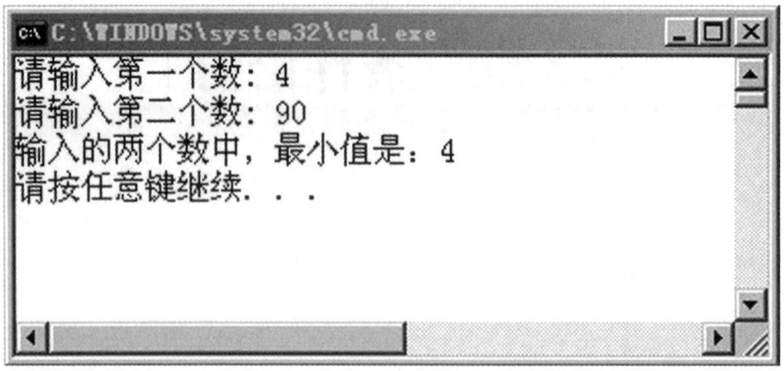

if-else语句

2. 输入3个数，从小到大排序，效果如下图所示。【参考本章例5-4】

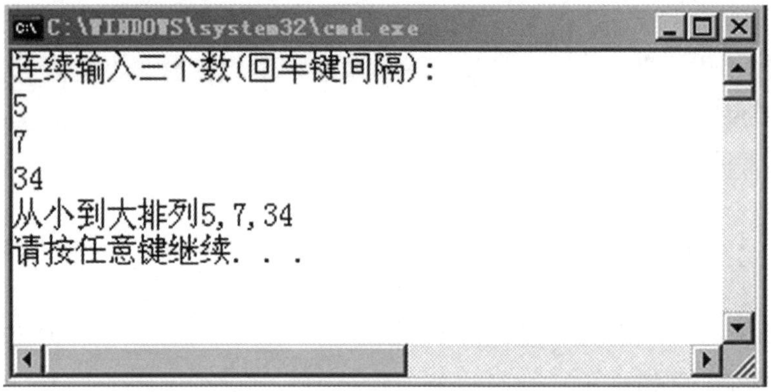

嵌套if语句

3. 以下程序运行的结果是（　）。(选择一项)

```
int a = 10;
if (a == 10)
{
   printf ( “1” );
}
else
{
   printf ( “2” );
}
```

A. 1　　B. 2　　C. 11　　D. 12

一个表达式的返回值都可以用来判断真假，除非没有任何返回值的void型和返回无法判断真假的结构。当表达式的值不等于0时，它就是“真”，否则就是假。一个表达式可以包含其他表达式和运算符，并且基于整个表达式的运算结果可以得到一个真/假的条件值。因此，当一个表达式在程序中被用于检验其真/假的值时，就称为一个条件。

C语言中，主要提供了if语句和switch语句用来进行条件判断（当然，还有一个条件运算符（?:）可用于条件判断）。if语句用于两者选一的情况，而switch用于多者选一的情形。在本章中，我们主要讨论if语句，在下一章中我们将继续讨论另一种条件语句。

5.1 if语句

if语句的一般形式为：

```
if(表达式)
语句1;
```

如果表达式的值为非0，则执行语句1，否则跳过语句1继续执行下面的语句。

如果语句1处需要执行多条语句时，必须使用花括号"{}"把这些语句包括在其中，此时条件语句形式为：

```
if(表达式)
{
   语句体1;
}
```

其过程可以用图5-1表示。

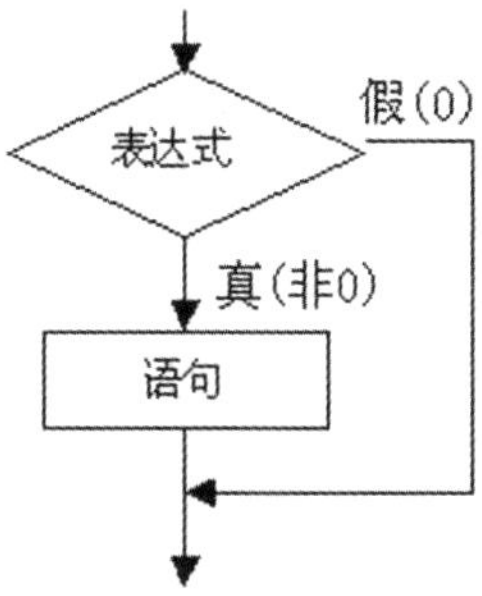

图5-1 if语句执行流程图

接下来我们看一个例子。

例5-1：简单模拟银行卡取款。

```
#include <stdio.h>
void main()
{
        int password=123456;  //卡号密码
        int input_pass;              //存储你输入的密码
        printf("请输入密码:");
        scanf("%d",&input_pass);
```

```
    if(password == input_pass) /*如果密码输入正确，就可以取款了*/
    {
        printf("\n\t 正在取钱中...\n\t\t\t");
    }
    printf("谢谢光临... ...\n");
}
```

在例5-1中模拟了一个简单的取款过程。程序中定义了一个password用于存储用户账户卡的密码，而用户在取钱时就要求用户输入密码，如果用户输入的密码与账户卡密码相同则表示通过了验证就进行取款操作。最后用户离开，打印谢谢光临，如图5-2所示。然而如果用户密码输入出错，就没有取款这一步，直接退出，也打印谢谢光临，如图5-3所示。

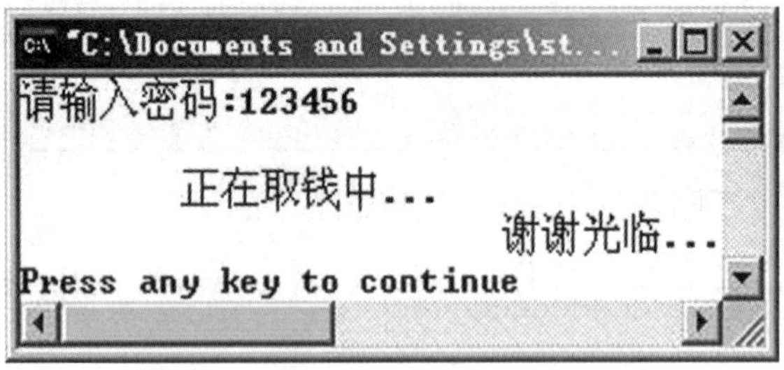

图5-2　例5-1用户输入密码正确

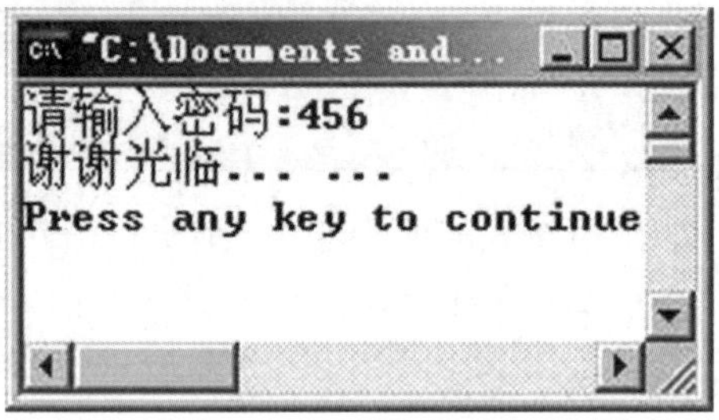

图5-3　例5-1用户输入密码错误

5.2　if-else语句

除了可以指定在条件为真时执行某些语句外，还可以在条件为假时执行另外一段代码。在C语言中利用else语句来达到这个目的。

```
if (表达式)
    语句1;
else
    语句2;
```

同样，当语句1或语句2是多于一个语句时，需要用{}把语句括起来。

```
if (表达式)
{
   语句体1;
}
else
{
   语句体2;
}
```

if-else语句的流程图，图5-4所示。

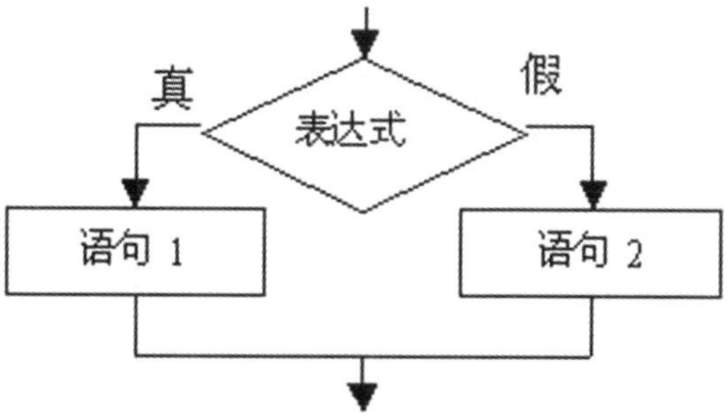

图5-4　if-else语句执行的流程图

例5-2：输入两个数，求最大值。

```
#include <stdio.h>
void main()
{
    int num1,num2;
    int max;
    printf("请输入第一个数:");
    scanf("%d",&num1);
    printf("请输入第二个数:");
    scanf("%d",&num2);
    if(num1>num2)
        max = num1;
    else
        max = num2;
      printf("您输入的两个数中，最大值为:%d\n",max);
}
```

运行结果如图5-5所示。

图5-5　例5-2的运行结果

5.3　多重选择if–else–if语句

前二种形式的if语句一般都用于两个分支的情况。当有多个分支选择时，可采用if-else-if语句，其一般形式为：

```
if(表达式1)
      语句1;
else  if(表达式2)
      语句2;
else  if(表达式3)
      语句3;
…
else  if(表达式m)
      语句m;
else
      语句n;
```

其语义是：依次判断表达式的值，当出现某个值为真时，则执行其对应的语句，对应的语句执行完后，整个if语句执行也就结束了，将跳出整个if语句之外继续执行if语句之后的其他语句。 如果所有的表达式均为假，则执行最后一个else语句，然后一样执行后续程序。if-else-if语句的执行过程如图5-6所示。

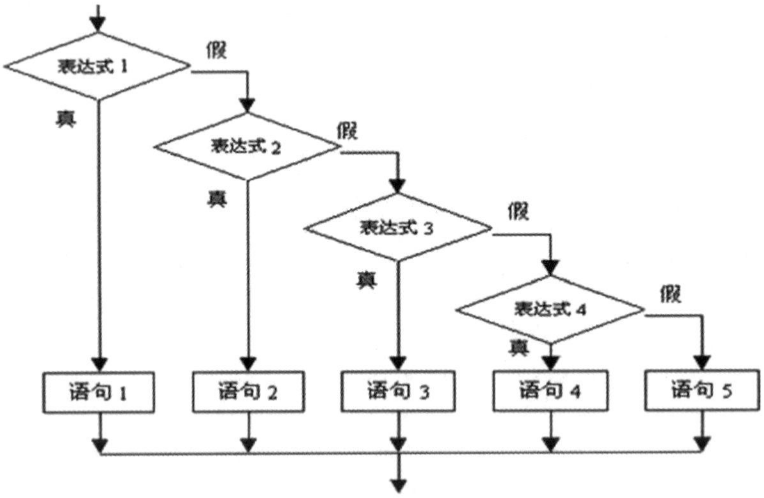

图5-6　if-else-if结构的流程图

同样，如果每一个条件中有多于一条语句要执行时，必须使用"{"和"}"把这些语句包括在其中。

例5-3：比较成绩。

```
#include <stdio.h>
void main()
{
      float score; //考试成绩
      printf("输入您的考试成绩：");
      scanf("%f",&score);
      if(score==100)
      {
            printf("满分耶…你太酷了!\n");
```

```
    }
    else if(score >= 90)
    {
        printf("优秀学生，国家栋梁之才呀！");
    }
    else if(score >= 80)
    {
        printf("学习还算可以啦，要对自己有信心…");
    }
    else
    {
        printf("同学，继续努力…");
    }
    printf("\n");
}
```

例5-3中使用if-else-if分别判断score等于100、score在90～100、80～90、80分以下等成绩分数段，每个分数段显示不同的话，假设成绩为87分，如图5-7所示。

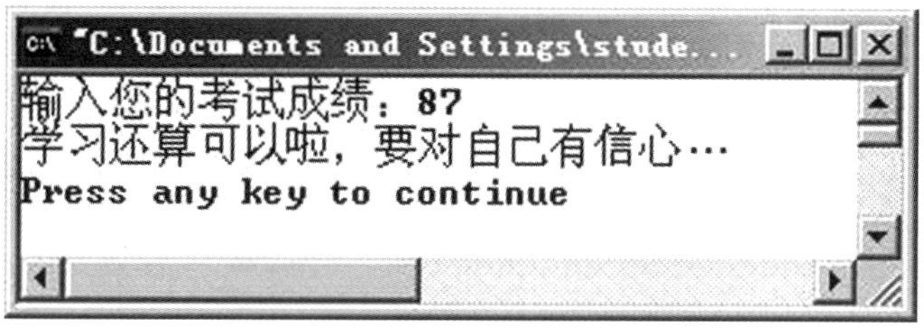

图5-7　例5-3程序运行截图

5.4　嵌套if语句

条件语句可以嵌套，这种情况经常碰到。当if语句中的执行语句又是if语句时，则构成了if语句嵌套的情形。其嵌套形式有如下几种表示形式。

1. 在简单if语句中嵌套if语句

```
if (表达式)
if语句;
```

2. 只在if子句中嵌套if语句

```
if (表达式)
    if语句;
else
    语句;
```

3. 只在else子句中嵌套if语句

```
if (表达式)
    语句;
else
    if语句;
```

4. 在if子句和else子句中同时嵌套if语句

```
    if(表达式)
    if语句;
else
    if语句;
```

在嵌套内的if语句可能又是if-else型的，这将会出现多个if和多个else重叠的情况，这时要特别注意if和else的配对问题。

例如：

```
if (表达式1)
    if (表达式2)
    语句1;
  else
    语句2;
```

其中的else究竟是与哪一个if配对呢?

是应该理解为：

```
if(表达式1)
{
    if(表达式2)
    {
        语句1;
    }
    else
    {
        语句2;
    }
}
```

还是应该理解为：

```
if(表达式1)
{
    if(表达式2)
    {
        语句1;
    }
}
else
{
    语句2;
}
```

为了避免这种二义性，C语言规定，else 总是与它前面最近的if配对，因此对上述例子应按前一种情况理解。

对于上述情况，为了程序的可读性，建议大家在使用类似if的语句时不管情况如何都带上花括号。

例5-4：输入三个数x，y，z，然后按从大到小输出。

```
#include <stdio.h>

void main()
{
    int x,y,z;
    printf("连续输入三个数(回车键间隔)：\n");
    scanf("%d%d%d",&x,&y,&z);
    printf("从大到小排列\n");
    if(x>=y&&x>=z) //如果x最大
    {
        printf("%d\t",x);
        //比较y和z
        if(y>=z)
        {
            printf("%d\t%d\n",y,z);
        }
        else
        {
            printf("%d\t%d\n",z,y);
        }
    }
    else if(y>=x&&y>=z) //如果y最大
    {
        printf("%d\t",y);
        //比较x和z
        if(x>=z)
        {
            printf("%d\t%d\n",x,z);
        }
        else
        {
            printf("%d\t%d\n",z,x);
        }
    }
    else //如果z最大
    {
        printf("%d\t",z);
        //比较x和y
        if(x>=y)
        {
            printf("%d\t%d\n",x,y);
```

```
        }
        else
        {
            printf("%d\t%d\n",y,x);
        }
    }
}
```

这是一个典型的if语句嵌套结构，如果不使用括号，那么if和else的对应关系就乱了。运行结果如图5-8所示。

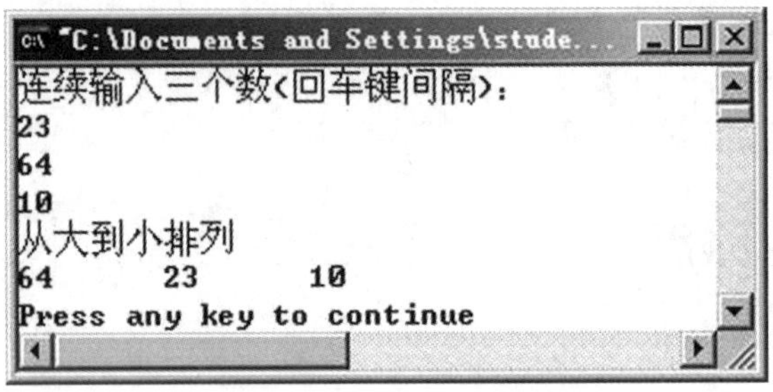

图5-8　例5-4输入三个数然后排列顺序

总结

通过本章的学习，我们学到了如下知识点。

➢ if语句是最简单的一种条件判断式，可先行判断条件语句是否成立，再根据结果来决定所要执行的程序语句。

➢ if-else语句提供了两种不同的选择，当if的判断条件成立时，就执行if块中的语句，如果不成立，则会执行else块中的语句。

➢ if-else-if条件语句是一种多分支的条件语句。

➢ 嵌套if语句：当if语句中的执行语句又是if语句时，则构成了if语句嵌套的情形。

作业

1. 如果张三C语言考试成绩大于90分，爸爸就奖励他“仙剑奇侠传四”，否则爸爸就罚他闭门思过，运行效果如图5-9所示。

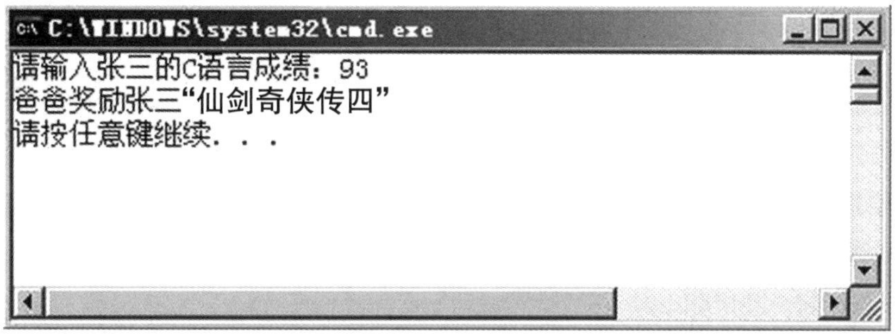

图5-9　满足条件

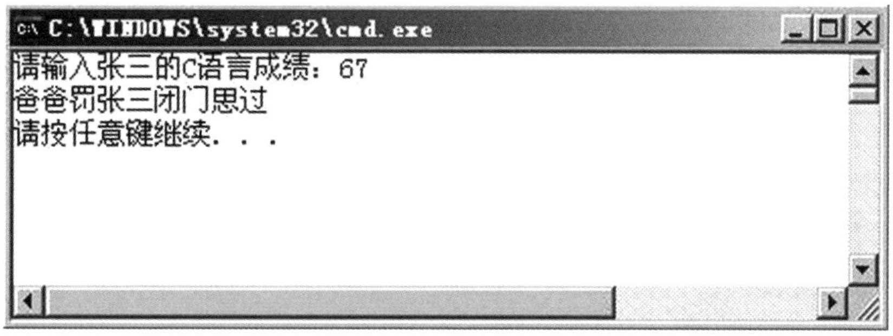

图5-10　不满足条件

2. 我想买车，买什么车决定于我在银行有多少存款。如果我的存款超过500万，我就买凯迪拉克；如果我的存款超过100万，我就买帕萨特；如果我的存款超过50万，我就买伊兰特；如果我的存款超过10万，我就买奥托；否则我买捷安特。运行效果如图5-11所示。

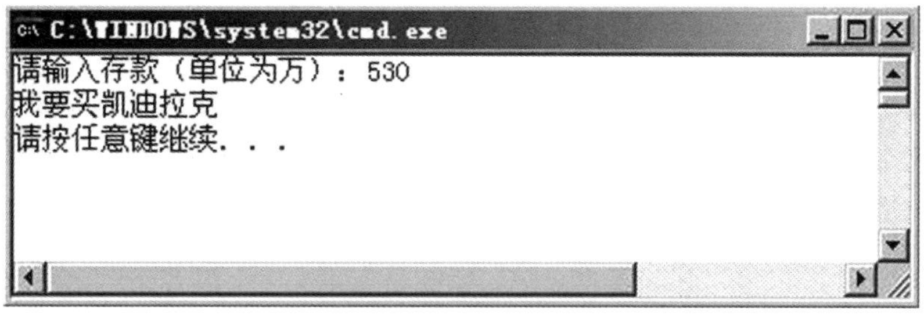

图5-11　输出买车信息

3. 用户根据提示信息从键盘输入年份，按回车键后，输出该年是否为闰年。提示：判断闰年的条件：能被4整除但不能被100整除，或者能被400整除。运行效果如图5-12、图5-13所示。

图5-12　满足条件

图5-13　不满足条件

4. 接收用户输入的一个数，如果该数是正数则原样输出，如图5-14所示，如果该数是负数则输出该数的相反数，运行效果如图5-15所示。

图5-14　正数

图5-15　负数

5. 接收用户输入的3个数字，找出其中最大的一个，运行效果如图5-16所示。

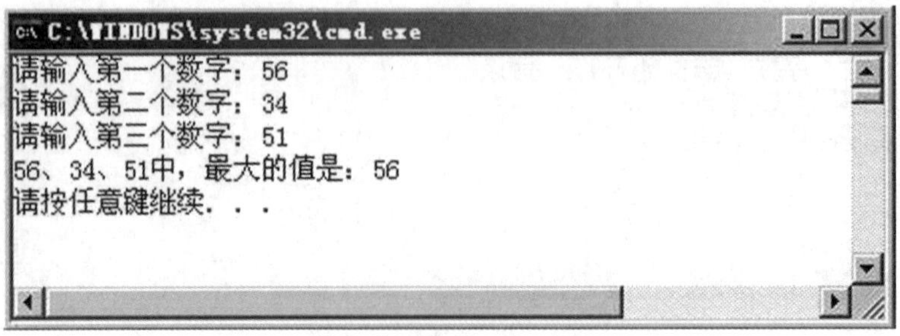

图5-16　输出最大的数字

扩展练习

1. 商场实行新的幸运抽奖规则：会员号的百位数字加会员号的个位数字的和等于8或等于9的即是幸运会员，可以获得精美MP3一个，运行效果如图5-17、图5-18所示。

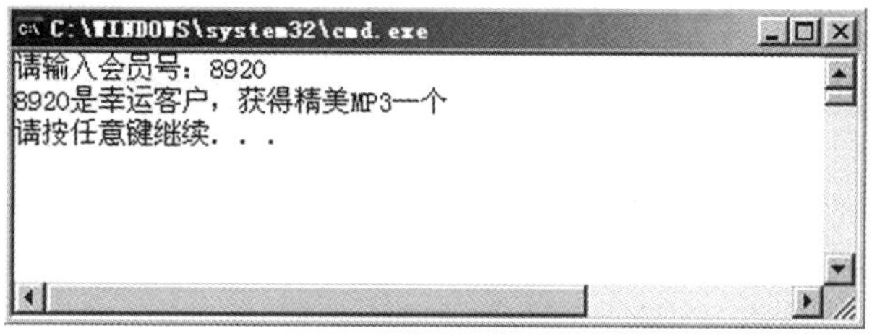

图5-17　中奖情况

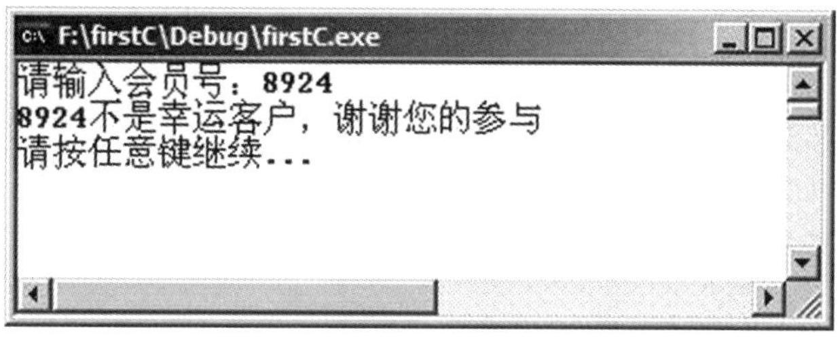

图5-18　不中奖情况

2. 接收用户输入的一个6位数字，判断各位数字之和能否被2整除，运行效果如图5-19、图5-20所示。

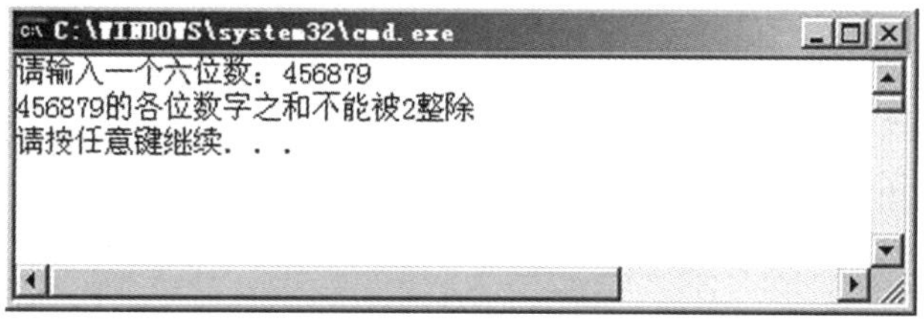

图5-19　不满足条件

图5-20　满足条件

3. 从键盘输入年份和月份，如果月份是在1-12内，输出“x年x月有x天”，否则输出“输入的月份不正确”，运行效果如图5-21所示。

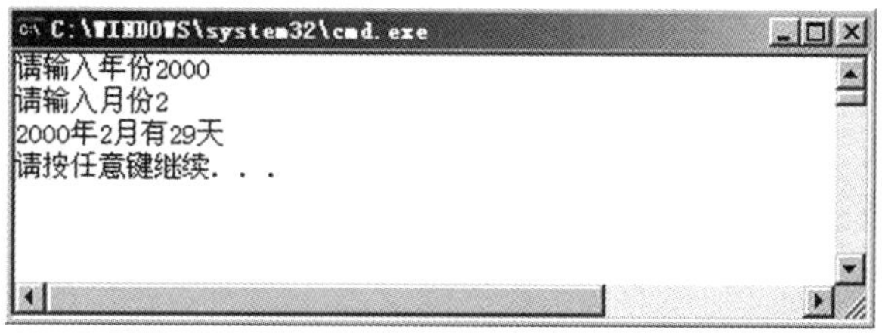

图5-21　判断输入月份

第6章 条件语句2

学习目标

- 掌握switch语句的运用
- 掌握break在switch中的应用

本章单词

请在预习前完成下列单词，将其写在横线上。

① switch（[switʃ] 转变，改变）：________________

② break（[breik] 终止，中断）：________________

③ case（[keis] 实情，情况）：________________

④ default（[di'fɔːlt] 默认，预设，预置）：________________

预习任务

1. 根据提示输入整数和运算符，输出计算结果，效果如下图所示。【参考本章例6-1】

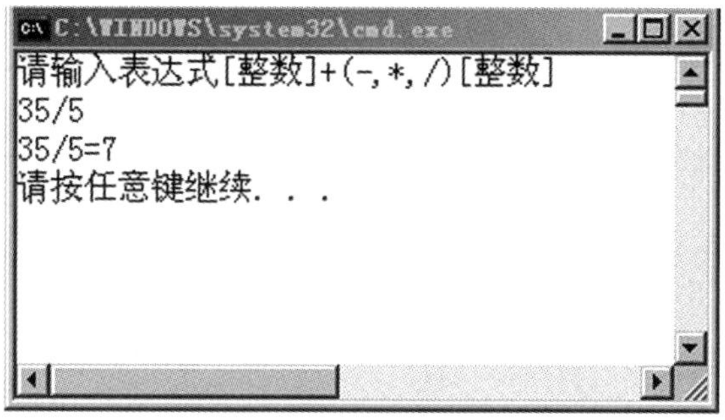

switch语法

2. 关于switch（表达式）语句，以下说法正确的是（　　）。（选择一项）

A. 表达式可以是任何数据类型

B. 表达式只能是整数或字符类型

C. case后面跟的值可以重复

D. case 语句是可以省略的

3. 以下程序的运行结果为（　　）。（选择一项）

```
int a=0;
switch（a）
{
    case 0：printf（ “%d”， a）;
    case 1：printf（ “%d”， a++）;
    case 2：printf（ “%d”， a++）;
    case 3： printf（ “%d”， ++a）;
    default： printf（ “%d”， a）;
}
```

A. 00133　　　B. 01233　　　C. 0　　　D. 00

if语句只能处理从两者间选择之一，当要实现几种可能之一时，就要用if-else-if甚至多重的嵌套if来实现，当分支较多时，程序变得复杂冗长，可读性降低。C语言还提供了switch开关语句专门处理多路分支的情形，使程序变得简洁。

6.1 switch语句

switch语句的一般格式为：

```
switch(表达式)
{
case 常量表达式1:
      语句序列1;
      break;
      case 常量表达式2:
      语句序列2;
            break;
      … …
case 常量表达式n:
      语句序列n;
      break;
default:
      语句序列n+1;
      break;
}
```

switch语句的执行过程：首先计算小括号内表达式的值，并逐个与其后的常量表达式值相比较，当表达式的值与某个常量表达式的值相等时，就执行其后的语句序列。如果语句序列中省略了break，就不再进行判断，继续执行后面所有case后的语句；如果没有省略break，则执行了case后面的语句序列之后就跳出switch语句。如果表达式的值与所有case后的常量表达式均匹配不上时，则执行default后的语句序列。

说明：

（1）在C语言中switch后面括号内的表达式必须是整型、字符型或枚举型。

（2）每一个case的常量表达式的值必须互不相同，否则就会出现互相矛盾的现象（对表达式的同一个值，有两种或多种执行方案）。

（3）各个case和default的出现次序不影响执行结果。例如：可以先出现“default：…”，再出现“case ‘D’：…”，然后是“case ‘A’：…”。

（4）各语句序列允许有多条语句，不需要按复合语句处理，若语句序列i为空，则对应的break语句可去掉。

图6-1是switch语句的流程图。

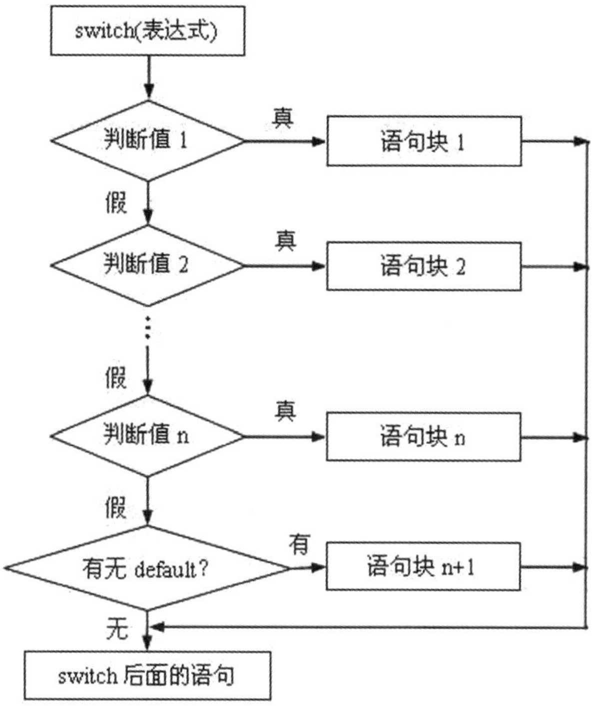

图6-1 switch的流程图

例6-1：简单计算器。

用户输入运算数和四则运算符，输出计算结果。

```
#include <stdio.h>
void main()
{
    float a,b;
    char c;
    printf("请输入表达式[number1+(-、*、/)number2] \n");
    scanf("%f%c%f",&a,&c,&b);
    switch(c)
    {
        case '+': printf("%.2f%c%.2f=%.2f\n",a,c,b,a+b);break;
        case '-': printf("%.2f%c%.2f=%.2f\n",a,c,b,a-b);break;
        case '*': printf("%.2f%c%.2f=%.2f\n",a,c,b,a*b);break;
        case '/': printf("%.2f%c%.2f=%.2f\n",a,c,b,a/b);break;
        default: printf("您的输入有误！ \n");
    }
}
```

输出结果如图6-2所示。

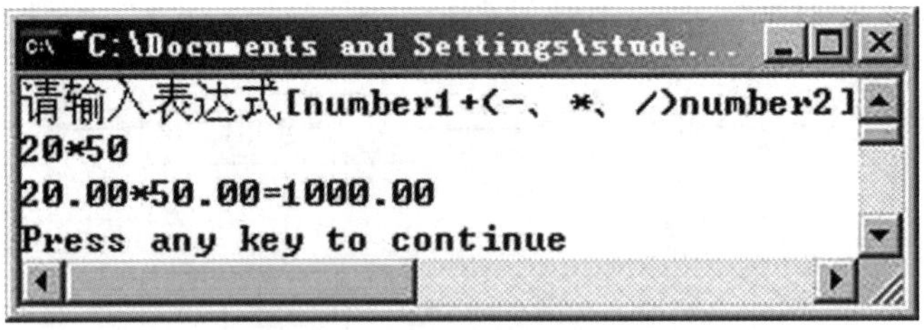

图6-2　例6-1程序运行结果

这个例子挺有意思，用switch巧妙地实现了一个类似计算器的功能，能进行简单的加减乘除运算。

你可能会觉得很奇怪——为什么每个标签后都要写上break语句呢，它在这里是干什么用的？其实，它在这里的作用是跳出switch语句，转而执行switch语句后面的语句。如图6-3所示。设number的值为2：

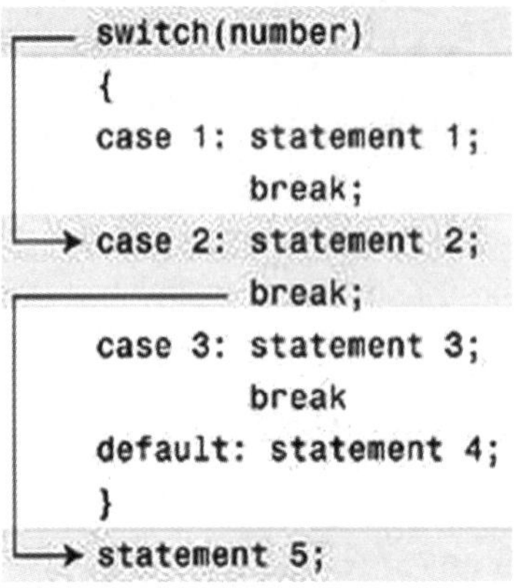

图6-3　switch执行规则

如果不写break语句，则从匹配的标签开始，直到switch语句结束前的语句都会被执行。例如，如果把上例（简单计算器）中的break语句都去掉，代码如下。

```
#include <stdio.h>
void main()
{
    float a, b;
    char c;
    printf ("请输入表达式[number1+ (-、*、/) number2] \n");
    scanf ("%f%c%f", &a, &c, &b);
    switch (c)
{
        case '+':  printf ("%.2f%c%.2f=%.2f\n", a, c, b, a+b);
        case '-':  printf ("%.2f%c%.2f=%.2f\n", a, c, b, a-b);
        case '*':  printf ("%.2f%c%.2f=%.2f\n", a, c, b, a*b);
        case '/':  printf ("%.2f%c%.2f=%.2f\n", a, c, b, a/b);
        default:  printf ("您的输入有误！ \n");
    }
}
```

重新编译后，在运行时输入20*5会得到如图6-4所示的结果。

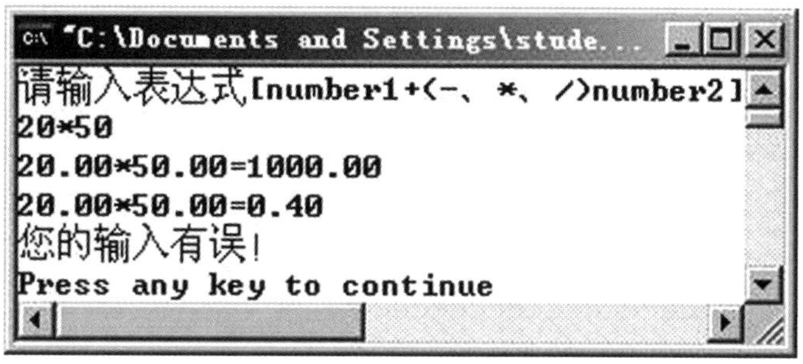

图6-4　将break去掉后的运算结果

由此可见，“case 'i' :”后面，switch语句结束前的所有语句都被执行了一遍。因此，千万别忘了break语句，它非常重要！

6.2　条件语句示例分析

例题：计算某年某月共有多少天，并按“××年××月共有××天”格式显示出来。

分析：年、月不确定，就说明需要用户动态输入。要计算某月的天数，首先要知道各月天数的算法。2月的天数是由平年和闰年来确定（平年28天，闰年29天），其他月份的天数是月份来确定的（1、3、5、7、8、10、12月为31天，4、6、9、11为30天）。显而易见，我们只要判断月份就能确定除2月之外其他月份的天数，这样我们想到了switch语句，我们可以通过switch判断月份来确定天数。下面是实现代码。

例6-2：计算某年某月共有多少天，并显示。

```
/**
 *程序功能：计算某年某月共有多少天，并显示
 */
#include<stdio.h>
void main()
{
    int year,month;//年、月
    int day = 28;//天，默认为28天，即平年的二月的天数

    printf("请输入年份:");
    scanf("%d",&year);    //读取年
    printf("请输入月份:");
    scanf("%d",&month);  //读取月份
    switch(month)
    {
        case 1:
        case 3:
        case 5:
        case 7:
        case 8:
```

```
        case 10:
        case 12:
            day=31;
            break;
        case 4:
        case 6:
        case 9:
        case 11:
            day=30;
            break;
        case 2:
            /*
            *  闰年要满足以下条件的其中一个条件：
            *  1、能被4整除而不能被100整除。（如2004年就是闰年，
            *   1900年不是）
            *  2、能被400整除。（如2000年是闰年）
            */
            if(year%4 == 0 && year%100 != 0 || year%400==0 )
            {
                day=29; //闰年二月29天
            }
            break;
        default:
            day=-1;
    }
    /*
    *如果天数为-1，即在switch语句中月份没有匹配上，
    *所以月份输入错误。
    */
    if(day==-1)
    {
        printf("您输入的月份错误！ \n");
    }
    else
    {
        //打印某年某月共有多少天
        printf("%d年%d月共有%d天!\n",year,month,day);
    }
}
```

输出结果如图6-5所示。

图6-5　例6-2程序运行结果

这个例子综合运用了if、switch等条件语句。在这个例子中，用switch来判断输入的月份，并计算出天数。用if语句来判断月份输入的合法性。

总结

在本章中，我们重点学习了：

➢ switch-case语句，它是条件控制语句中的一种，专门处理多路分支的情形，使程序变得简洁。

➢ break语句在switch中用于跳出该switch语句的语句体。

作业

1. 要求：在推荐就业时，按以下几个标准来衡量。

➢ 项目个数在5个以内的不能推荐就业。

➢ 项目个数在6到10个以内的只能推荐重庆市内的小公司。

➢ 项目个数在11到20个以内的可以推荐重庆市内的任何公司。

➢ 项目个数在20个以上的可以进外企。

运行效果如图6-6所示。

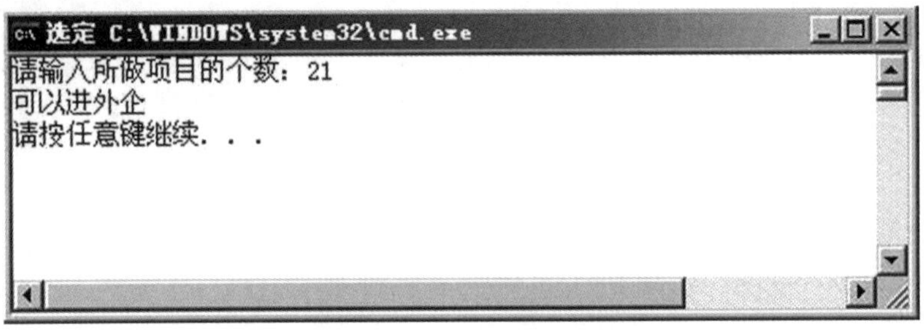

图6-6　判断就业推荐标准

2. 接收用户输入的两个数及一个运算符，根据不同的运算符进行相应的计算并输出结果，运行效果如图6-7所示。

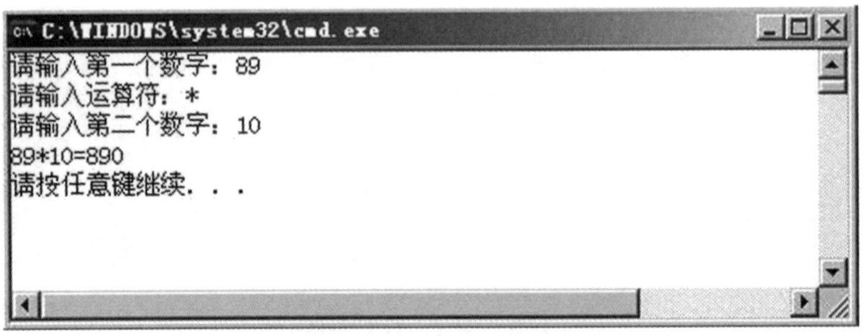

图6-7　两个数字相乘

3. 根据小孩的饭量来判断小孩胃口的好坏。判断规则如下：

➢ 吃20口以上——吃得太多容易不消化；

➢ 吃20到15口——胃口好；

➢ 吃10到15口——胃口还可以；

➢ 吃5到10口——胃口不是很好，要注意了；

➢ 吃1到5口——胃口太差了，赶快看医生吧！

根据用户的不同输入给出相应的结论，运行效果如图6-8所示。

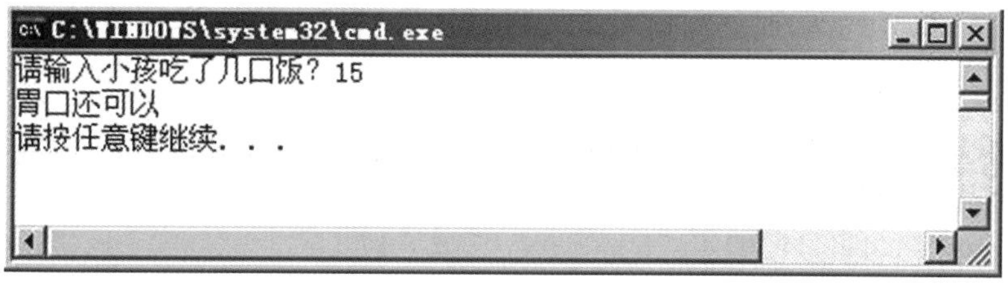

图6-8　判断小孩胃口的好坏

4. 聚会时规定：男生，超过18岁可以喝酒，没有超过18岁时，喝饮料；女生，超过20岁时，可以喝酒，没有超过20岁时，喝饮料；请输入学生性别和学生的年龄，并根据输入的情况来判断喝什么！运行效果如图6-9所示。

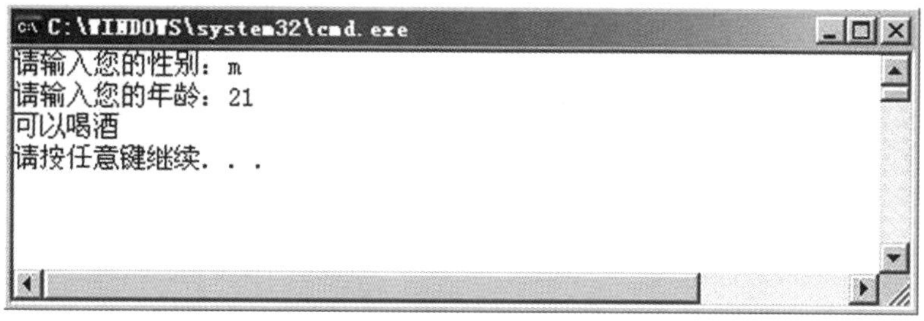

图6-9　判断学生能喝什么

5. 学校评奖学金，有如下规定：

➢ 当总成绩超过450分，并且操行成绩达到90分时，发1000元钱；
➢ 当总成绩在350到449分时，并且操行成绩在80到89分时，发800元钱；
➢ 当总成绩在250分到349分时，并且操行成绩在75到79分时，发500元 钱；
➢ 其他的不给予奖励！

输入学生总成绩和操作成绩，并根据条件判断应发的奖励，运行效果如图6-10所示。

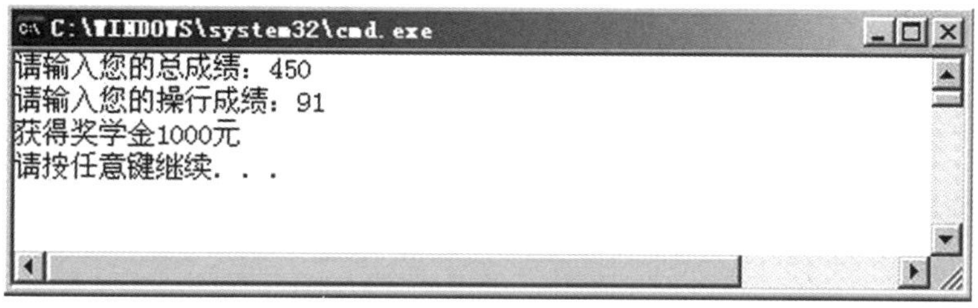

图6-10　奖学金评判

扩展练习

1. 接受用户输入的年份、月份，输出当月的天数，运行效果如图6-11所示。

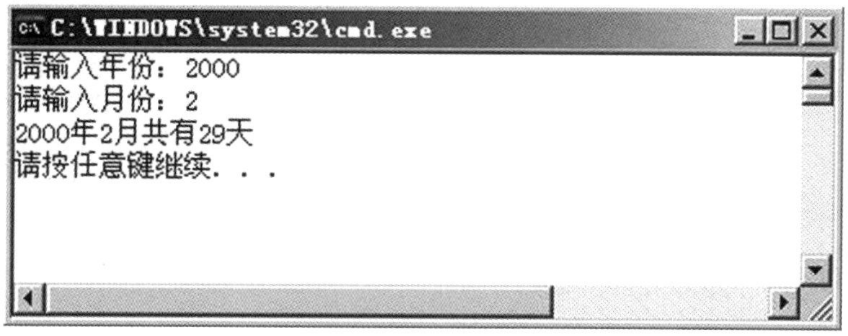

图6-11　输出当月天数

2. 一周有7天，要求根据星期数对人发出具体的问候。如，当星期一时，发出“你好，今天是星期一”的问候，运行效果如图6-12所示。

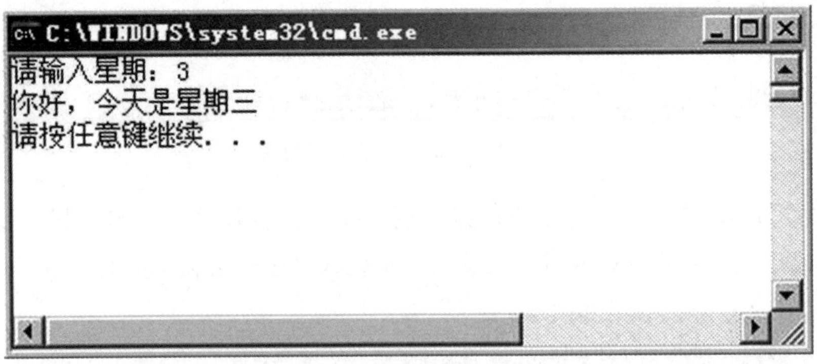

图6-12 输出问候

第7章　循环语句1

学习目标

- 掌握while、do-while循环
- 掌握break在循环中的应用
- 掌握continue在循环中的使用
- 了解exit函数的使用

本章单词

请在预习前完成下列单词，将其写在横线上。

① while（/wail/ 当……的时候）：______________________________

② continue（/kən'tinju/ 继续，连续）：______________________________

③ exit（/'eksit,'egzɪt/ 退出，退场）：______________________________

④ do（/duː,du,də/ 做，从事）：______________________________

⑤ state（/steit/ 情形，情况）：______________________________

⑥ return（/ri'təːn/ 返回，回来）：______________________________

⑦ temp file（/temp/ /fail/ 临时文件）：______________________________

预习任务

1. 用do...while循环求1 + 2 +…+50的和，效果如下图所示。【参考本章例7-2】

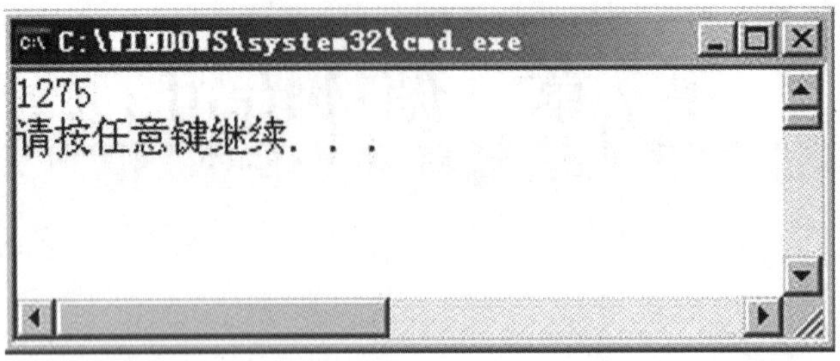

使用do—while语法结构

2. 求偶数之和0+2+…+100，要求使用continue语句，效果如下图所示。【参考本章例7-5】

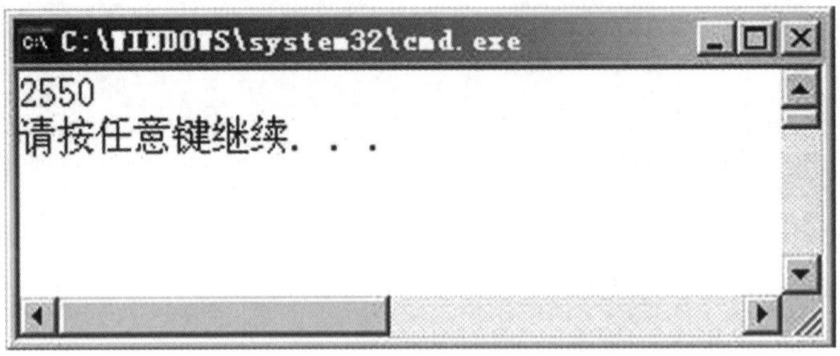

使用continue语句

3. 有如下程序：

```
int i = 10;
while （i<=15）
{
    printf（ “%d\n”，i）;
    i++;
}
```

请问以上程序执行的结果是（　　）。（选择一项）

A. 10 11 12 13 14 15 16　　　　B. 11 12 13 14 15 16

C. 10 11 12 13 14 15　　　　D. 程序有错，不会被执行

4. 请问以下程序执行的结果是（　　）。（选择一项）

```
int i = 1;
while（i=2）
{
    printf（ “%d\t”，i）;
    i++;
}
printf（ “hello” ）;
```

A. Hello　　　　B. 是死循环

C. 12　　　　D. 程序报错

5. 以下程序的输出结果是（　　）。（选择一项）

```
int n=4;
while（n--）
{
    printf（"%d"，--n）;
}
```

A. 2　0　　　　B. 3　1

C. 3　2　1　　　　D. 2　1　0

6. 以下程序的运行结果是（　　）。（选择一项）

（1）

```
int m = 10;
while(m != 10)
{
    printf( “%d\t” ,m);
    m++;
}
```

（2）

```
int m = 10;
do
{
    printf( “%d\t” ,m);
    m++;
}while(m != 10);
```

A.（1）结果为：10 11 12 13……　（2）结果为：没有任何东西输出

B.（1）结果为：没有任何东西输出　（2）结果为：10 11 12 13……

C.（1）结果为：10　（2）结果为：10 11 12 13……

D.两处程序都有错，没有任何输出结果

在不少实际问题中有许多具有规律性的重复操作，因此在程序中就需要重复执行某些语句。一组被重复执行的语句称之为循环体，能否继续重复，取决于循环的终止条件。循环语句是由循环体及循环的终止条件两部分组成的。

C语言提供了while语句、do-while语句和for语句实现循环结构。

在本章中我们先学习while循环语句和do-while循环语句。

7.1 while循环

while循环的一般形式为：

```
while（条件表达式）
{
语句块或循环体;
}
```

当语句块中只有一条语句时，花括号可以省略。

while语句是一个循环控制结构，循环中每次都执行的语句被称为循环体。

正像if语句中的条件一样，在while语句中条件可以是任何简单数据类型的表达式。条件几乎总是一个逻辑（布尔）表达式，如果不是，它的值强制为布尔类型（回想一下，零值是强制为false，并且任何非零值都被强制为true），while语句的表述是："如果表达式的值是true，执行循环体，然后回过来再测试表达式。如果表达式的值是false，跳过循环体。"只要被测试的表达式是true，就一遍又一遍的执行循环体。当表达式是false，程序跳过循环体并继续执行紧跟着循环后面的语句，当然，如果表达式开始就是false，循环体甚至一次也不执行。图7-1显示了while语句的控制流程。

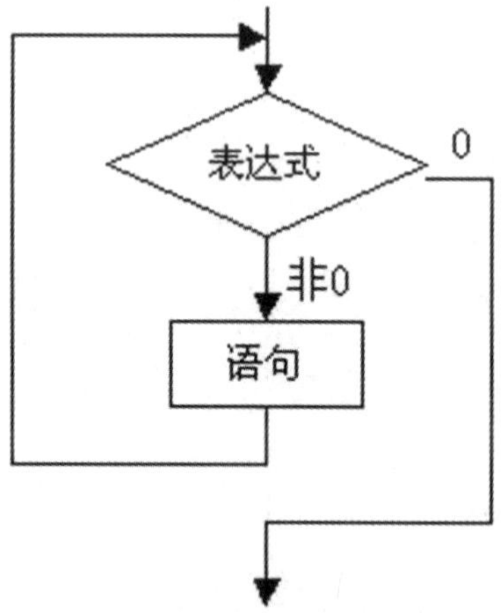

图7-1　while循环的流程图

while循环的特点是先判断，后执行，若条件不成立，有可能一次也不执行。

例7-1：简单的while循环。

```
#include <stdio.h>

void main()
{
```

```
    char c;
    /*只有当用户输入s循环才能结束*/
    while(c!='s') //如果接收的字符不等于’s’，则继续循环
    {
        c = getchar(); //接收一个字符
    }
}
```

例7-1运行时要求用户循环输入字符，仅当用户输入的字符为s时才结束循环，运行效果如图7-2所示。

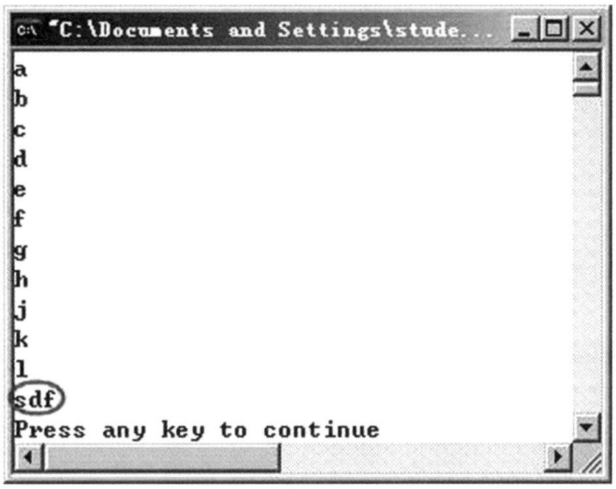

图7-2　例7-1程序运行结果

7.2　do…while循环

do-while循环的一般形式：

```
do
{
        语句块或循环体;
}while (条件表达式);
```

这个循环与while循环非常类似。不同之处在于：do-while循环是先执行循环体中的语句，然后再判断循环条件是否为真，如果为真则继续循环；如果为假，则终止循环。因此，do-while循环至少要执行一次循环语句。

下面是do-while循环的流程图，如图7-3所示。

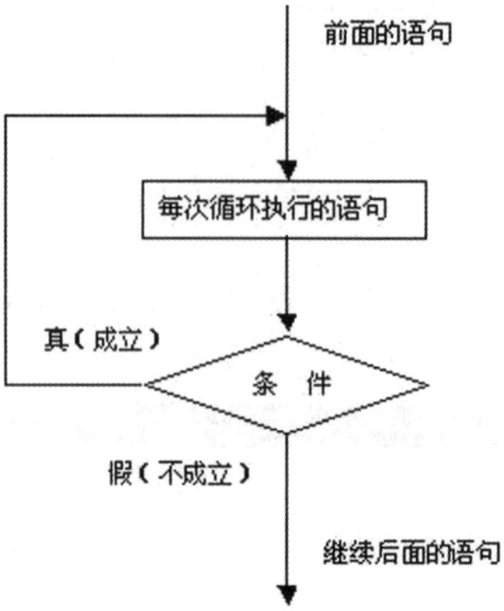

图7-3　do-while循环流程图

接下来我们看一个例子，用do-while循环求1+2+……+100的和。

例7-2：用do…while循环求1+2+……+100的和。

```
/*求1+2+……+100*/
#include <stdio.h>
void main()
{
    int s=0,i=1;
    do
    {
        s+=i;
    }while(++i<=100);
    printf("%d\n",s);
}
```

在例7-2中，首先定义了两个变量s和i。每循环一次i自增1，而s+=i，相当于将每次循环后s+i的值又存到了变量（在这里s也是被加数）s中。运行结果如图7-4所示。

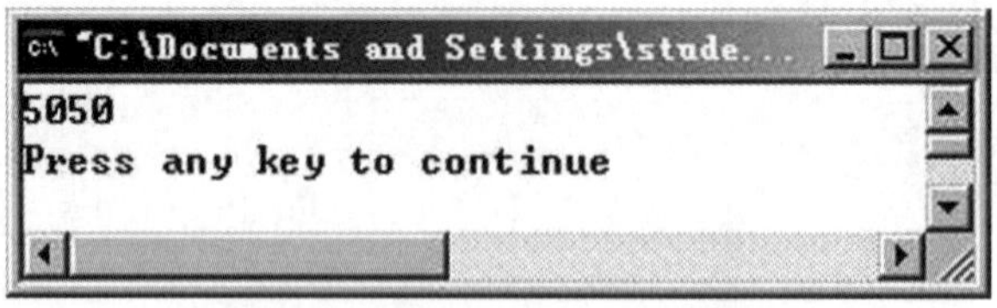

图7-4　例7-2程序运行结果

7.3　break语句

break语句通常用在循环语句和switch条件语句中。当break用于条件语句switch中时，可使程序跳出switch而执行switch以后的语句；如果没有break语句，程序的结果可能不是预料中的结果。break在switch中的用法已在前面介绍条件语句的例子中碰到，这里不再举例。

break语句的流程图，如图7-5所示。

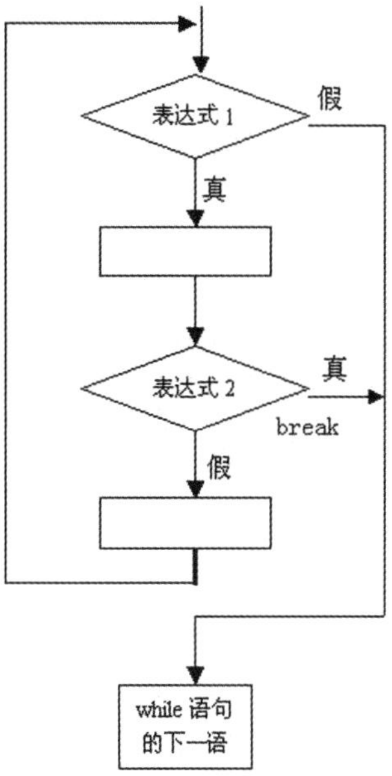

图7-5　break语句的流程图

当break语句用于do-while、while以及我们后面会讲到的for循环语句中时，可使程序终止循环而执行循环后面的语句，通常break语句总是与if语句连在一起。即满足特定条件时便执行break语句跳出循环。

break 语句的一般形式是：

```
break;
```

将例7-2中的代码更改一下，当i=51时，用break语句跳出循环，即只计算1+2+3…+50的值。

例7-3：使用break。

```
#include <stdio.h>
void main()
{
    int s=0,i=1;
    do
    {
        if(i == 51)
        {
            break;
        }
        s+=i;
    }while(++i<=100);
    printf("%d\n",s);
}
```

可以看出，最终的结果是1+2+……+50。当循环变量i值为51时，即满足条件执行break语句，跳出循环。运行结果如图7-6所示。

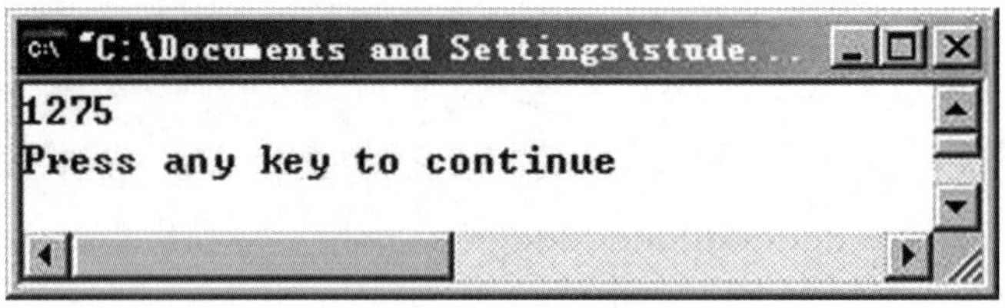

图7-6　例7-3程序运行结果

注意

(1) break语句对单独的if-else的条件语句不起作用。

(2) 在多层循环中，一个break语句只向外跳一层。

例7-4：break只能跳出一层循环。

```
#include <stdio.h>
void main()
{
    int i=0,j=0;
    while(i<5)
    {
        do
          {
           if(i==3)
           {
               break;
           }
           printf("i=%d,j=%d\n",i,j);
           j++;
        }while(j<4);
        i++;
    }
}
```

当i==3时，跳出内层的do-while循环，但是跳出之后，外层循环仍然在进行，运算结果如图7-7所示。

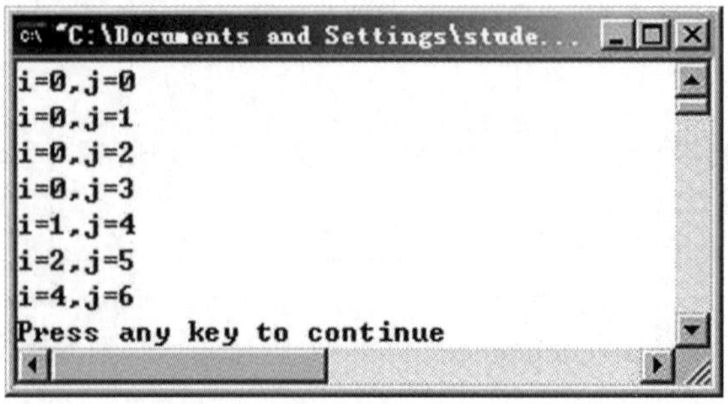

图7-7　例7-4程序运行结果

7.4 continue语句

continue语句只能用在循环体中，其一般形式是：

```
continue;
```

continue是指结束本次循环，进入下次循环迭代，即不再执行循环体中continue语句之后的语句，转入下一次循环条件的判断与执行。应注意的是，本语句只结束本层本次的循环，并不跳出循环。continue语句的流程图，如图7-8所示。

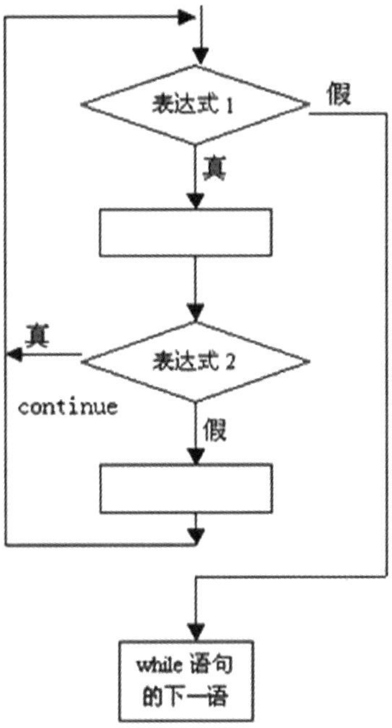

图7-8 continue语句的流程图

例7-5：continue的使用。

```
#include <stdio.h>

void main()
{
    int  n=0;
    do
    {
        n++;
        if(n%5!=0)
        {
            continue;
        }
        printf("%d ",n);
    }while(n<=100);
    printf("\n");
}
```

本例中，对1～100的每一个数进行测试，如该数不能被5整除，即模运算不为0，则由continue语句转去下一次循环。只有模运算为0时，才能执行后面的printf语句，输出能被5整除的数，运行结果如图7-9所示。

图7-9　例7-5程序运行结果

7.5　exit函数

exit函数的一般形式：

```
exit(state);
```

exit函数用于在程序运行的过程中随时结束程序。

exit函数的参数state将返回给操作系统，返回0表示程序正常结束，非0表示程序非正常结束。如果main函数没有定义返回值或者声明为void类型，这样main函数结束时也会隐式地调用exit函数。

exit函数运行时会做一些自身的清理工作，同时刷新所有输出流、关闭所有打开的流并且关闭通过标准I/O函数tmpfile()创建的临时文件。

exit函数通常是用在子程序中用来终结程序用的，使用后程序自动结束并跳回操作系统。

但是如果把exit用在main内的时候无论main是否定义成void返回的值都是有效的，并且exit不需要考虑类型，exit（1）等价于return （1）。

例7-6：exit函数的简单使用。

```
#include <stdio.h>

int main()
{
    int age;

    printf( “请输入年龄：” );
    scanf( “%d” ,&age);

    if(age<=0)
    {
        printf( “年龄输入错误，程序将退出！” );
        exit (1);  //等价于return (1);
    }

    printf( “您的年龄是：%d岁！” ,age);
}
```

总结

➢ 循环语句是由循环体及循环的终止条件两部分组成的；

➢ while循环的特点是先判断，后执行，若循环条件不成立，循环体有可能一次也不执行；

➢ do-while循环的特点是先执行，后判断，不管循环条件是否成立，循环体至少执行一次；

➢ break可以跳出本次循环；

➢ continue用于结束本次循环，进入下次循环，并不是跳出循环；

➢ exit函数用于在程序运行的过程中随时结束程序。exit的参数state将返回给操作系统，返回0表示程序正常结束，非0表示程序非正常结束。

作业

1. 用循环输出：100，95，90，85，……，5，运行效果如图7-10所示。

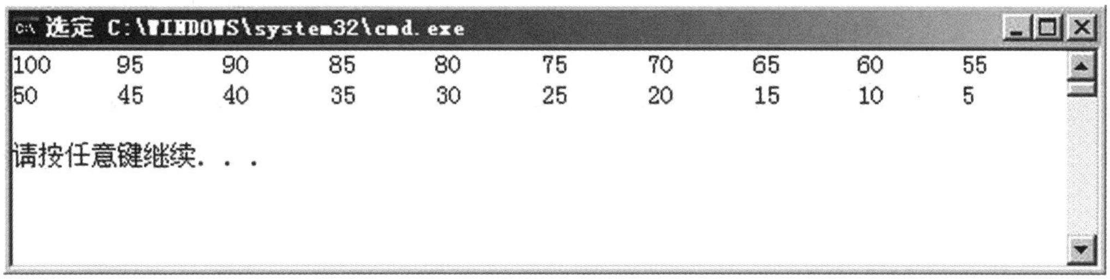

图7-10　循环输出数字

2. 山上有一口缸可以装50升水，现在有15升水，老和尚叫小和尚下山挑水，每次可以挑5升，问：小和尚要挑几次水才可以把水缸挑满，编程实现，运行效果如图7-11所示。

图7-11　计算挑水次数

3. 接收用户输入的数，求该数到1的和，如用户输入6，计算结果6+5+4+3+2+1，运行效果如图7-12所示。

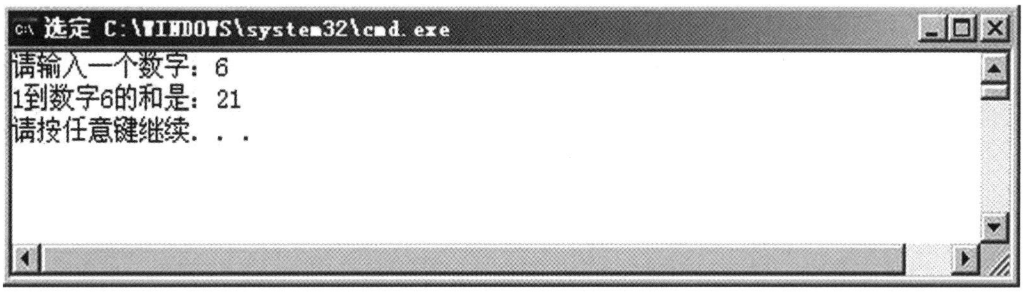

图7-12　计算输入数字到1的和

4. 找出2000年到3000年中的闰年，并将每个闰年输出，运行效果如图7-13所示。

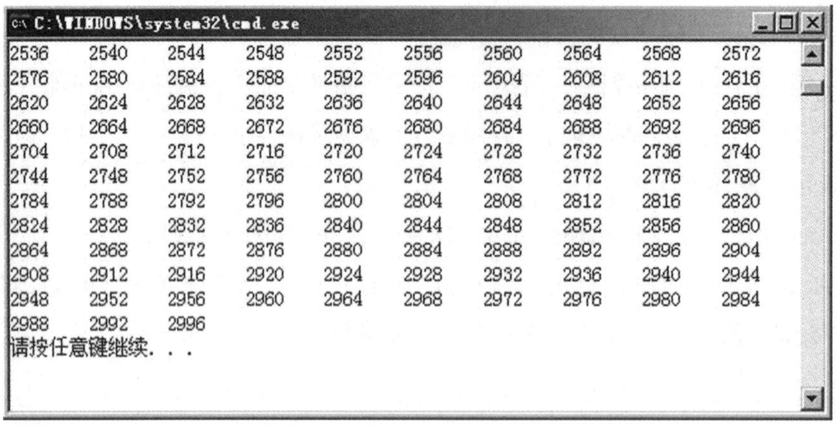

图7-13　统计闰年

5. 计算1到100中偶数之和及奇数之和，运行效果如图7-14所示。

图7-14　计算1-100之间偶数及奇数的和

扩展练习

1. 接收用户输入的一个四位数，用while循环计算个位、十位、百位、千位之和，运行效果如图7-15所示。

图7-15　计算一个四位数各位数之和

2. 从1到100进行报数，报到3或3的倍数时就跳过，运行效果如图7-16所示。

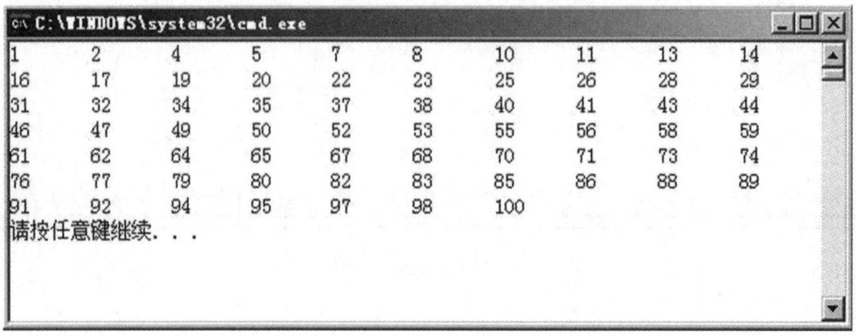

图7-16　输出数字

3. 询问式问题：问小孩是吃还是不吃，如果吃的话，将吃饭口数进行累增；如果不吃，那么将总的吃饭口数进行判断；如果在0到5口之间：输出：小孩胃口不好，要看医生了；如果在6到10口之间：输出：小孩胃口不错；如果在11口以上：输出：小孩太能吃了，得节食了。运行效果如图7-17所示。

图7-17　统计小孩吃饭口数

第8章　循环语句2

学习目标

- 掌握for循环
- 掌握for循环中的嵌套应用

本章单词

请在预习前完成下列单词，将其写在横线上。

for（/fɔː，fə/ 因为，由于）：______________________________

预习任务

1. 使用for循环实现50 +51+52+…+100，效果如下图所示。【参考本章例8-1】

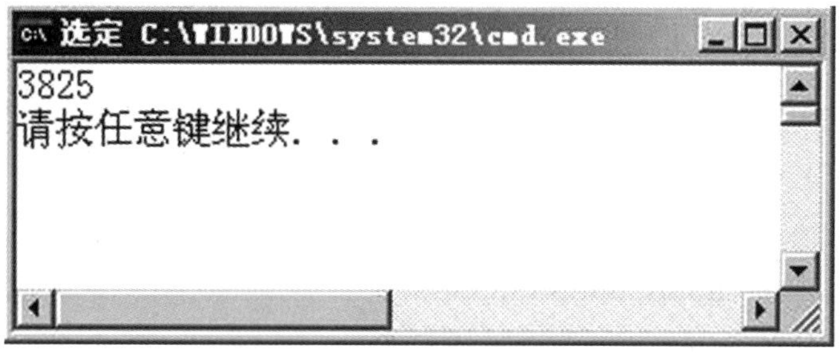

使用for循环语句

2. 按行列方式输出小九九乘法表，效果如下图所示。【参考本章例8-2】

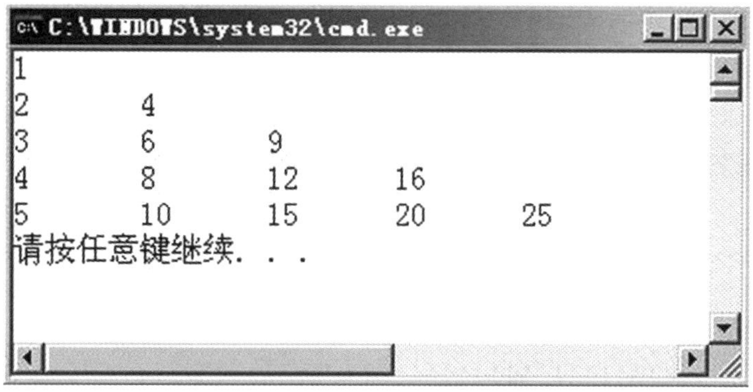

小九九乘法表

3. 对于for循环，请选择正确的执行顺序是（　　）。（选择一项）

```
for（1; 2; 3）
{
   4;
}
```

A. 1--2--3--4 --3--2……　　B. 1--2--3--4--3--2-4……

C.1 --2--4--3--2--4……　　D. 1--2--4--3---2---1--4……

4. 以下循环执行的次数是（　　）。（选择一项）

```
int i,j;
for(i=1;i<=10;i++)
{
      for(j=1;j<=4;j++)
      {
            printf("%d\t%d",i,j);
      }
}
```

A. 14　　B. 10　　C. 4　　D. 40

5. 有以下程序

```
void  main()
{
int  i;
    for ( i=0; i<3;i++ )
    switch ( i )
    {
        case 1 :  printf("%d ",i);
        case 2 :  printf("%d ",i);
        default :  printf("%d ",i);
    }
}
```

执行后输出结果是（　）。(选择一项)

A. 011122　　B. 012　　C. 012020　　D. 120

6. 以下程序执行后sum的值是（　）。(选择一项)

```
void main()
{
int i , sum;
    for (i=1; i<6; i++)  sum+=i;
    printf ("%d\n", sum);
}
```

A. 15　　B. 14　　C. 不确定　　D. 0

C语言中的for循环语句相比while、do-while循环语句更为灵活，不仅适用于循环次数已经确定的情况，而且适用于循环次数不确定的情况。它完全可以代替while、do-while循环语句。

8.1 for循环

1. for循环的一般形式

```
for (表达式 1; 表达式 2; 表达式 3)
{
    语句块 或者 循环体;
}
```

说明：

- 表达式1：可用来初始化循环变量，且仅仅在循环开始时执行一次；
- 表达式2：用来测试是否继续循环（循环条件是否成立）；
- 表达式3：一般用来更新循环变量。

2. for循环的流程图

如图8-1所示。

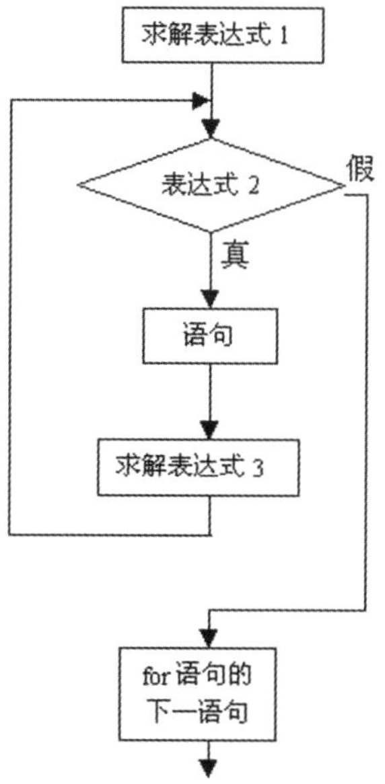

图8-1　for循环的流程图

3. for循环的执行过程和特点

（1）先求表达式1。

（2）求表达式2值为真（值为非0），则执行for循环体或语句块中的语句；若表达式2值为假（值为0），则结束循环，转到第5步。

（3）求解表达式3。

（4）转回上面第（2）步骤继续执行。

（5）结束循环，执行for循环后面的其他语句。

例8-1：使用for循环语句。

将一个以前用while或do-while循环能实现的例子（1+2+3+…+100）用for循环实现。

```
#include <stdio.h>

void main()
{
    int sum=0;
    for(int i=1;i<=100;i++)
    {
        sum += i;
    }
    printf("sum=%d\n",sum);
}
```

输出结果如图8-2所示。

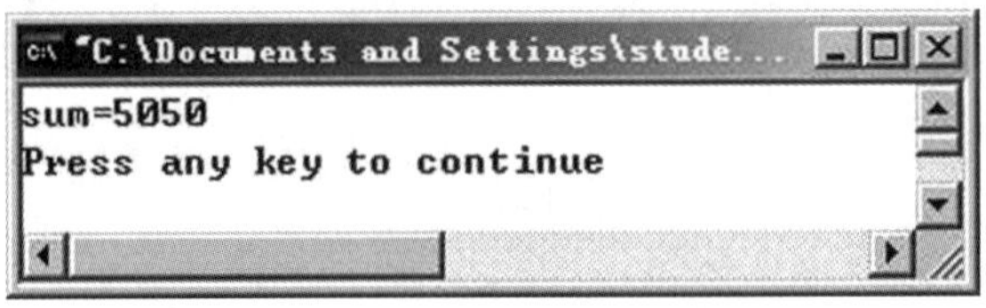

图8-2　例8-1程序运行结果

我们将例8-1用while循环的实现方法：

```
#include <stdio.h>

void main()
{
    int sum=0,i = 0;
    while(i<=100)
    {
        sum += i;
        i++;
    }
    printf("sum=%d\n",sum);
}
```

结果和图8-2完全相同。

在使用for循环时应注意以下几点：

（1）for语句的一般形式中的“表达式1”可以省略，此时应在for语句之前给循环变量赋初值。注意省略表达式1时，其后的分号不能省略。如for（；i<=100；i++）{....}；

（2）如果表达式2省略，即不判断循环条件，循环无终止地循环下去，也就是认为表达式2始终为真。当然，你也可以在循环体内通过break、return等强行跳出循环。例如：

```
for (i=1;;i++)
{
    sum=sum+1;
}
```

相当于

```
i=1;
while(1)
{
    sum=sum+1;
    i++;
}
```

（3）表达式3也可以省略，如：

```
for(i=1;i<=100;)
{
    sum=sum+1;
    i++;
}
```

这个例子的循环变量的自增没有放在表达式3的位置，而是作为循环体的一部分，其效果是一样的。

（4）可以省略表达式1和表达式3，只有表达式2，即只给循环条件，如：

```
for(;i<=100;)
{
    sum += i;
    i++;
}
```

这个相当于

```
whlie(i<=100)
{
    sum += i;
    i++;
}
```

（5）3个表达式都可以省略，如：

```
for(;;)
    语句
```

这个for循环相当于

```
while(1)
    语句
```

即不设初值、不判断条件（认为表达式2为真值）、循环变量不增值，无终止的执行循环体，也就是常说的死循环。

（6）表达式1也可以是设置循环变量初值的赋值表达式，也可以是与循环变量无关的其他表达式。如下例循环变量为i，但是for循环第一个参数与变量i无关。

```
for(sum=0;i<=100;i++)
{
    sum=sum+i;
}

for(sum=0,i=0;i<=100;i++)
{
    sum=sum+i;
}
```

显然，相比while、do-while循环，用for语句更简单、方便。

8.2 循环嵌套

循环体里面也可以有循环，这就是所谓的循环嵌套。循环嵌套可以帮助我们解决很多问题，经常被用于按行列方式输出数据。

例8-2：按行列方式输出九九乘法表。

```
#include <stdio.h>
#define   ROWS   9              // 九九乘法表一共只有九行
void main()
{
    int i, j;
    for ( i = 1; i <= ROWS; ++i )  // 外循环控制输出多少行
    {
        for ( j = 1; j <= i; ++j ) // 内循环控制输出多少列
        {
            printf("%d ", i * j);  // 输出乘积
        }
        printf("\n");              // 换行
    }
}
```

运行结果如图8-3所示。

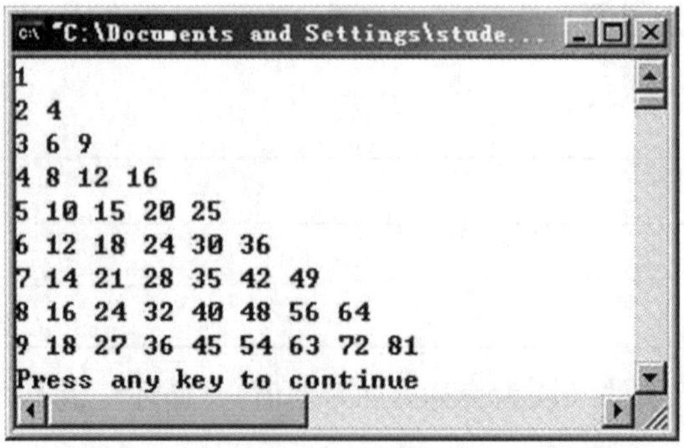

图8-3　例8-2程序运行结果

本例中的外循环共循环 9 次（即一共输出 9 行），当 i 等于 10 时循环终止。外循环的每轮循环都会执行内循环，在外循环的每轮循环中，内循环的循环次数都不相同。因为外循环的每轮循环都会使 i 增 1，而且 j 的值也会被重新赋值为 1，而内循环的结束条件是 j <= i，且内循环的每轮循环中 j 只增加 1，所以外循环每循环一次，内循环的循环次数就增加一次：在外循环的第一轮循环，内循环的循环次数为 1；在外循环的第二轮循环，内循环的循环次数为 2；在外循环的第三轮循环，内循环的循环次数为 3……下面我们模拟一下本例的运行过程：

（1）外循环第一轮循环

i 的值为 1（以下简写为 i = 1），故而 i <= ROWS 成立，进入循环体：

① 内循环的第一轮循环

j = 1，故而 j <= i 成立，进入循环体：

输出 i * j（即 1 * 1）的乘积和一个空格，即 1 。

++j --> j = 2，j <= i 不成立，内循环结束。

输出 \n，换行。

++i --> i = 2，故而 i <= ROWS 成立，开始第二轮循环。

（2）外循环第二轮循环

① 内循环的第一轮循环

j = 1，j <= i 成立，进入循环体：

输出 i * j （ 2 * 1 ） 和一个空格，即 2 。

++j --> j = 2，j <= i 仍然成立，开始第二轮循环。

② 内循环的第二轮循环

输出 i * j （ 2 * 2 ） 和一个空格，即 4。

++j --> j = 3，j <= i 不成立，内循环结束。

输出 \n，换行。

++i --> i = 3，i <= ROWS 成立，开始第三轮循环。

至此，输出结果为：

```
1
2 4
```

外循环第三轮循环至第九轮循环从略，请大家自行模拟一次。

（3）外循环第三轮循环

↓

（4）外循环第九轮循环

/* ... ... */

++i --> i = 10，i <= ROWS 不成立，外循环结束。

并非一定要同种结构的循环才能进行嵌套。for 循环里面也可以嵌套 while、do-while 循环，while 循环里也可以嵌套 for、do-while 循环。循环体里可以嵌套多个内循环，内循环里还可以嵌套内循环。如图 8-4 所示。

```
while(条件表达式)
{
    do
    {
        循环体
    }
    while(条件表达式);

    while(条件表达式)
    {
        for(表达式1;表达式2; 表达式3)
        {
            for(表达式1;表达式2; 表达式3)
            {
                循环体
            }
        }
    }
    ... ...
}
```

图 8-4　循环嵌套

例 8-3：输出素数。

输出 100 以内的素数。素数是只能被 1 和本身整除的数。可用穷举法来判断一个数是否是素数。

```
#include <stdio.h>
void main()
{
    int n,i;
    for(n=2;n<=100;n++)
    {
        for(i=2;i<n;i++)
        {
            if(n%i==0)
            {
                break;
            }
        }
        if(i>=n)
        {
            printf("\t%d",n);
        }
    }
    printf("\n");
}
```

运算结果如图8-5所示。

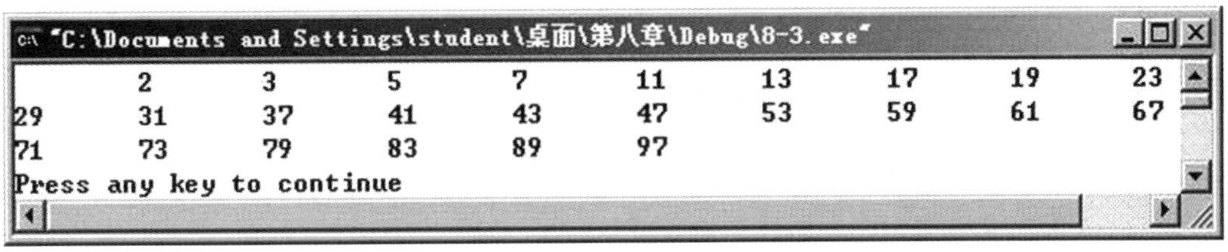

图8-5　例8-3程序运行结果

本例程序中，第一层循环表示对1～100这100个数逐个判断是否是素数，共循环100次，在第二层循环中则对数n用2～n−1逐个去除，若某次除尽则跳出该层循环，说明不是素数。如果在所有的数都是未除尽的情况下结束循环，则为素数，此时有i>=n，故可经此判断后输出素数。然后转入下一次大循环。实际上，大于2的所有偶数均不是素数，因此可以使循环变量的步长值改为2，即每次增加2，此外只需对数n用2 ～ n的平方根去除就可判断该数是否素数。这样将大大减少循环次数，减少程序运行时间。

例8-4：改进后代码：

```
#include<stdio.h>
#include<math.h>
void main()
{
    int i=1,m,n;
    printf("\t2");//2肯定是素数
    for(n=3;n<=100;n+=2)
    {
        m=sqrt(n);//求平方根
        for(i=2;i<=m;i++)
        {
            if(n%i==0)
            {
                break;
            }
        }
        if(i>m)
        {
            printf("\t%d",n);
        }
    }
    printf("\n");
}
```

输出结果和例8-3一样，如图8-5所示。

总结

- for循环语句使用最为灵活，不仅适用于循环次数已经确定的情况，而且适用于循环次数不确定的情况。它完全可以代替while、do-while循环语句。
- for可以在循环体内通过break、return等强行跳出循环。
- 循环嵌套就是在循环体里面还包含循环。

作业

1. 循环输入张三同学s1结业考试的5门课成绩，并计算平均分，运行效果如图8-6所示。

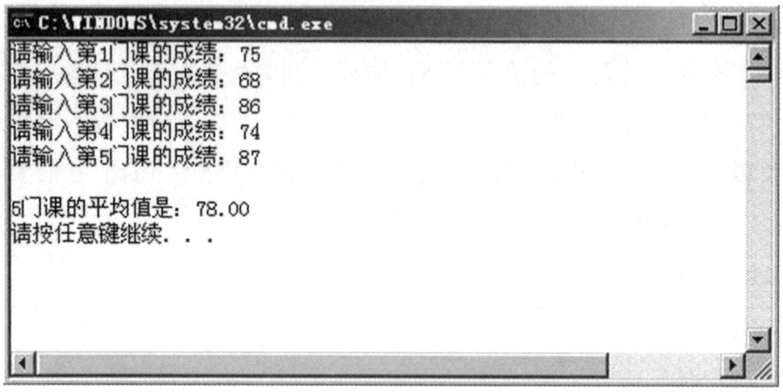

图8-6　计算平均分

2. 找出1-100之间个位数字不是2、3、4、7，并且不能被3整除的整数之和，运行效果如图8-7所示。

图8-7　输出满足要求的数字

3. 为了提高销售额，对顾客的年龄层次（30岁之上/下）进行调查（样本数为10），计算两个层次的顾客比例，运行效果如图8-8所示。

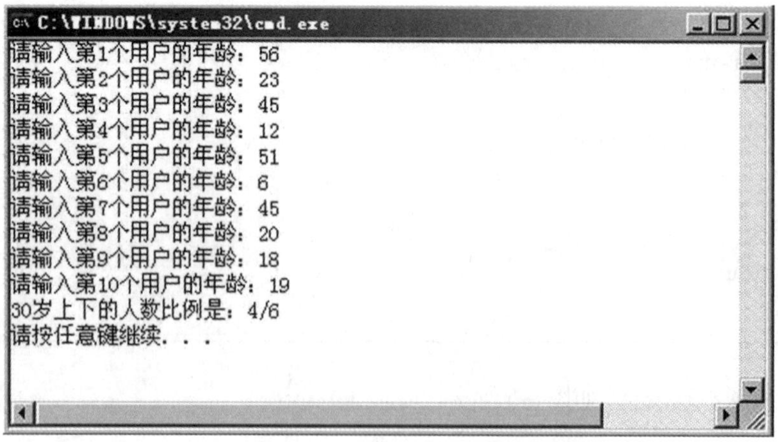

图8-8　顾客年龄调查

4. 打印出100～999之间的所有“水仙花数”。所谓“水仙花数”，是指一个3位数，其各位数字立方和等于该数本身，例如：153是一个“水仙花数”，因为$153=1^3+5^3+3^3$，运行效果如图8-9所示。

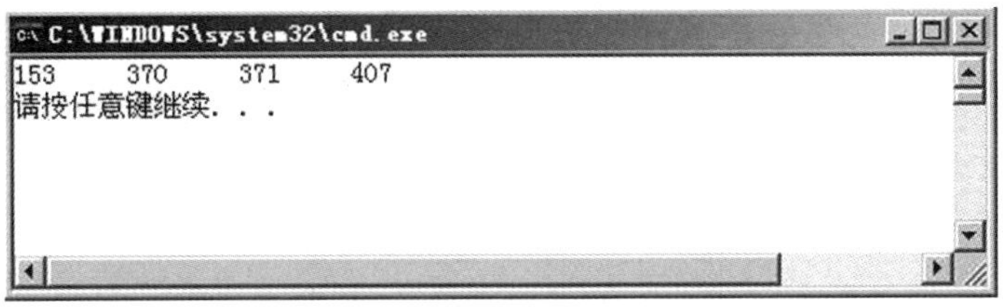

图8-9 打印“水仙花数”数字

5. 接收用户输入的3个学生4门课成绩，分别计算每个学生的总成绩及平均成绩，运行效果如图8-10所示。

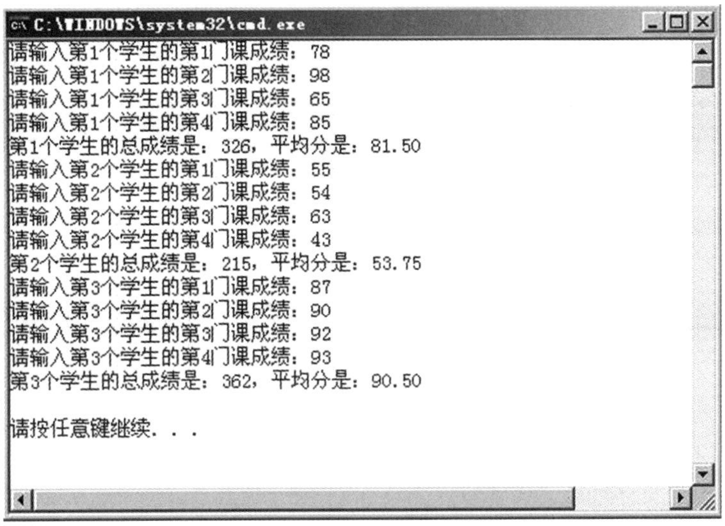

图8-10 计算每个学生的总成绩和平均分

扩展练习

1. 打印出以下图形，运行效果如图8-11所示。

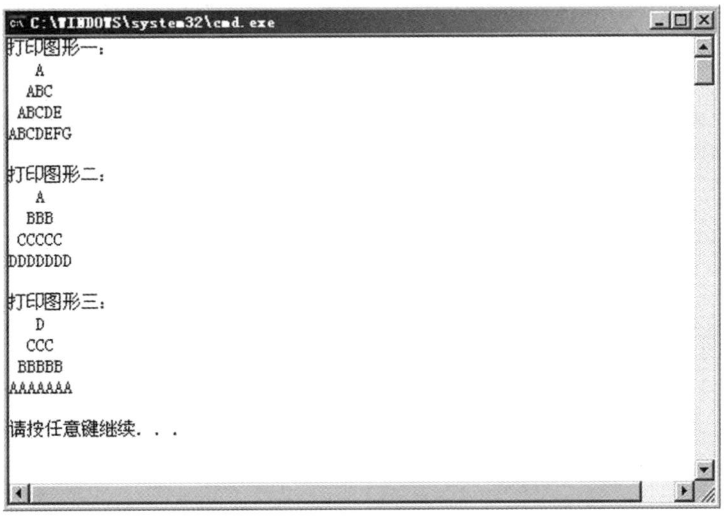

图8-11 打印图形

2. 打印每条边有4颗星的空心的菱形，运行效果如图8-12所示。

图8-12　打印空心菱形

3. 求1+(1+2)+(1+2+3)+(1+2+3+4)+(1+2+3+4+5)的和,运行效果如图8-13所示。

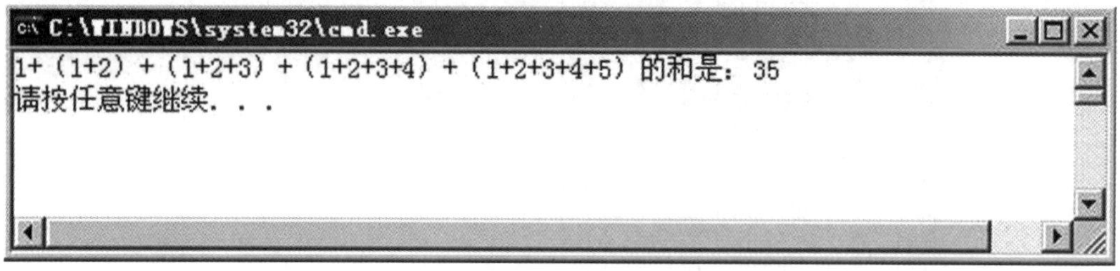

图8-13　求和

4. 求1！+2！+3！+4！+5！之和，运行效果如图8-14所示。

图8-14　输出1！+2！+3！+4！+5！之和

第9章　一维数组

学习目标

- 理解数组的概念及存储机制
- 熟练使用一维数组来存取值
- 了解数组的存储机制
- 了解一维数组的引用机制
- 掌握常见一维数组的应用
- 了解字符串的简单使用
- 掌握冒泡排序算法的原理

本章单词

请在预习前完成下列单词，将其写在横线上。

① search（/səːtʃ/ 检索，查找）：________________

② insert（/in'səːt/ 插入，嵌入）：________________

③ delete（/di'liːt/ 删除）：________________

④ temp（/temp/ 临时）：________________

学习任务

1. 求一个数组中的最大值，数组长度为5，效果如下图所示。【参考本章例9-3】

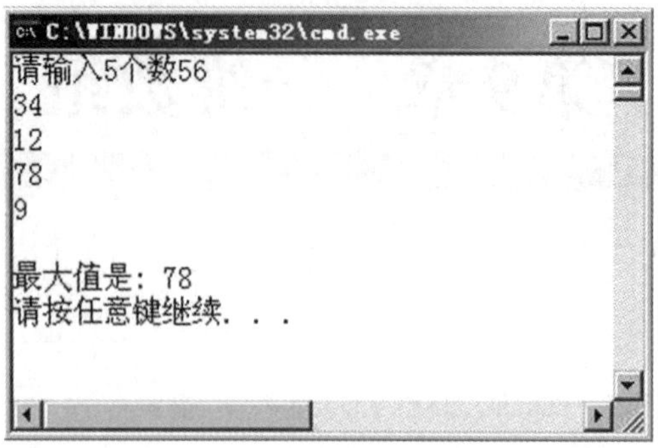

数组的常见算法

2. 在一个数组中查找数据，如果存在该数据，则输出该数据在数组中的位置，如果没有找到，则输出“数组中没有要查找的数据”，效果如下图所示。【参考本章例9-4】

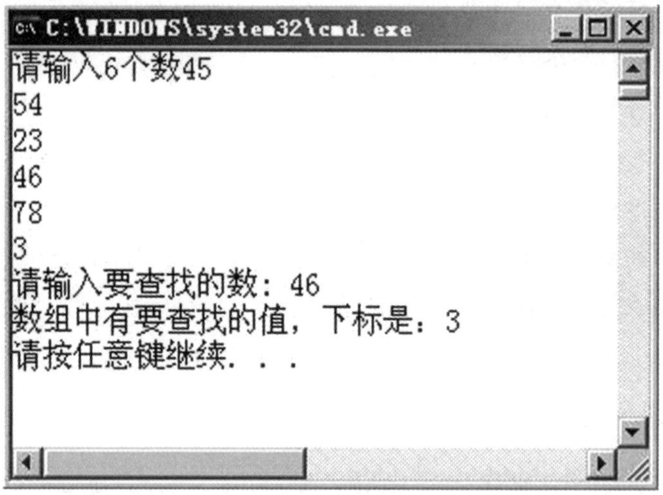

数组的查找算法

3. 以下 int a[ ] = {1,2,4,6}；以下说法正确的是（　　）。(选择一项)

A. 数组大小为4

B. 数组名称为a[]

C. 数组的最后一个元素为a[4]

D. 数组的大小不确定

数组是一种组合类型的数据，数组中的每个成员称“数组元素”，每个数组元素都可以当作单个变量来使用。同一个数组中的所有元素的数据类型必须是相同的，可以是基本数据类型，也可以是指针型、结构型等其他数据类型。数组元素的类型就是数组的类型，可以有整型数组、实型数组、字符型数组、指针型数组、结构型数组等。

9.1 为什么使用数组

在程序中，如果需要存储一个数值的话，则可以在程序中声明一个变量来进行存储。但是有些时候，为了程序操作的方便，需要将一组相关的数值存储在一起，这就是数组出现的最初原因。

例如有10个数字，这时候如果我们要用变量来存放它们的话，就要分别使用10个变量，而且要记住这10个变量的名字，这会十分麻烦，这时候我们就可以用一个数组变量来存放它们。

在实际使用时，数组的目的就是存储一组相关的数据，例如棋牌游戏中的一副牌等，从存储数值的角度考虑，其作用是和变量等价的。在实际使用时，数组名称代表一个整体，类似学校里的班级名称，为了能够方便地访问数组中的某个具体的值，对数组中的值进行强制的编号，这个编号称作数组的下标，类似班级中每个学员的学号。在实际引用数组中的值时，使用数组名称和下标一起进行指定，类似于XX班级学号为n的学员。

9.2 什么是数组及数组的存储机制

1. 什么是数组

数组是一组有序的数据、类型相同的数据的集合。

一个数组就像是一列火车，而每个数组元素就是这列火车的每一节车厢。每个数组元素都可以当作单个变量来使用。同一个数组中的所有元素的数据类型必须是相同的，可以是基本数据类型，也可以是指针型、结构型等其他数据类型。数组元素的类型就是数组的类型，可以有整型数组、实型数组、字符型数组、指针型数组、结构型数组等。

给数组命名同给其他变量命名一样，应该遵循标识符命名规则。

图书馆可以说是一个书的集合，数组和图书馆很相似。图书馆有上万本图书，但是你到图书馆去借书时却能非常快地得到自己想要的图书，这好比大海捞针，但图书馆是怎么做到的呢？对，就是对图书进行编号。

我们乘坐火车旅行时，要按照车票上指定的车厢号上车就座，而为了访问数组中的每一个元素，我们也需要对他们进行编号，这种编号我们称之为数组元素的下标。C语言规定下标从0开始。

由于有了下标，元素在数组中的位置（或排列顺序）被唯一确定下来，我们用数组名和下标就可以准确地访问数组中的每一个元素。

总体来说，主要有以下几点：

（1）数组中的元素类型必须相同。

（2）数组的长度一旦指定就不能改变。

（3）数组中的值通过数组名和下标组合起来进行访问。

2. 数组的存储机制

（1）数组元素具有相同的数据类型。

（2）在内存中，数组均由连续的存储单元组成，最低地址对应于数组的第一个元素，最高地址对应于最后一个元素，数组可以是一维的，也可以是多维的。

例如：int a[7]，数组a在内存中的情形如图9-1所示。

元素	0	1	2	3	4	5	6
地址	1011	1015	1019	1023	1027	1031	1035

图9-1　整型数组a在内存中的情形，假定起始地址为1011

9.3　怎么定义一个数组

在本章中，我们先介绍一维数组，那么一维数组的定义方式为：

```
类型说明符 数组名 [常量表达式];
```

其中：

➢ 类型说明符是任一种基本数据类型或构造数据类型。

➢ 数组名是用户自定义的数组标识符。

➢ 方括号中的常量表达式表示数据元素的个数，也称为数组的长度。

例如：

int a[10];　//表示有10个元素的整型数组a

//表示有10个元素的单精度浮点型数组b和有20个元素的单精度浮点型数组c

float b[10]，c[20];

char d [20];　//表示有20个元素的字符数组d。

对数组类型进行说明应注意以下几点：

（1）数组的类型实际上是指数组元素的取值类型。对于同一个数组，其所有元素的数据类型都是相同的。

（2）数组名的书写规则应符合标识符的书写规定。

（3）数组名不能与其他变量名相同。如：

int a=5;

char a[3];

（4）方括号中常量表达式表示数组元素的个数，如a[5]表示数组a有5个元素。但是其下标从0开始计算。因此5个元素分别为a[0]，a[1]，a[2]，a[3]，a[4]。

（5）不能在方括号中用变量来表示元素的个数，但是可以是符号常量或常量表达式。

例9-1：用常量表达式定义数组大小。

```
#define SIZE 5

void main()
```

```
{
    int a [5+4], b[2*SIZE]; //正确，方括号内可放常量或常量表达式
}
```

使用符号常量、一般常量定义数组大小是合法的。但是下列代码表示是错误的。

```
void main()
{
    int a=20;
    int b [a] ; //方括号内不能放变量或变量表达式
}
```

（6）允许在同一个类型说明中，声明多个数组和多个变量。

例如：int a，b，c，d，m1[13]，m2[24];

9.4 怎么引用一个数组元素及引用数组元素的机制

1. 数组元素

数组元素是组成数组的基本单元。数组元素也是一种变量，其标识方法为数组名后跟一个下标。下标表示了元素在数组中的顺序号。

2. 数组元素的引用

引用数组元素的一般形式为：

```
数组名[下标]
```

其中，下标只能为整型常量或整型表达式。如为小数时，C语言编译将自动取整。

例如：

```
a[5]
a[i+j]
a[i++]
```

都是合法的数组元素。

注意

在C语言中只能逐个地使用数组元素，而不能一次引用整个数组。

例如，输出有10个元素的数组必须使用循环语句逐个输出各个数组元素：

```
for(i=0; i<10; i++)
    printf("%d",s[i]);
```

而不能用一个语句输出整个数组。

下面的写法是错误的：

```
printf("%d",s);
```

上述引用数组元素的方法称为“下标法”。C语言规定，以下标法使用数组元素时，下标可以越界，即下标可以不在0～（长度-1）的范围内。例如：定义数组为a[3]，能合法使用数组元素是a[0]、a[1]、a[2]。而a[3]、a[4]虽然也能使用，但由于下标越界，超出数组元素的范围，造成程序运行结果的不可预料。

C语言中还允许使用“指针方式”来引用数组元素，称为“指针法”。这个问题将在后面介绍。

3. 引用数组元素的机制

数组名的含义：始终代表数组的首地址，是一个常量。如图9-1数组a的值为1011。

当执行a[5]=200这条语句时，计算机先要根据数据的首地址计算出a[5]元素的地址，计算规则为：a+5*sizeof（int）=1011+5*4=1031，然后把200放到1031这个内存单元中。如果执行a[5]=a[5]+200；元素a[5]被引用了两次，地址计算也需要计算两次，所以数组的缺点是速度比普通变量慢。

9.5 怎么给数组元素赋值及初始化

数组元素和变量一样，可以在定义时赋予初值，称为数组的初始化。数组元素赋初值和变量赋初值的方法相似，也是在定义时给出数组元素的初值，其格式是将各初始值按元素的排列顺序依次写在一个花括号内，并用逗号隔开。

例如：这里我们定义了一个含有5个元素的一维数组a，各元素的值被初始化为2、4、6、8、10。

```
int a[]={2,4,6,8,10};
```

C语言允许在定义数组的同时对数组进行初始化，其方法如下：

1. 完全列举法

```
int a[5]={1,2,3,4,5};
char b[6]={ ‘C ‘, ‘h ‘, ‘i ‘, ‘n ‘, ‘a ‘, ‘. ‘};
```

其中：

```
a[0]=1,a[1]=2,a[2]=3,a[3]=4,a[4]=5;
b[0]= ‘C ‘,b[1]= ‘h ‘,b[2]= ‘i ‘,b[3]= ‘n ‘,b[4]= ‘a ‘,b[5]= ‘. ‘。
```

2. 部分列举法

```
int a[5]={1,2,3};
```

此时对数组a的前3个元素进行了赋值，后两个的初值自动设为了零。如果是字符型数组，没有指定值的元素自动设成ASCII码为零的字符。

3. 省略大小列举法

```
int a[]={1,2,3,4,5};
```

虽然没有指定数组的大小，系统会根据花括号内数据的个数自动确定数组的大小。

例如：下面这几种初始化数组的方式是错误的：

➢ 只有在进行带初始化的数组说明时才允许省略长度，在仅进行说明而没有初始化时，省略长度是错误的，因为编译器无法知道这个数组究竟有多大。如int a[];

➢ 初始化数据的个数不能大于数组长度，空格也是一个字符。如：

```
char c[6]={‘C’,‘H’,‘I’,’N’,‘A’,‘N’,‘ ’,‘C’,‘ ’};
```

例9-2：从键盘上输入10个字符，然后按相反的方向输出。

```
#include <stdio.h>


void main()
{
    char a[10];
    int i;
    printf("请输入十个字符:");
    for (i=0;i<10;i++)
    {
        scanf("%c",&a[i]);
    }
    printf("输出:");
    for(i=9;i>=0;i--)
    {
        printf("%c",a[i]);
    }
    printf("\n");
}
```

运行效果如图9-2所示。

图9-2　例9-2运行结果

本例中循环输入10个字符，每循环一次把输入的字符顺序存入字符数组a中，最后用循环按相反的方向输出用户输入的字符。

9.6　数组的应用

1. 包含数组应用的常见算法

例9-3：求最大值与最小值。

求最大值与最小值是比较常见的算法，在程序中运用得比较广泛。在本例中将用数组和for循环以及条件语句来实现在对数组进行求最大值、最小值运算。

在若干数中求最大值，一般先取第一个数为最大值的初值（即假设第一个数为最大值），然后，在循环体内将每一个数与最大值比较，若该数大于最大值，将该数替换为最大值，直到循环结束。

求最小值的方法和求最大值的方法类似。

```
/**
* 对数组元素求最大值、最小值
 */
#include <stdio.h>
void main()
{
    //num[5]存放要排序的数字
    //max,min 最大值，最小值
    //i 循环变量
    int num[5],max,min,i;
    /*循环输入5个数字*/
    printf("请输入5个数字:");
    for(i=0;i<5;i++)
    {
        scanf("%d",&num[i]);
    }
    //默认将最大值、最小值均设置为数组的第一个元素
    max=num[0];
    min=num[0];

    /**
     *循环遍历数组，
     *将max与每个数组元素相比较，求出最大值。
     *将min与每个数组元素相比较，求出最小值。
     *i从1开始，即从数组第二个元素开始，
     *是因为我们默认了max=min=num[0]，
     *所以不需要与数组第一个元素比较。
     */
    for(i=1;i<5;i++)
    {
        //如果当前数组元素比max还大，则将该数组元素设置为最大值
        if(max<num[i])
        {
            max=num[i];
        }
        //如果当前数组元素比min还小，则将该数组元素设置为最小值
        if(min>num[i])
        {
            min=num[i];
        }
    }
```

```
    //输出最大值和最小值
    printf("\n最大值为:%d",max);
    printf("\n最小值为:%d\n",min);
}
```

例9-3求最大值、最小值运算的结果如图9-3所示。

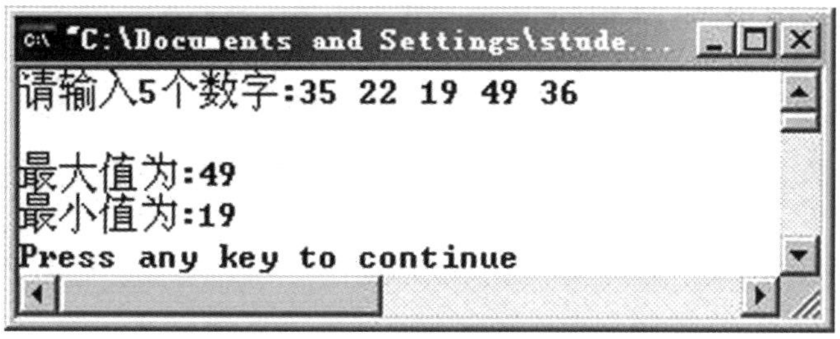

图9-3　例9-3对数组求最大值、最小值

例9-4：查找（线性查找）。

思路：从数组的第一个元素开始一一遍历数组，如果找到当前被遍历的值与所查找的值相同，则返回当前数组元素的下标。

```
/**
 *  线性查找
 */
#include <stdio.h>
#define N 10
void main()
{
    //i作为循环变量，也作为数组元素下标
    //num为要查找的数组
    //search为要查找的元素
    int i,num[N],search;

    /*循环录入数组元素*/
    printf("请输入%d个数组元素:\n",N);
    for(i=0;i<N;i++)
    {
        scanf("%d",&num[i]);
    }
    //从键盘接收查找的元素
    printf("\n请输入您要查找的元素:");
    scanf("%d",&search);

    //循环遍历数组元素
    for(i=0;i<N;i++)
    {
```

```
        //当前数组元素与要搜索的数组元素的值相等，即找到了，break跳出for循环
        if(num[i]==search)
        {
            break;
        }
    }
    //如果找到了就打印出数组元素的位置
    if(i<N)
    {
        printf("在数组的第%d个位置找到了数字%d\n",i+1,search);
    }
    else
    {
        printf("没有找到");
    }
}
```

运行结果如图9-4所示。

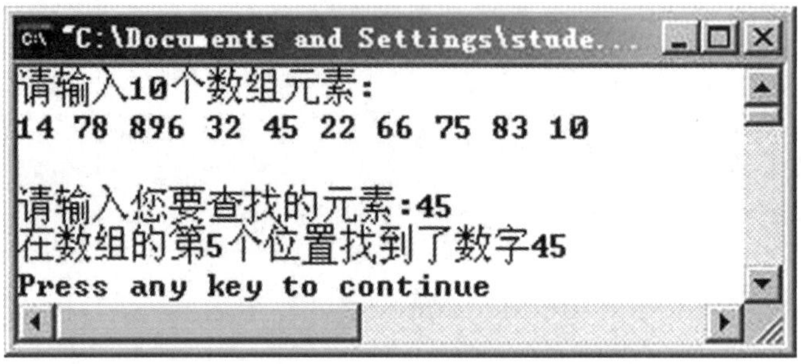

图9-4　例9-4程序运行结果

例9-5：求（数组元素的）总和。

思路：将数组的所有元素值循环相加。

```
/**
 * 求和
 */
#include <stdio.h>
#define N 10

void main()
{
    //i作为循环变量，也作为数组元素下标
    //num为要计算总和的数组
    //sum为总和
    int i=0,sum=0,num[N];
```

```
    /*循环录入数组元素*/
    printf("请输入%d个数组元素:\n",N);
    for(;i<N;i++)
    {
        scanf("%d",&num[i]);
    }

    //计算总和
    //循环遍历数组元素
    for(i=0;i<N;i++)
    {
        sum += num[i];
    }

    //输出结果(总和)
    printf("数组的元素总和为:%d\n",sum);
}
```

运行结果如图9-5所示。

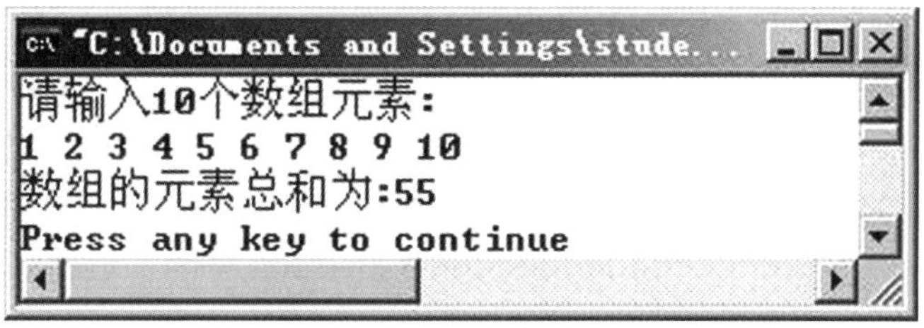

图9-5　例9-5程序运行结果

例9-6：求平均值。

思路：求若干数平均值，实质上就是先求和，再除以这些数的个数。

```
/**
 *  求和
 */
#include <stdio.h>
#define N 10

void main()
{
    //i作为循环变量，也作为数组元素下标
    //num为要计算总和的数组
    //sum为总和
    int i=0,sum=0,num[N];
    /*循环录入数组元素*/
```

```
    printf("请输入%d个数组元素:\n",N);
    for(;i<N;i++)
    {
        scanf("%d",&num[i]);
    }

    //计算总和
    //循环遍历数组元素
    for(i=0;i<N;i++)
    {
        sum += num[i];
    }
    printf("数组的元素平均值为:%d\n",sum/N); //输出结果(平均值)
}
```

运行结果，如图9-6所示。

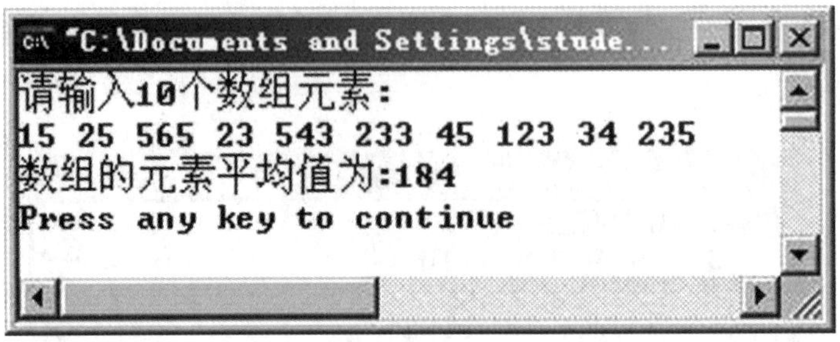

图9-6　例9-6程序运行结果

例9-7：插入算法。

数组中元素的插入和删除一般是在已排好序的数组中插入或删除一个元素，使得插入或删除操作后的数组还是有序的，如图9-7所示。

基本思路：首先要找到插入位置的元素。找到位置之后，将该位置以后的元素向后移位空出该位置，然后将要插入的数字放入该位置。

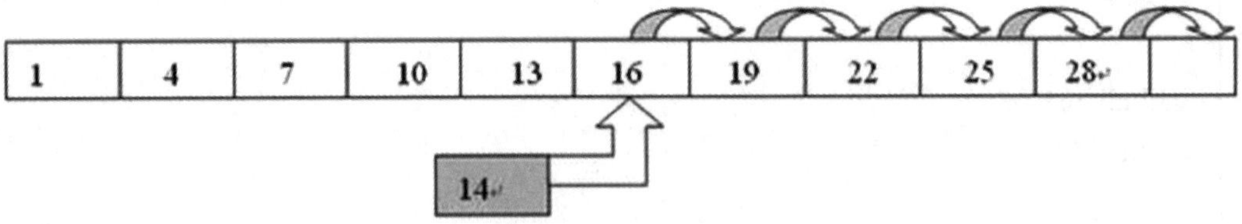

图9-7　插入算法图

程序实现代码：

```
/*插入算法*/
#include <stdio.h>
#define N 9
void main()
```

```
{
    int i,j; //循环变量

    //num 已排好序的数组
    //数组的大小比数组当前大小多 1 是为了给插入的数预留位置
    //in 要插入的数字
    int num[N+1]={1,4,7,13,16,19,22,25,28},in;

    //打印要插入的数组的所有元素
    printf("插入前的数组元素:");
    for(i=0;i<N;i++)
    {
        printf(" %d ",num[i]);
    }

    //从键盘读取一个要插入的数
    printf("\n请输入一个要插入的数:");
    scanf("%d",&in);

    //先找要插入的位置
    for(i=0;i<N;i++)
    {
        if(num[i]>in)//找到位置并跳出 for 循环
        {
            break;
        }
    }
    //移位，向后移位
    for(j=N;j>i;j--)
    {
        num[j]=num[j-1]; //为要插入的数字留出位置
    }
    num[i]=in;//将来插入的数保存在该位置

    //打印插入后的数组元素
    printf("\n插入后的数组元素:\n");
    for(i=0;i<N+1;i++)
    {
        printf(" %d ",num[i]);
    }
    printf("\n");
}
```

程序运行结果如图9-8所示。

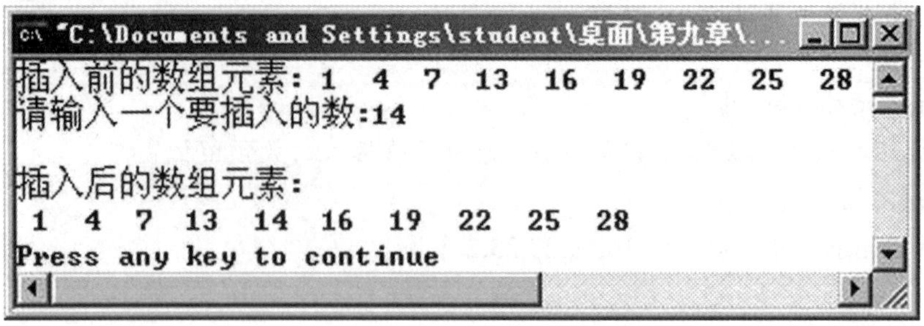

图9-8　例9-7程序运行结果

2. 简单使用字符串

前面曾用过以下语句输出一个字符串：

```
printf("Hello,SEC！ ");
```

“Hello，SEC!”是一个常量字符串，而字符串是由多个单字符组成的，例如可以把这个字符串拆分成一个字符数组：

```
char c[] = {'H','e','l','l','o',',','S','E','C','!'};
```

其实，在C语言中，字符串就是字符数组。所以我们可以这样表示：

```
char c[] = "Hello,SEC!";
```

下面我们来看一个字符串的例子。

例9-8：简单存储和处理字符串。

```
#include <stdio.h>
#include <string.h>
void main()
{
    char name[20];
    printf("请输入你的姓名:");
    //从键盘接收一个字符串存入stuName字符数组中
    gets(name);

    printf("%s,Nice to meet you!\n",name); //输出字符串
}
```

程序运行效果如图9-9所示。

图9-9　例9-8程序运行结果

在例9-8中，要求用户输入姓名，然后输出包含姓名的一个字符串。程序功能很简单，但是代码中可能包含有你看不懂的语句，例如gets函数。gets函数可以接收用户输入的字符串，然后将接收到的字符串存放到字符数组中。这个函数和scanf很相似，不过有很大的区别。

以前我们输入字符的时候不允许输入中文，那是因为字符char只能存储单字节字符，而中文单个汉字就是两个字节，所以单字符存储不了，现在可以用字符串来处理中文。

这里我们只是简单地了解字符串，你可能会感到不怎么明白，不过没关系，在后续章节中我们还将会详细讲述字符串及字符串的应用，在这里我们只作一个简单的介绍。

9.7 冒泡排序算法实现

例9-9：冒泡排序算法。

1. 排序方法

说明

为了描述方便，下面R数组的下标从1开始，共n个元素。

将被排序的记录数组R[1…n]垂直排列，每个记录R[i]看作是重量为R[i]的气泡。根据轻气泡不能在重气泡之下的原则，从下往上扫描数组R，凡扫描到违反本原则的轻气泡，就使其向上“飘浮”。如此反复进行，直到最后任何两个气泡都是轻者在上，重者在下为止。冒泡排序过程，如图9-10所示。

（1）初始

初始状态：R[1…n]为无序区。

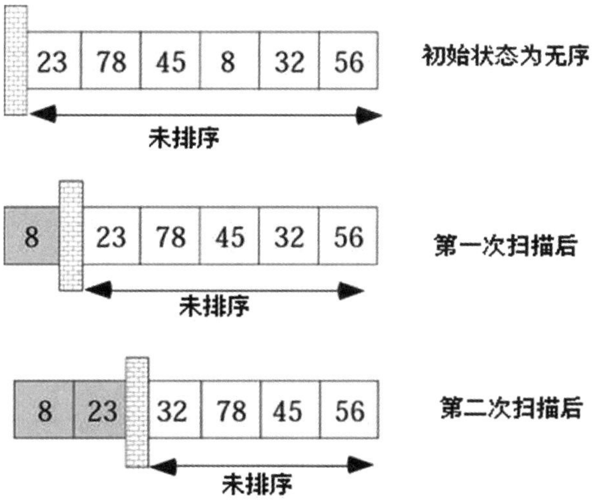

图9-10　冒泡排序过程例图

（2）第一趟扫描

从无序区底部向上依次比较相邻的两个气泡的重量，若发现轻者在下、重者在上，则交换二者的位置。即依次比较（R[n]，R[n-1]），（R[n-1]，R[n-2]），…，（R[2]，R[1]）；对于每对气泡（R[j+1]，R[j]），若R[j+1] <R[j]，则交换R[j+1]和R[j]的内容。

第一趟扫描完毕时，“最轻”的气泡就飘浮到该区间的顶部，即值最小的纪录被放在最高位置R[1]上。

（3）第二趟扫描

扫描R[2..n]。扫描完毕时，“次轻”的气泡飘浮到R[2]的位置上……

最后，经过n-1趟扫描可得到有序区R[1…n]，如图9-11所示。

注意

第i趟扫描时，R[1…i-1]和R[i…n]分别为当前的有序区和无序区。扫描仍是从无序区底部向上直至该区顶部。扫描完毕时，该区中最轻气泡飘浮到顶部位置R[i]上，结果是R[1…i]变为新的有序区。

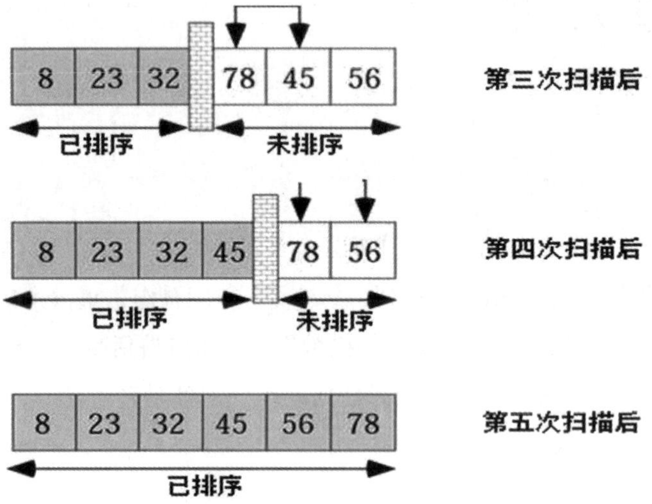

图9-11　冒泡排序过程例图

2. 实现参考代码。

```
/*冒泡排序算法C语言实现*/

#define SIZE 6
#include <stdio.h>

void main()
{
    int i,j,temp;
    int a[SIZE]={23,78,45,8,32,56};

    printf("冒泡排序前：");
    //输出排序前的结果
    for(i=0;i<SIZE;i++)
    {
        printf(" %d ",a[i]);
    }

    printf("\n冒泡排序后：");
    //排序算法核心实现代码
```

```
    for (i = 0; i < SIZE-1; ++i)
    {
        for (j = 0; j < SIZE - i - 1; ++j)
        {
            if (a[j] > a[j + 1])
            {
                temp = a[j];
                a[j] = a[j + 1];
                a[j + 1] = temp;
            }
        }
    }

    //输出排序后的结果
    for(i=0;i<SIZE;i++)
    {
        printf(" %d ",a[i]);
    }
    printf("\n");
}
```

运行结果如图9-12所示。

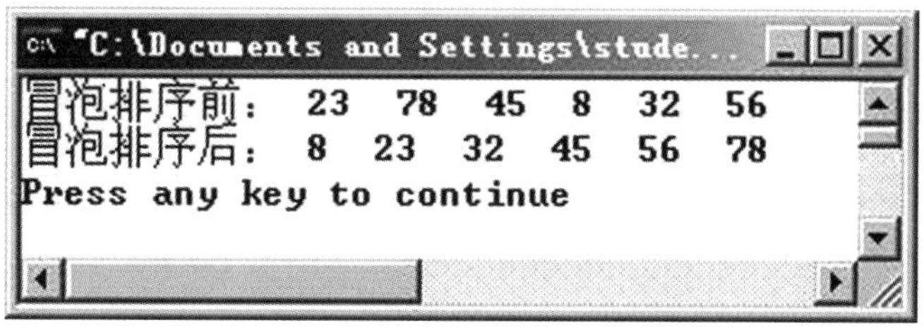

图9-12　例9-9程序运行结果

总结

在本章中，我们主要学到了以下知识点：

➢为什么使用数组？为了程序操作的方便，需要将一组相关的数值存储在一起，单个变量不能满足需求，而数组可以。

➢数组是一组有序的、类型相同的数据的集合。

➢数组的存储机制：

· 数组元素具有相同数据类型。

· 在内存中，数组均由连续的存储单元组成。

➢一维数组名[下标] 就可以引用一维数组元素。

➢数组名的含义：始终代表数组的首地址，是一个常量。

➢初始化数组有3种方法。

➢简单字符串的应用：输入输出字符串。

➢冒泡排序的原理：根据轻气泡不能在重气泡之下的原则，从下往上扫描数组：凡扫描到违反本原则的轻气泡，就使其向上“飘浮”。如此反复进行，直到最后任何两个气泡都是轻者在上，重者在下为止。

作业

1. 某百货商场当日消费积分最高的8名顾客，他们的积分分别是：18，25，7，36，13，2，89，63，从这组数中找出最少的积分数以及他在数组中的原始位置，运行效果如图9-13所示。

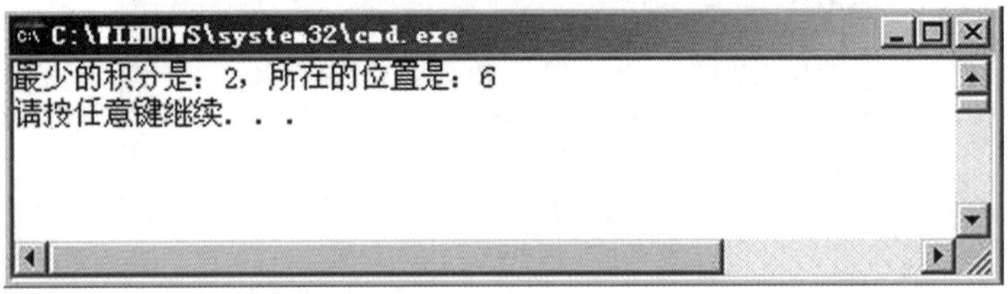

图9-13 输出积分最少的数及在数组中的位置

2. 从键盘输入本次C语言考试的5个学生的成绩，找出其中的最高分，运行效果如图9-14所示。

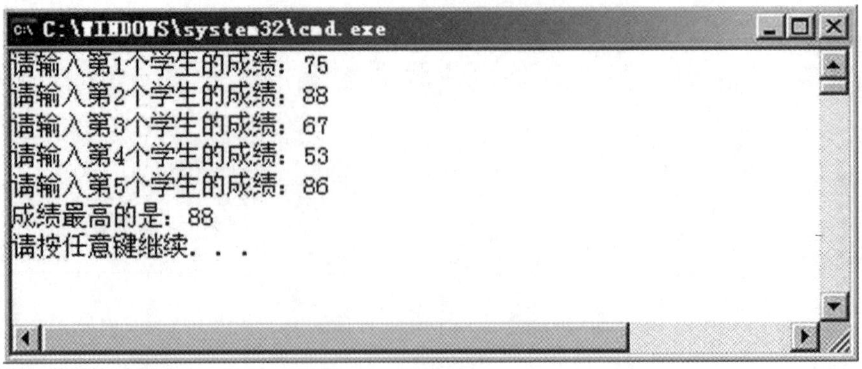

图9-14 输出最高分

3. 小强从超市购买了10件商品，编写一个程序，用于接收每件商品的价格，计算应付的总金额并输出，运行效果如图9-15所示。

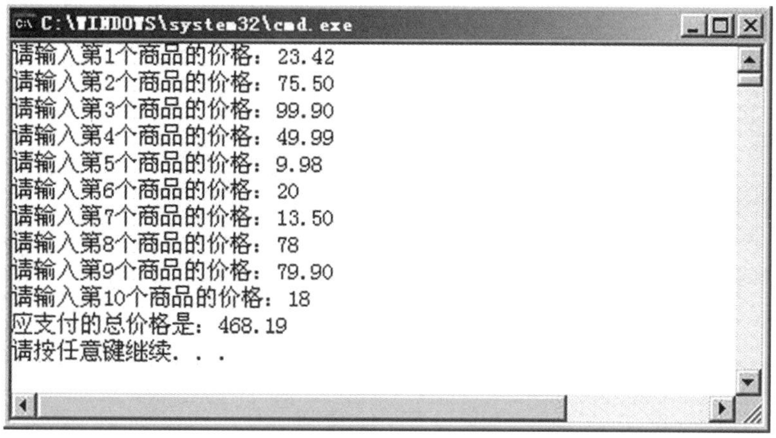

图9-15　计算商品总价格

4. 计算5位学生的平均成绩并输出（提示：首先定义一个数组存储5位学员的成绩，然后计算平均值），运行效果如图9-16所示。

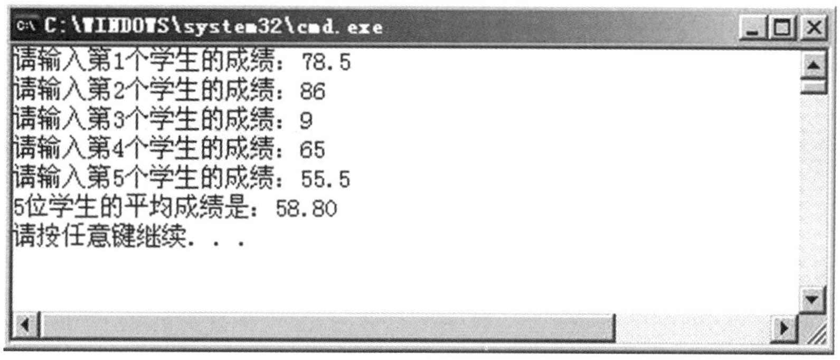

图9-16　输出五位学生的平均成绩

5. 定义一个数组，数组一共有10个元素，接收用户输入的值，求出下标为偶数的元素值之和，运行效果如图9-17所示。

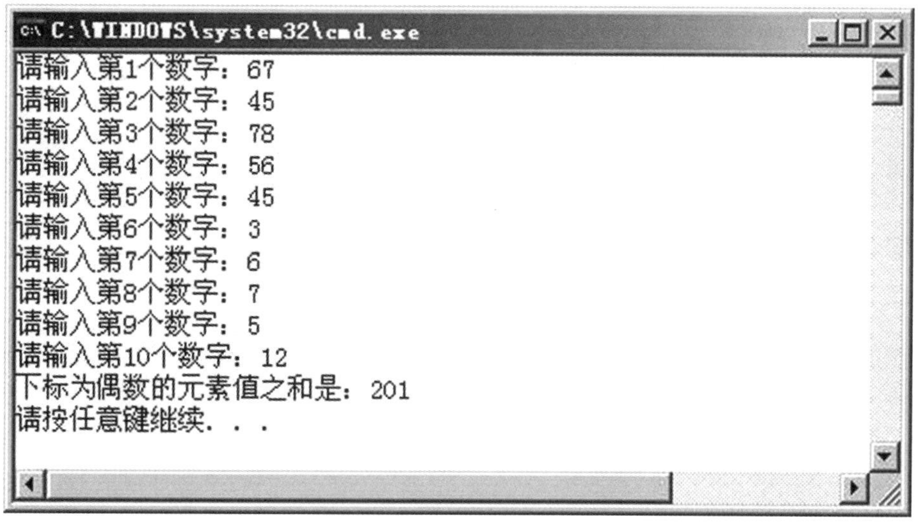

图9-17　求下标为偶数的元素之和

6. 定义一个数组，数组一共有10个元素，接收用户输入的值，将数组元素从高到低排序后输出，运行效果如图9-18所示。

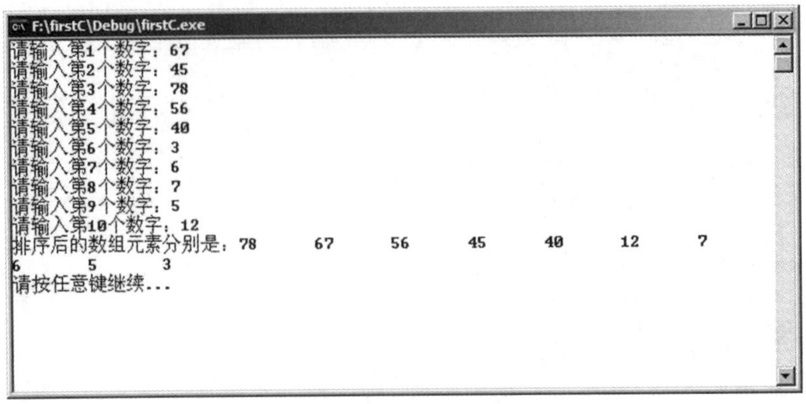

图9-18　数组元素排序

扩展练习

1. 接收用户输入的一个6位数字，将这个6位数字按逆序输出。例如输入：123456，输出：654321。（提示：分解这个数字的个位、十位……十万位，存放到数组中，将数组元素逆序输出）运行效果如图9-19所示。

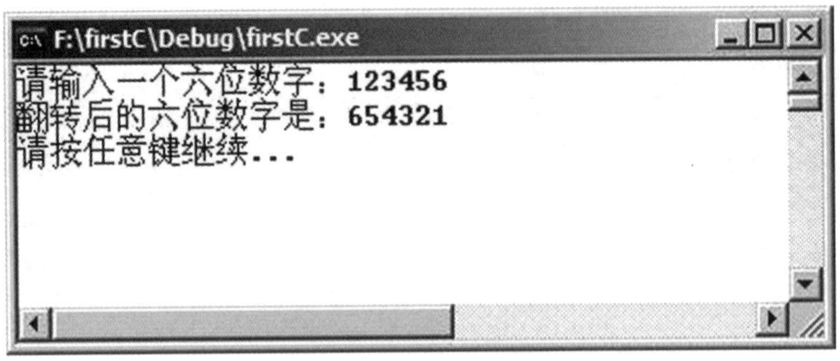

图9-19　将数字按逆序输出

2. 输入一个年份和月份，输出这月有多少天？（提示：用一个数组存放一年12个月的天数）运行效果如图9-20所示。

图9-20　输出这月有多少天

3. 输入一个日期，输出这个日期是这年的第几天？（提示：用一个数组存放一年12个月的天数）运行效果如图9-21所示。

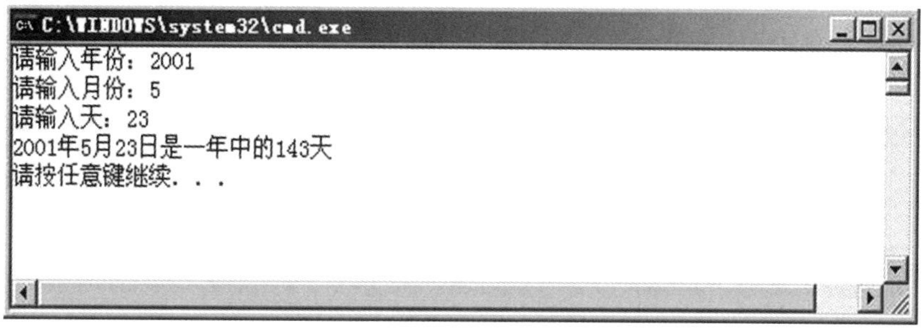

图9-21　输出这个日期是这年的第几天

4. 利用随机数生成一个整数数组，数组中有10个元素，每个元素的值在0-9之间，打印该数组的每个元素，运行效果如图9-22所示。

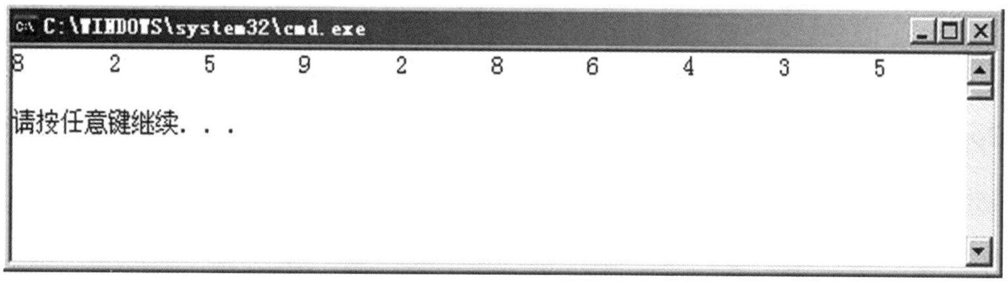

图9-22　输出数组中的值

5. 有一个包含10个元素的数组，元素的值分别为：10，20，30，40，50，60，70，80，90，100，求出：第一个元素-第二个元素+第三个元素-第四个元素+第五个元素-第六个元素+第七个元素-第八个元素+第九个元素-第十个元素=？运行效果如图9-23所示。

图9-23　输出计算结果

第10章 函 数

学习目标

- 理解函数的概念
- 掌握函数的定义
- 掌握函数的调用
- 掌握局部变量和全局变量

本章单词

请在预习前完成下列单词，并将其写在横线上：

① total（/'təutəl/ 总计的；全部的）：______

② max（/mæks/ 最高的，最大极限的）：______

③ min（/'min/ 最小值，最小的）：______

④ bios（/'baiɔs/ 生长素，生命素）：______

⑤ function（/'fʌŋkʃən/ 功能；作用）：______

预习任务

1. 写出求两个数中的最小值函数，并调用，效果如下图所示。【参考本章例10-3】

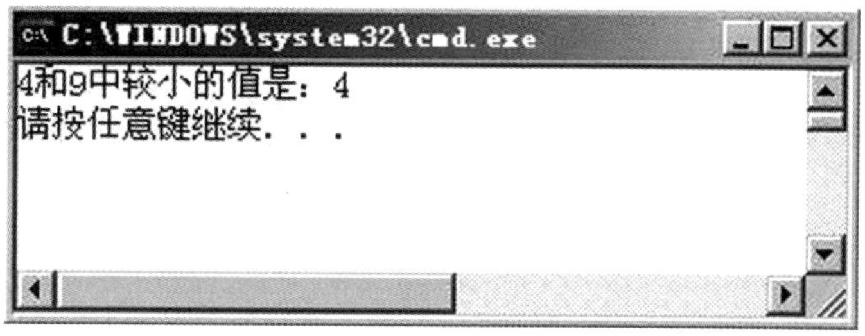

定义函数

2. 以下对C语言中有关函数的描述中，正确的是（　　）。(选择一项)

A. 在C中，调用函数时，只能把实参的值传给形参，形参的值不能传给实参。

B. 在C中，函数既可以嵌套调用又可以递归调用。

C. 函数必须有返回值，否则不能使用函数。

D. 程序中有调用关系的所有函数必须放在同一个源程序文件中。

3. 以下系统函数，说法错误的是（　）。(选择一项)

A. time()函数的头文件是：time.h。

B. stdlib.h头文件中，有printf()，scanf()函数。

C. 函数分为两大类，一类是系统函数，一类是用户自定义函数。

D. sizeof()函数是用来实现求数据类型在内存中所占用的字节数。

在第一章中已经介绍过，C语言源程序是由函数组成的。虽然在前面各章的程序中都只有一个主函数main()，但实用程序往往由多个函数组成。函数是C语言源程序的基本模块，通过对函数模块的调用实现特定的功能。C语言中的函数相当于其他高级语言的子程序。C语言不仅提供了极为丰富的库函数（如MS C、Turbo C都提供了300多个库函数），还允许用户建立自己定义的函数。用户可把自己的算法编成一个个相对独立的函数模块，然后用调用的方法来使用函数。

可以说C语言程序的全部工作都是由各式各样的函数完成的，所以也把C语言称为函数式语言。由于采用了函数模块式的结构，C语言易于实现结构化程序设计。使程序的层次结构清晰，便于程序的编写、阅读、调试。

10.1　为什么使用函数

先看看下面这个例子，你会发现什么？

例10-1：求某个班的某门成绩的最高分、最低分、平均分。

```
/********************
 *  程序功能：求某班一门成绩的最高分、最低分、平均分
 */
#include <stdio.h>
void main()
{
     //total表示总分
     //max/min表示最高分、最低分
     //score表示存放成绩的数组
     int i,avg,max,min,score[30]={
           85,86,57,78,49,67,66,85,86,57,
           78,49,67,66,37,46,58,64,79,84,
           54,65,84,54,65,64,86,98,36,65};
     int total = 0; //分数总和
     max = min = score[0]; //最高分、最低分默认为score数组首元素的值
     //用for循环实现最高分、最低分和分数总和计算
     for(i=0;i<10;i++)
     {
           if(max<score[i])
           {
                 max = score[i];
           }
           if(min>score[i])
           {
                 min = score[i];
           }
           total += score[i];
     }
```

```
    //计算平均分
    avg = total/10;
    //打印分数统计信息
    printf("最高分:%d\n",max);
    printf("最低分:%d\n",min);
    printf("平均分:%d\n",avg);
}
```

可能你觉得这个例子没什么地方不合理。是呀，功能有了，成绩也计算出来了，好像是没什么不对的。但是从设计方面考虑就不行了。不信？你看这个C程序文件的main函数做了什么？

在此例的main函数中，一个for循环就包含了计算最高分、最低分和总分三个功能，并且整个程序要实现的功能都写在了main函数里。将这个例子抽象出来，如图10-1所示。

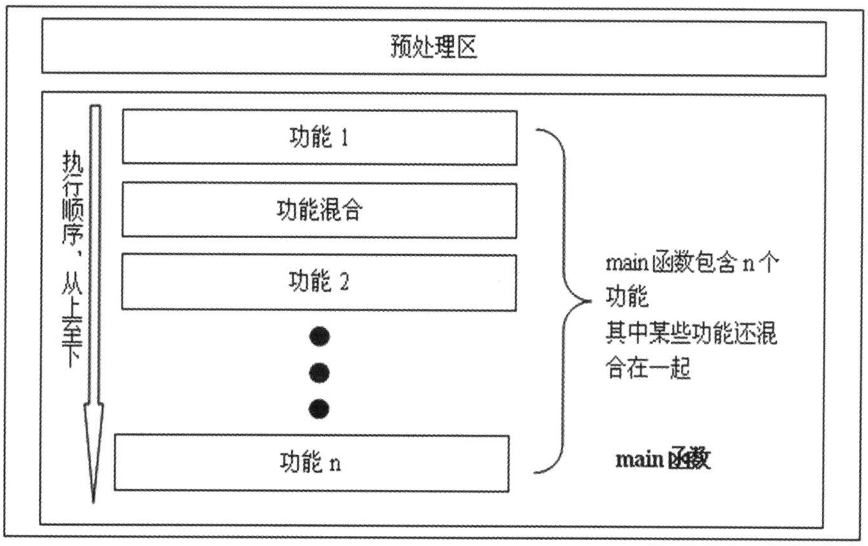

图10-1　C语言源程序文件的构成

图10-1表示了一个C语言源程序文件的构成。在这个源程序中除了预处理区外，只包含了一个main函数。main函数中实现了所有功能，并且某些功能混合在一起。试想：假如上图中的main函数包含100、1000个甚至上万个功能，那代码还会有例10-1那么易读吗？假如程序在运行过程中出现了问题，当程序员来整理这些代码时，看见这么多混乱的代码，那不是一个头两个大吗？

人们在求解一个复杂问题时，通常采用的是逐步分解、分而治之的方法，也就是把一个大问题分解成若干个比较容易求解的小问题，然后分别求解。程序员在设计一个复杂的应用程序时，往往也是把整个程序划分为若干功能较为单一的程序模块，然后分别予以实现，最后再把所有的程序模块像搭积木一样装配起来，这种在程序设计中分而治之的策略，被称为模块化程序设计方法。

在C语言中，函数是程序的基本组成单位，因此可以很方便地用函数作为程序模块来实现C语言程序。

利用函数，不仅可以实现程序的模块化，程序设计得简单和直观，提高了程序的易读性和可维护性，而且还可以把程序中普遍用到的一些计算或操作编成通用的函数，以供随时调用，这样可以大大地减轻程序员的代码工作量。

10.2 什么是函数

函数是一个独立的子程序，由相关代码组成，能完成一定的功能，能重复多次使用。

10.3 函数的分类

在C语言中可从不同的角度对函数分类。

1. 从函数定义的角度看，函数可分为库函数和用户定义函数两种。

➢ 库函数（标准）

由C系统提供，无须用户定义，也不必在程序中作类型说明，只需在程序前包含有该函数原型的头文件即可在程序中直接调用。在前面各章的例题中反复用到printf、scanf、getchar、putchar等函数均属此类。

➢ 用户定义函数

由用户按需要编写的函数。对于用户自定义函数，不仅要在程序中定义函数本身，而且在主调函数模块中还必须对该被调函数进行类型说明，然后才能使用。

2. C语言的函数兼有其他语言中的函数和过程两种功能，从这个角度看，又可把函数分为有返回值函数和无返回值函数两种。

➢ 有返回值函数

此类函数被调用执行完后将向调用者返回一个执行结果，称为函数返回值。如数学函数即属于此类函数。由用户定义的这种要返回函数值的函数，必须在函数定义和函数说明中明确返回值的类型。

➢ 无返回值函数

此类函数用于完成某项特定的处理任务，执行完成后不向调用者返回函数值。这类函数类似于其他语言的过程。由于函数无须返回值，用户在定义此类函数时可指定它的返回为“空类型”，空类型的说明符为“void”。

3. 从主调函数和被调函数之间数据传送的角度来看，又可分为无参函数和有参函数两种。

➢ 无参函数

函数定义、函数说明及函数调用中均不带参数。主调函数和被调函数之间不进行参数传送。此类函数通常用来完成一组指定的功能，可以返回或不返回函数值。

➢ 有参函数

也称为带参函数。在函数定义及函数说明时都有参数，称为形式参数（简称为形参）。在函数调用时也必须给出参数，称为实际参数（简称为实参）。进行函数调用时，主调函数将把实参的值传送给形参，供被调函数使用。

4. C语言提供了极为丰富的库函数，这些库函数又可从功能角度作以下分类。

➢ 字符类型分类函数

用于对字符按ASCII码分类：字母、数字、控制字符、分隔符、大小写字母等。

- 转换函数

用于字符或字符串的转换；在字符量和各类数字量（整型等）之间进行转换；在字母大、小写之间进行转换。

- 目录路径函数

用于文件目录和路径操作。

- 诊断函数

用于内部错误检测。

- 图形函数

用于屏幕管理和各种图形功能。

- 输入输出函数

用于完成输入输出功能。

- 接口函数

用于与DOS，BIOS和硬件的接口。

- 字符串函数

用于字符串操作和处理。

- 内存管理函数

用于内存管理。

- 数学函数

用于数学函数计算。

- 日期和时间函数

用于日期，时间转换操作。

- 进程控制函数

用于进程管理和控制。

- 其他函数

用于其他各种功能。

以上各类函数不仅数量多，而且有的还需要硬件知识才会使用，因此要想全部掌握则需要一个较长的学习过程。应首先掌握一些最基本、最常用的函数，再逐步深入。由于篇幅关系，本书只介绍了很少一部分库函数，其余部分大家可根据需要查阅有关手册。

10.4 函数的三大特征

1. 函数名

函数名代表函数的入口地址，指出了函数的位置。

2. 函数返回值类型

函数的返回值是指调用函数时从函数中得到的值，指定了返回值的类型。

3. 函数的参数类型和数目

指定了调用函数时要向函数传递的数据的类型和数目。函数参数的类型在本章后面将详细介绍（10.7节）。

10.5 怎么定义一个函数

10.5.1 无参函数的一般形式

无参函数的一般形式：

```
类型说明符  函数名()
{
    语句
}
```

其中类型说明符和函数名称为函数头。类型说明符指明了本函数的类型，函数的类型实际上是函数返回值的类型。该类型说明符与第二章介绍的各种说明符相同。函数名是由用户定义的标识符，函数名后有一个空括号，其中无参数，但括号不可少。{} 中的内容称为函数体。在函数体中也有类型说明，这是对函数体内部所用到的变量的类型说明。在很多情况下都不要求函数有返回值，此时函数类型说明符可以写为 void。

我们来看一个无参函数的定义。

```
void Hello ()
{
    printf ("Hello SEC \n");
}
```

这里，只把 main 改为 Hello 作为函数名，其余不变。Hello 函数是一个无参函数，当被其他函数调用时，输出“Hello SEC”字符串。

10.5.2 有参函数的一般形式

有参函数的一般形式：

```
类型说明符 函数名（形式参数表）
{
    语句部分
}
```

有参函数仅比无参函数多形式参数表。在定义函数时的参数列表称为形式参数，它们可以是各种类型的变量，各参数之间用逗号间隔。在进行函数调用时，主调函数将赋予这些形式参数实际的值。形参既然是变量，当然必须给以类型说明。例如，定义一个函数，用于求两个数中的较大的数，可写为：

```
int max (int a,int b)
{
    if(a>b)
    {
        return a;
```

```
    }
    return b;
}
```

第一行说明max函数是一个整型函数，其返回的函数值是一个整数。形参为int a，int b。a，b的具体值是由主调函数在调用时传送过来的。在max函数体中的return语句是把a（或b）的值作为函数的值返回给主调函数。有返回值函数中至少应有一个return语句。在C语言程序中，一个函数的定义可以放在任意位置，既可放在主函数main之前，也可放在main之后。例如例10-2中定义的max函数，其位置在main之前。

例10-2：求两个整数的最大值函数。

```
#include <stdio.h>

/*求最大值函数*/
int max(int a,int b)
{
    if(a>b)
    {
        return a;
    }
    return b;
}
void main()
{
    int m = max(5,8);
    printf("最大值：%d\n",m);
}
```

还可以将max函数定义在main函数之后。

例10-3：将上例中max函数定义在main函数之后。

```
#include <stdio.h>

int max(int a, int b);

void main()
{
    int m = max(5,8);
    printf("最大值：%d\n",m);
}

/*求最大值函数*/
int max(int a,int b)
{
```

```
        if(a>b)
    {
        return a;
    }
    return b;
}
```

10.6　怎么调用函数？

函数调用的一般形式：

```
函数名（[参数值1,参数值2…参数值n]）；
```

如果要接收返回值，可以这样调用：

```
返回值类型 变量名=函数名（[参数值1,参数值2…参数值n]）；
```

其中依照函数的定义，参数值可有可无。在例10-2和例10-3的main函数中就用了函数的调用，如：

```
void main()
{
    int m = max(5,8);
    printf ("最大值：%d\n",m);
}
```

调用函数max，将5和8按照max函数的形式参数表定义顺序作为参数传递给函数max。然后定义了变量m来接收max函数返回的值。

例10-2和例10-3的运行结果相同，运行结果如图10-2所示。

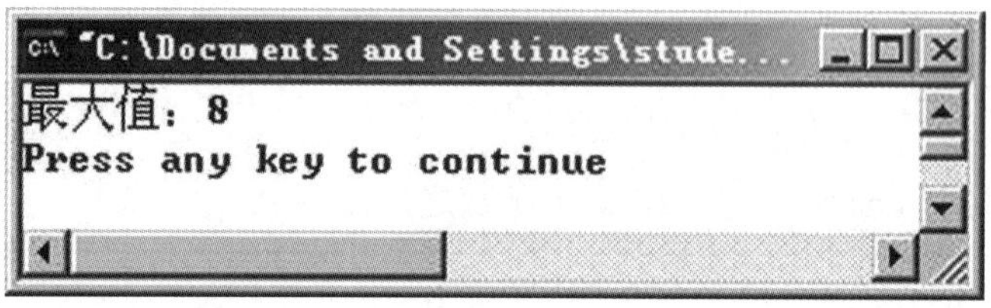

图10-2　例10-2和例10-3的运行结果

10.7　参数的类型

参数的类型有以下两种。

1. 形式参数

形式参数简称形参。形参出现在函数定义中，在整个函数体内都可以使用，离开该函数则不能使用。比如例10-3中int max（int a，int b）中的*a*，*b*就是形式参数。

2. 实际参数

实际参数简称实参。实参可以是常量、变量或者表达式。在函数调用时，实参出现在主调函数中，进入被调函数后，实参变量也不能使用。比如例10-3中的int m = max（5，8）；此处的实参是5和8。形参和实参的功能是进行数据传送。发生函数调用时，主调函数把实参的值传送给被调函数的形参从而实现主调函数向被调函数的数据传送。

函数的形参和实参具有以下三个特点。

（1）形参变量只有在被调用时才分配内存单元，在调用结束时，即刻释放所分配的内存单元。因此，形参只有在函数内部有效。函数调用结束返回主调函数后则不能再使用该形参变量。

（2）实参可以是常量、变量、表达式、函数等，无论实参是何种类型的量，在进行函数调用时，它们都必须具有确定的值，以便把这些值传送给形参。因此应预先用赋值、输入等办法使实参获得确定值。

（3）实参和形参在数量上、类型上、顺序上应严格一致，否则会发生“类型不匹配”的错误。

10.8　函数原型声明

函数原型声明的作用是把函数的返回值类型、函数的名字、形参的类型和数目通知编译系统，以便在调用该函数时系统按此进行对照检查（例如函数名是否正确，实参与形参的类型和个数是否一致）。从程序中可以看到对函数的声明与函数定义中的函数首部基本上是相同的。因此可以简单地照写已定义的函数的首部，再加一个分号，就成了对函数的“声明”。在函数声明中也可以不写形参名，而只写形参的类型。在C语言中，函数声明称为函数原型（function prototype）。它的作用主要是利用它在程序的编译阶段对调用函数的合法性进行全面检查。

如在例10-3中的int max（int a，int b）；在main()的前面声明了max函数，函数返回值类型是int型，函数名为max，有两个整型的参数a和b。然后在main()函数里面调用这个函数int m = max（5，8）；你可能发现例10-2中就没有函数原型的声明，这是为什么呢？

这是因为被调用函数的定义出现在主调函数之前，编译系统已经先知道了已定义的函数类型，会根据函数首部提供的信息对函数的调用作正确性检查。

函数原型声明一般都集中写在预编译区下面，这是编程的良好习惯。但是实际上，函数原型声明可以出现在被调用函数之前的任何地方。

如果已在所有函数定义之前，在函数的外部已作了函数声明，则在各个主调用函数中不必对所调用的函数再做声明。

10.9　函数返回值

函数的返回值是指函数被调用之后，执行函数体中的程序段所取得的并返回给主调函数的值。如调用正弦函数取得正弦值，调用例10-2的max函数取得的较大的数等。对函数的值（或称函数返回值）有以下一些说明：

1. 函数的值只能通过return语句返回主调函数。return语句的一般形式为：

```
return 表达式;
```

或者为：

```
return (表达式);
```

2. return语句的功能：

（1）计算表达式的值，并返回给主调函数。

（2）跳出函数。在函数中尽管允许有多个return语句，但每次调用只会有一个return语句被执行，因此只能返回一个函数值。

3. 函数值的类型和函数定义中函数的类型应保持一致。如果两者不一致，则以函数类型为准，自动进行类型转换。

4. 不返回函数值的函数，可以明确定义为“空类型”，类型说明符为“void”。可定义为：

```
void 函数名(形式参数列表)
{
    函数体
}
```

10.10 局部变量和全局变量

10.10.1 局部变量

我们把函数中定义的变量称为局部变量，由于形参相当于函数中定义的变量，所以形参也相当于局部变量。在这里“局部”有两个含义：

1. 某个函数中定义的变量不能被另一个函数使用

例如print_time中的hour和minute在main函数中没有定义，不能使用。同样main函数中的局部变量也不能被print_time函数使用。例如这样定义：

```
void print_time(int hour, int minute)
{
    printf("%d:%d\n", hour, minute);
}

void main()
{
    int hour = 23, minute = 59;
    print_time(hour, minute);
}
```

main函数中定义了局部变量hour，print_time函数中也有参数hour，虽然它们名称相同，但仍然是不同的变量，仍然代表不同的存储空间，只不过各自的存储空间中存了相同的值23。main函数的局部变量minute和print_time函数的参数minute也是如此。

2. 每次调用函数时局部变量都表示不同的存储空间

局部变量是在每次函数调用时分配存储空间，每次函数返回时释放存储空间的。例如调用print_time（23，59）时，分配hour和minute两个变量的存储空间，在里面分别存上23和59，函数返回时释放它们的存储空间，下次再调用print_time（12，20）时，又分配hour和minute两个变量的存储空间，在里面分别存上12和20。

10.10.2 全局变量

与局部变量的概念相对的是全局变量，全局变量定义在所有的函数体之外，它们在整个程序开始之前分配存储空间，在程序结束时释放存储空间，所有函数都可以通过全局变量名访问它们，如下面的例子：

例 10-4：全局变量的使用。

```
#include <stdio.h>

int hour = 23, minute = 59;
void print_time()
{
    printf("%d:%d 在 print_time 函数中输出\n", hour, minute);
}

void main()
{
    print_time();
    printf("%d:%d 在 main 函数中输出\n", hour, minute);
}
```

运行结果如图 10-3 所示。

图 10-3　例 10-4 程序运行结果

全局变量在整个程序的所有函数中都可以访问，所以在整个程序运行过程中全局变量被读写的顺序从源代码中看不出来（源代码的书写顺序并不能反映函数的调用顺序），出现了 Bug 往往就是因为在某个不起眼的地方对全局变量的读写顺序不正确，如果代码规模很大，这种错误是很难找出来的。对于局部变量的访问不仅局限在一个函数内部，而且局限在一次函数调用之中，从函数的源代码也很容易看出访问的先后顺序是怎样的，所以比较容易找到 Bug。因此，虽然全局变量用起来很方便，但一定要慎用，能用函数传参代替的就不要用全局变量。

如果全局变量和局部变量重名了会怎么样呢？如果上面的例子改为：

例 10-5：作用域示例。

```
#include <stdio.h>

int hour = 23, minute = 59;
```

```
void print_time()
{
    printf("%d:%d 在 print_time 函数中输出\n", hour, minute);
}

void main()
{
    int hour = 30,minute = 55;
    print_time();
    printf("%d:%d 在 main 函数中输出\n", hour, minute);
    print_time();
}
```

输出结果如图10-4所示。

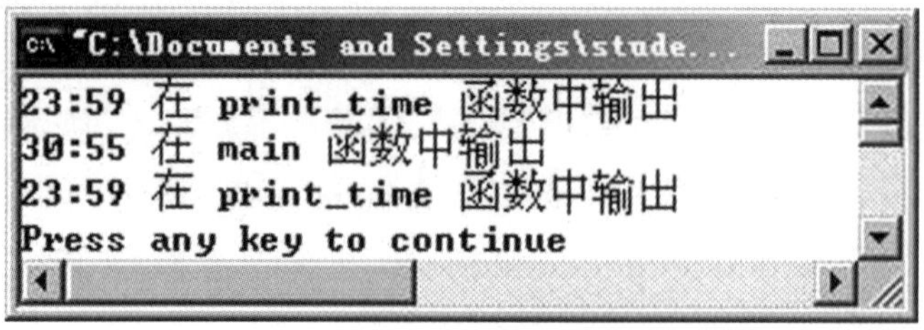

图10-4　例10-5程序运行结果

显然在main方法中输出的是在main方法中定义的局部的hour和minute；而在print_time中输出的是全局的minute和hour。在C语言中，每个标识符都有特定的作用域，全局变量是定义在所有函数体之外的标识符，它的作用域从定义的位置开始直到源文件结束，而main函数局部变量的作用域仅限于main函数之中。也就是说当一个函数中可以使用全局变量也可以使用局部变量时，全局变量被隐藏了。

总结

通过本章的学习，我们掌握了如下知识点。

- 为什么使用函数？为了减少代码冗余，增强代码的可读性，提高程序的可维护性。
- 什么是函数？函数是一个独立的子程序，由相关代码组成，能完成一定的功能，能重复多次使用。
- 函数的分类可按不同角度来分类。我们主要从函数的定义来分：库函数和用户自定义函数。
- 函数的三大特征：函数名、函数返回值以及参数类型和数目。
- 定义一个函数分为有参和无参两种形式。
- 参数的类型：形式参数与实际参数。
- 函数的返回值：就是return语句返回的值。
- 调用函数："返回值类型 变量名=函数名（参数值1，参数值2…参数值n）;"。
- 局部变量是在每次函数调用时分配存储空间，每次函数返回时释放存储空间。
- 全局变量在整个程序开始之前分配存储空间，在程序结束时释放存储空间，所有函数都可以访问。

作业

1. 用函数打印直角三角形，用户输入几行，就打印几行。如：输入7，运行效果如图10-5所示。（函数定义：void getSquare（int num）{}）

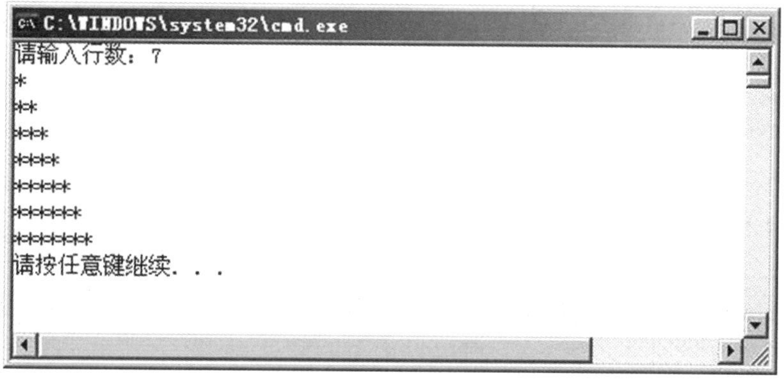

图10-5　输出直角三角形

2. 输出一个数字的绝对值，用函数完成。运行效果如图10-6所示。（函数定义：int getZheng（int num）{}）

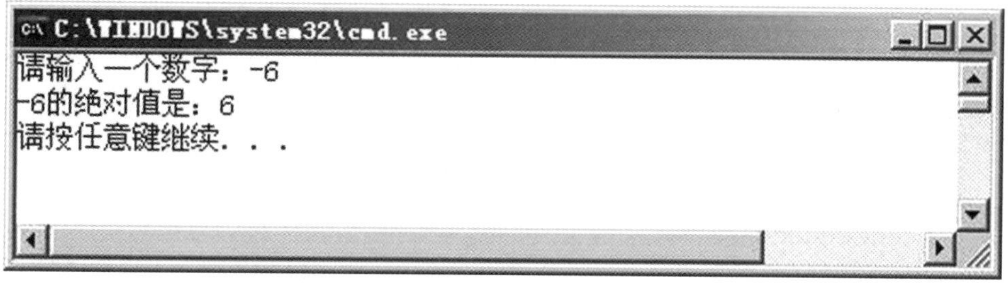

图10-6　输出数字绝对值

3. 判断输入的字符是大写字母还是小写字母，用函数完成。运行效果如图10-7所示。（函数定义：void change（char ch）{}）

图10-7　判断输入字符是大写字母还是小写字母

4. 根据边长计算正方形的周长及面积，用函数完成。运行效果如图10-8所示。（函数定义：double getArea（double c）{}和double getGirth（double c）{}）

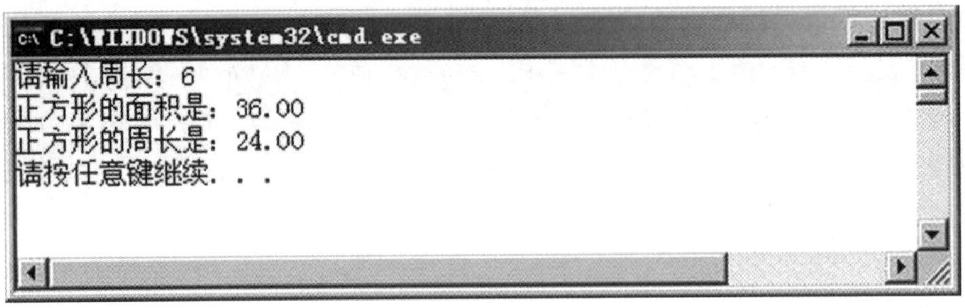

图10-8　计算面积和周长

5. 用函数打印菱形，运行效果如图10-9所示。（函数定义：void show(){}）

图10-9　打印菱形

扩展练习

1. 根据用户输入的年份和月份输出该月的天数，用函数完成。运行效果如图10-10所示。（函数定义：int getDay（int year，int month）{}）

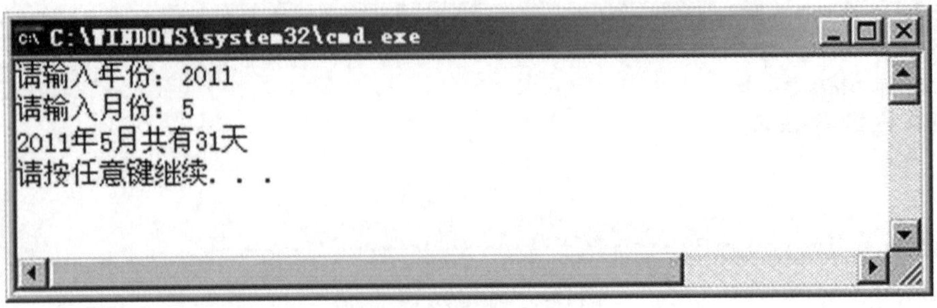

图10-10　判断天数

2. 找出两个数中的最大值，用函数完成。运行效果如图 10-11 所示。（函数定义：int getMax（int num1，int num2）{}）

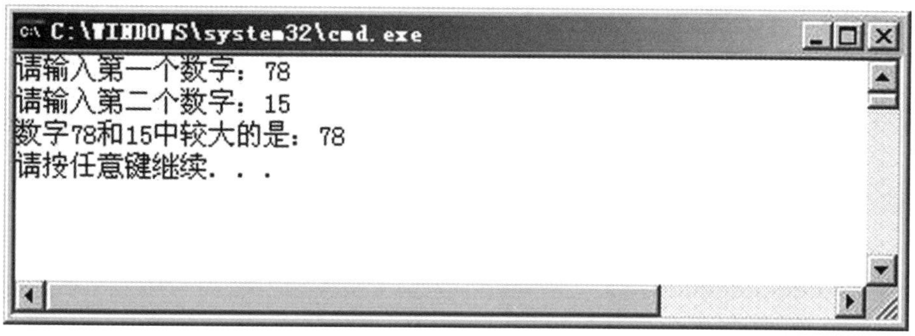

图 10-11　输出最大值

3. 根据输入的秒数，输出对应的分钟数和小时数，用函数完成。运行效果如图 10-12 所示。（函数定义：void getTime（int second）{}）

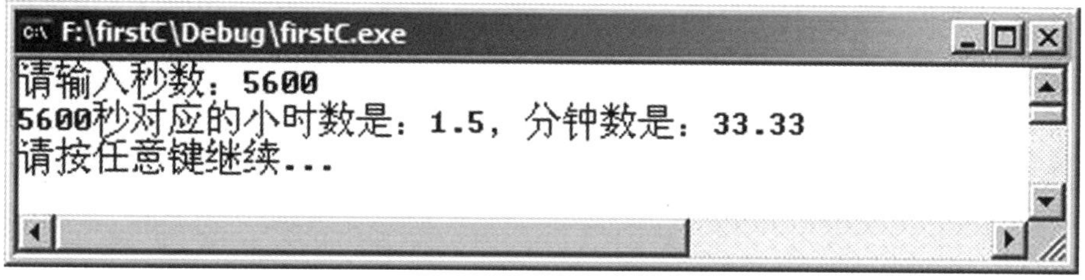

图 10-12　计算分钟数和小时数

4. 根据边长计算长方形的周长及面积，用函数完成。运行效果如图 10-13 所示。（函数定义：void getArea（double w，double h）{}）

图 10-13　计算长方形的面积和周长

上机篇

上机1 编程的基本概念

上机任务

任务1　在控制台输出“Hello World”

任务2　在控制台打印简单的图案

任务3　打印一个菱形图案

第1阶段　指导

指导1　在控制台输出“Hello World”

完成本任务所用到的主要知识点：

- Microsoft Visual Studio 2010集成开发工具的简单使用
- 使用printf进行输出
- 在printf中使用“\n”换行

问题

怎样使用Microsoft Visual Studio 2010集成开发工具编写一个C语言程序？

解决方案

用Microsoft Visual Studio 2010编写C源程序的详细步骤如下。

（1）打开Microsoft Visual Studio 2010。选择【开始】→【程序】→【Microsoft Visual Studio 2010】→【Microsoft Visual Studio 2010】，Microsoft Visual Studio 2010，如图上机1-1所示。

图上机1-1　Microsoft Visual Studio 2010启动界面

（2）然后将显示Microsoft Visual Studio 2010的主界面（如图上机1-2所示）。

图上机1-2　Microsoft Visual Studio 2010主界面

在Microsoft Visual Studio 2010主窗口中的菜单栏中常用的菜单项：文件、编辑、视图、调试、团队、数据、工具等。

输入和编辑源程序。单击菜单栏的【文件】→【新建】→【项目】创建新项目，如图上机1-3所示。

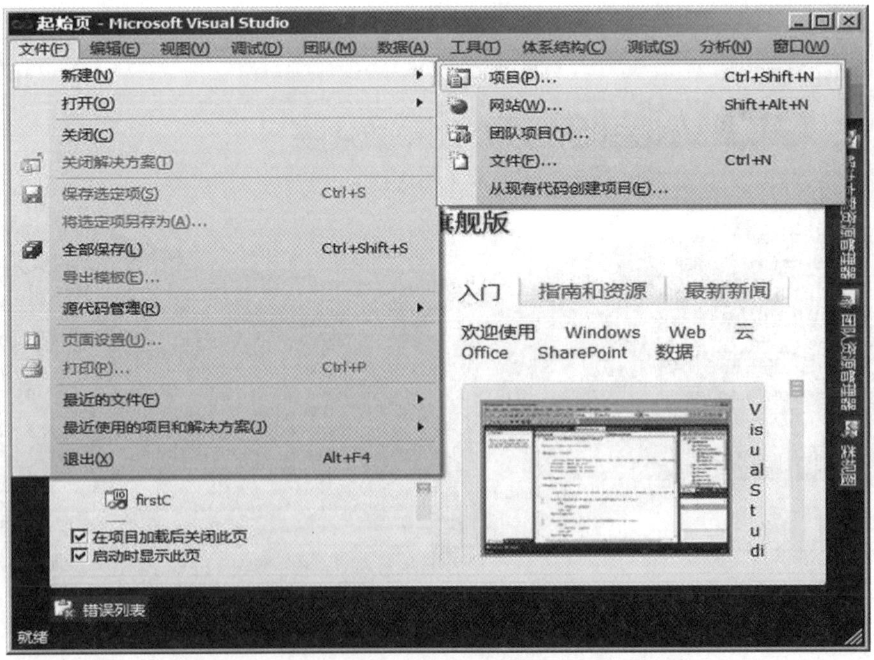

图上机1-3　创建新项目

（3）在弹出的对话窗体中，选择左边的【Visual C++】，然后选中【空项目】，然后在窗口下边的名称文本框中输入项目名称。选择保存位置，点击【确定】按钮，如图上机1-4所示。

图上机1-4　新建项目

在【解决方案资源管理器】中选择【源文件】，单击鼠标右键，选择【添加】→【新建项】，如图上机1-5所示。

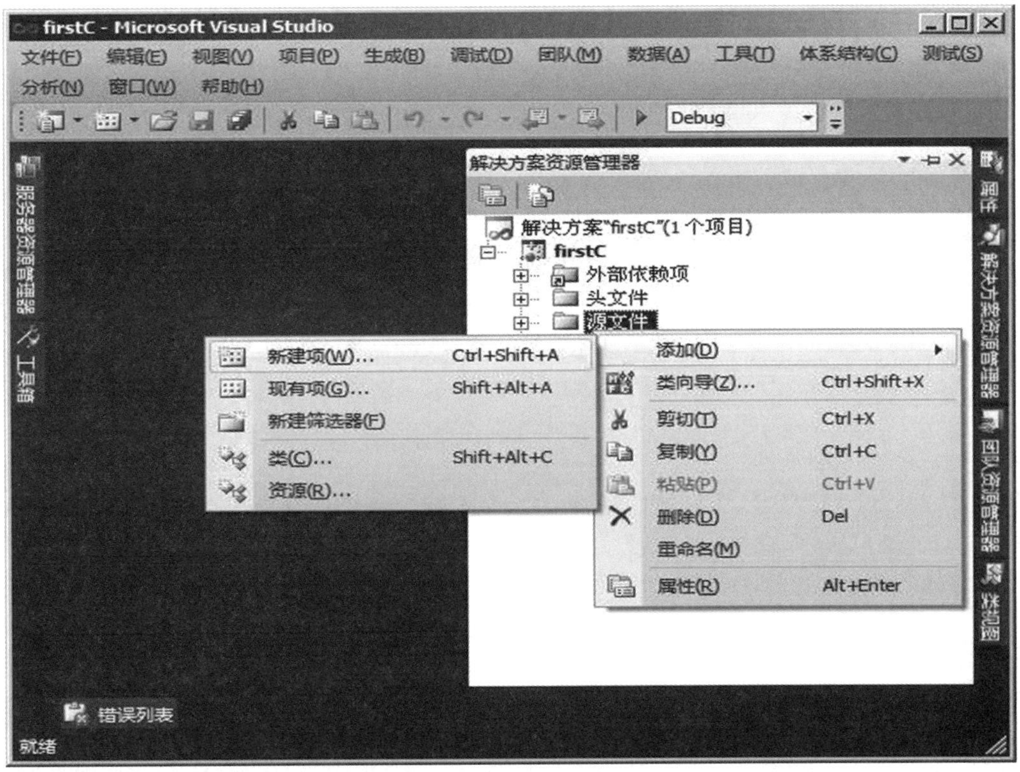

图上机1-5　添加新建文件的窗口

在弹出的对话框窗体中，选择【C++文件（.cpp）】，然后在窗口下边的名称文本框中输入文件名，点击【添加】按钮，如图上机1-6所示。

图上机1-6　新建文件的窗口

（4）现在就可以在主界面的程序编辑区域中键入程序代码了，如图上机1-7所示。

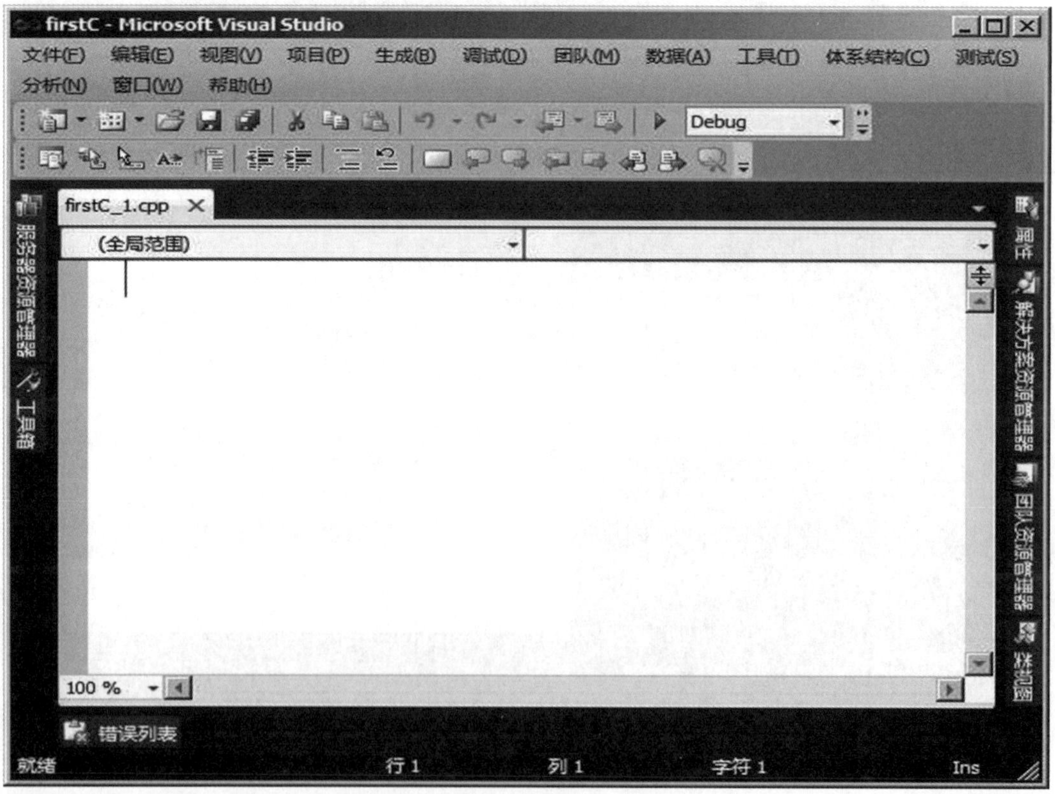

图上机1-7　程序编辑区域

代码编写完之后选择菜单中的【调试】→【开始执行（不调试）】将源文件进行编译，编译后，程序自动进行连接，如果在错误列表显示了 0 error（s），0 warning（s），则说明编译、连接成功，如图上机 1-8 所示。

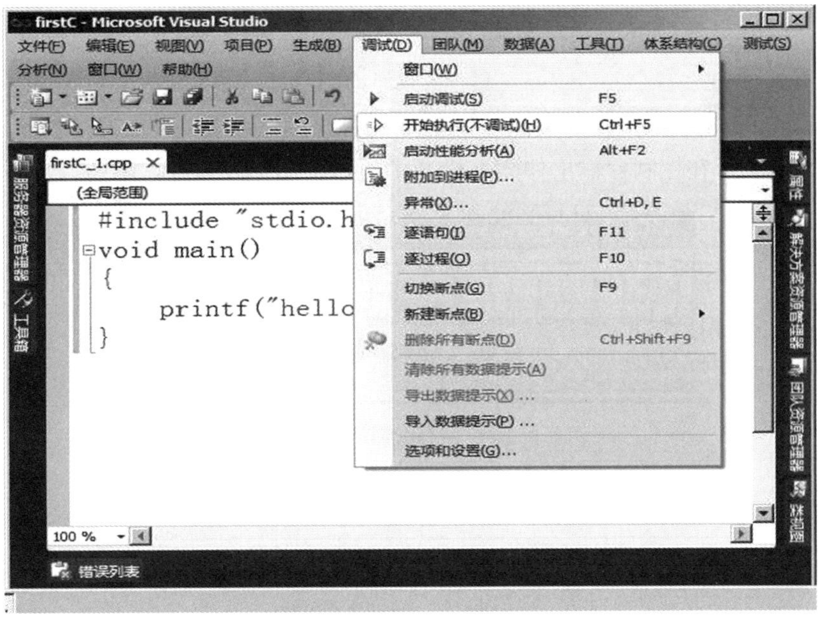

图上机 1-8　文件编辑窗口

输出运行结果，如图上机 1-9 所示。

图上机 1-9　输出结果

好了，工具的使用我们就介绍到这里，下面我们把操作过程中涉及的代码提取出来。

程序代码：

```
#include <stdio.h>

void main()
{
    printf("Hello World!\n");
}
```

其中 printf（"Hello World!\n"）就是输出信息（打印信息）“Hello Wolrd”后，换行。

指导2　在控制台打印简单的图案

完成本任务所用到的主要知识点：

➢ 使用printf函数输出

➢ 在printf中使用“\n”换行

问题

用printf和“\n”在控制台输出如图上机1-10所示的图形。

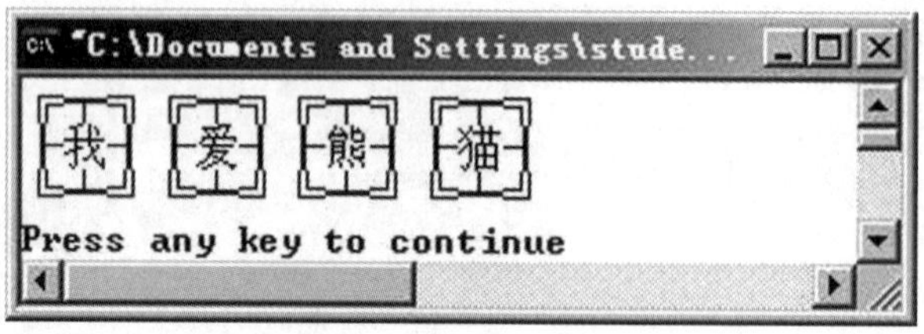

图上机1-10　打印简单图案效果图

分析

在控制台输出信息是一行一行输出的，可以输出一些文字、符号等。所以我们要想打印出图上机1-10所示的图案，应该将图案分成若干行，然后一行一行输出。这就要用printf来输出和“\n”来换行了。

解决方案

程序代码：

```
#include <stdio.h>

void main()
{
    printf(" ┌┬┐ ┌┬┐ ┌┬┐ ┌┬┐ \n");
    printf(" ├我┤ ├爱┤ ├熊┤ ├猫┤ \n");
    printf(" └┴┘ └┴┘ └┴┘ └┴┘ \n");
}
```

从上面所示的程序源码中可以看出，图上机1-10所示的图案被我们拆分成了三行，用了3个printf进行输出，每个printf最后还打印了一个换行符。

第2阶段　练习

练习1　打印一个菱形图案

问题

在控制台输出一个菱形图案，如图上机1-11所示。

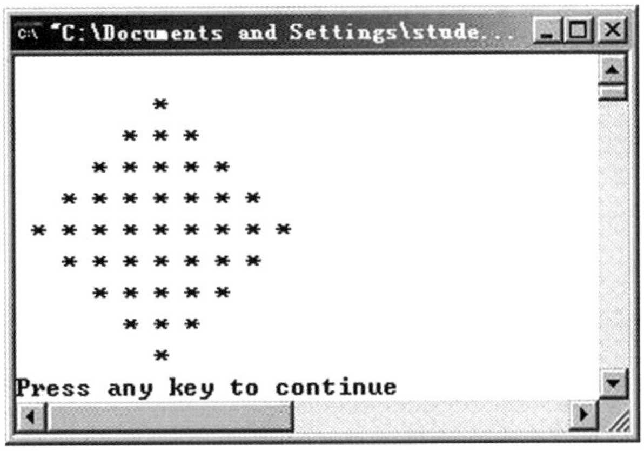

图上机1-11　菱形图

提示

参考指导2。

上机2 变量、常量和数据类型

上机任务

任务1　定义常量、变量

任务2　使用转义符进行格式化输出

任务3　求圆的面积

任务4　进行算术运算输出算术图形

第1阶段　指导

指导1　定义常量、变量

完成本任务所用到的主要知识点：

- 常量、变量的声明与初始化
- “%d”是用于输出整数的格式说明符
- 使用修饰符const和define指令定义常量

问题

怎样定义常量和变量？定义的方式有哪些？

分析

定义常量、变量主要是指常量、变量的声明与初始化。

解决方案

程序源代码：

```
#include <stdio.h>

#define R 3   //定义常量R

void main()
{
    int a = 0; //声明变量a并初始化为0
    int b,c;  //声明变量b和变量c，都未赋初始值
    c=a;      //将变量a的值赋予变量c
    int d = 5*R;  //声明变量d，并将常量5和常量R的乘积赋予变量d

    printf("%d\n",a);  //打印a的值
    printf("%d\n",b);  //打印b的值
```

```
    printf("%d\n",c);  //打印c的值
    printf("%d\n",d);  //打印d的值
}
```

程序运行后输出结果，如图上机2-1所示。

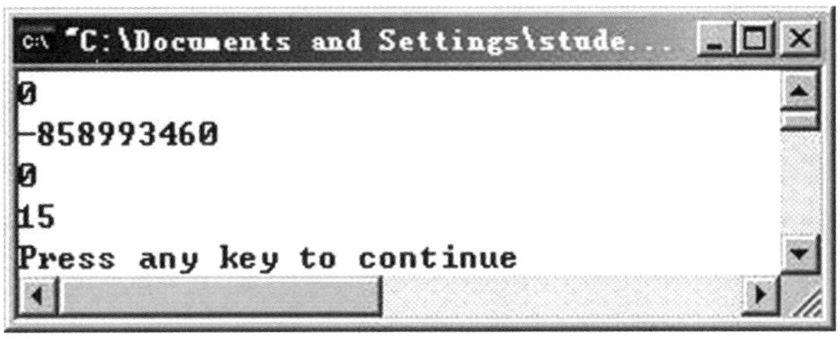

图上机2-1　指导1运行结果

指导2　使用转义符进行格式化输出

完成本任务所用到的主要知识点：

➢ 格式化说明符“%d”的使用

➢ 使用scanf来录入成绩信息

➢ 使用转义符来格式化输出成绩信息

问题

编写程序，要求用户输入三门成绩。然后将三门成绩按照指定格式输出。最后输出效果如图上机2-2所示。

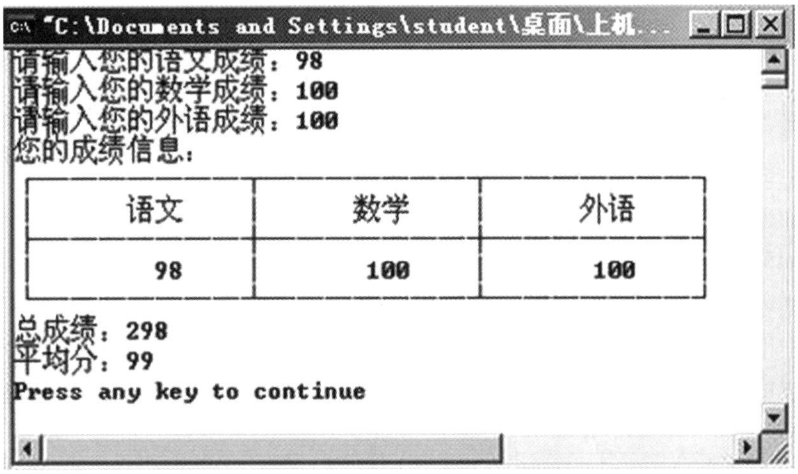

图上机2-2　格式化输出效果

分析

要求用户输入三门成绩，这就会用到scanf函数，这个函数用于输入。

要在控制台格式化输出上图中的表格样式就应该用到一些转义符，比如我们前面就已经用到的“\n”，还有制表符“\t”，只要将图形设计好之后按照行和列进行拆分，然后通过printf打印即可。

解决方案

```
#include <stdio.h>

void main()
{
    //定义3个变量保存成绩
    unsigned int chinese = 0;
    unsigned int math= 0;
    unsigned int english = 0;

    //总成绩、平均分
    unsigned int sum,avg;

    printf("请输入您的语文成绩：");
    scanf("%d",&chinese);

    printf("请输入您的数学成绩：");
    scanf("%d",&math);

    printf("请输入您的外语成绩：");
    scanf("%d",&english);
    //计算总成绩
    sum = chinese + math + english;

    //计算平均分
    avg = sum / 3;

    //输出所有成绩，已经总成绩和平均分
    printf("您的成绩信息：\n");
    printf("┌───────────┬───────────┬───────────┐\n");
    printf("│\t语文\t│\t数学\t│\t外语\t│\n");
    printf("├───────────┼───────────┼───────────┤\n");
    printf("│\t%4d\t│\t%4d\t│\t%4d\t│\n",chinese,math,english);
    printf("└───────────┴───────────┴───────────┘\n");
    printf("总成绩：%d\n",sum);
    printf("平均分：%d\n",avg);
}
```

因为分数一般都是正数，所以我们将分数定义为unsigned int类型。首先定义这3个变量chinese、math、english分别存放三门课成绩，然后要求用户输入成绩。这里输入时用到了标准输入函数scanf()，它从键盘读取用户输入的成绩然后存放到我们指定的变量中。之后我们将这三门成绩相加求出总成绩，然后将总成绩除以3求出平均成绩。这里的运算和高中数学中的运算很相似，在下一章中我们将详细介绍c语言中的运算符和表达式。

接下来就是输出成绩信息，主要用到了“\n”和“\t”来控制打印格式。还有在printf中用到了“%d”和“%4d”。%d是格式化说明符，比如总成绩的输出：printf（"总成绩：%d\n"，sum）；其中%d就是输出时用sum变量的值来代替%d。那%4d呢，其实也一样，只不过%4d是指这个位置会占用4个字符，如果不满4个字符则右对齐。

第2阶段　练习

练习1　求圆的面积

问题

编写程序要求用户输入圆的半径，然后通过计算得到圆的面积，最后将圆的面积输出。要求：用#define指令来定义圆周率常量，值为3.14。

提示

用scanf函数来输入圆半径。圆面积公式：圆面积=圆半径×圆半径×圆周率。

练习2　进行算术运算输出运算图形

问题

要求用户输入两个数，然后对这两个数进行加、减、乘、除运算，最后将结果按照如下格式打印。比如乘法运算，如图上机2-3所示。

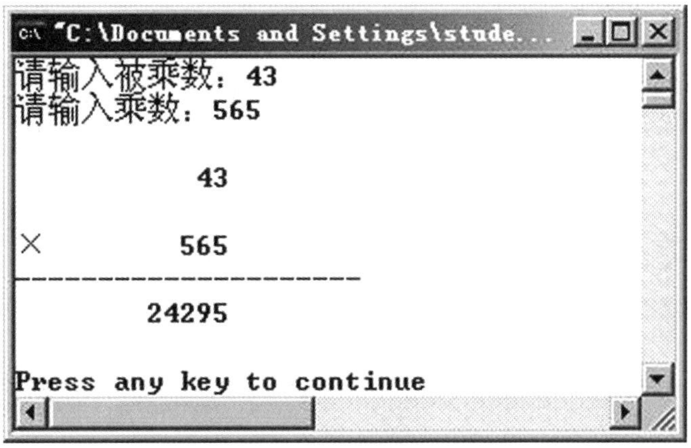

图上机2-3　乘法运算效果图

提示

参考指导2。

上机3 运算符与表达式

上机任务

任务1　求三个数中的最大值

任务2　使用多重逻辑运算符

任务3　将“Sec”译成密码

任务4　求四个数中的最小值

任务5　大小写互换

第1阶段　指导

指导1　在三个不相同的数中求最大值

完成本任务所用到的主要知识点：

- 条件运算符（?:）的使用
- 赋值运算符的使用
- 关系运算符的使用

问题

从键盘读入三个不相同的数，输出最大值。

分析

要找出三个数中最大的一个数，通常的做法就是先用一个数与另一个数进行比较，然后再用较大的数与剩下的数进行比较，这时较大的数就是最大值了。

解决方案

```
#include "stdio.h"

void main()
{
    int num1,num2,num3;//声明三个变量用来存储三个整数
    int max;//声明最大值

    printf("请输入三个数字\n");//提示输入
    printf("第一个数字：");
    scanf("%d",&num1);
    printf("第二个数字：");
    scanf("%d",&num2);
    printf("第三个数字：");
```

```
    scanf("%d",&num3);
    max=num1>num2?num1:num2;//第一步：计算两个数的最大值
    max=max>num3?max:num3;//第二步：计算出最大值
    printf("最大值：%d\n",max);//输出最大值
}
```

运行效果如图上机3-1所示。

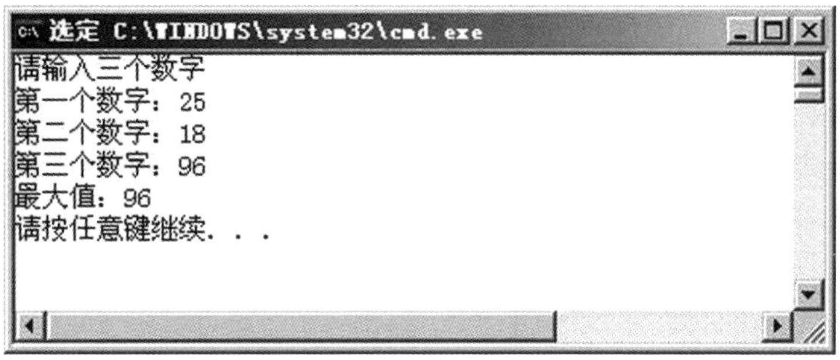

图上机3-1　求三个数的最大值

运行过程中，输入了三个数字25 、18、96 。我们首先将25 与18进行比较，得出25较大，然后我们把25再与96比较，这样就可以得出96是最大值。

指导2　使用多重逻辑运算符

完成本任务所用到的主要知识点：

➢ 运算符的使用

➢ 优先级与结合性

问题

int a = 3，b=5，c=7；求表达式a<b && b<c || c<a的值。请写出表达式执行的详细步骤。

分析

对于这种组合表达式，在分析的时候我们应该抓住两个关键的概念：优先级和结合性。

对于这个表达式，先从运算符的类型来看共有两种：关系运算符和逻辑运算符。然而所有的关系运算符的优先级比逻辑运算符高。

解决方案

```
#include <stdio.h>

void main()
{
    int a = 3,b=5,c=7;
    int temp = a<b&&b<c||c<a;
    printf("a<b&&b<c||c<a表达式的值：%d\n",temp);
}
```

因为关系运算符的优先级高于逻辑运算符，所以此表达式也等价于（a < b） && （b < c）

‖（c < a）。而“&&”符号的优先级高于“‖”。所以这个表达式也等价于（(a < b) &&（b < c)）‖（c<a）。我们应该先看（a < b）&&（b < c）的结果。

（a < b）&&（b < c），先计算括号里的表达式。首先a < b即3 < 5，成立；b < c即5 < 7，成立；所以（a < b）&&（b < c）也成立，a< b&&b <c ‖ c < a整个表达式的值也成立。

而在C语言中逻辑表达式的值要么为0要么为1（非0），所以如果逻辑表达式成立，其表达式的值就为1，不成立其表达式的值就为0。

综上，表达式a < b&&b< c||c < a的值为1；

程序运行结果如图上机3-2所示。

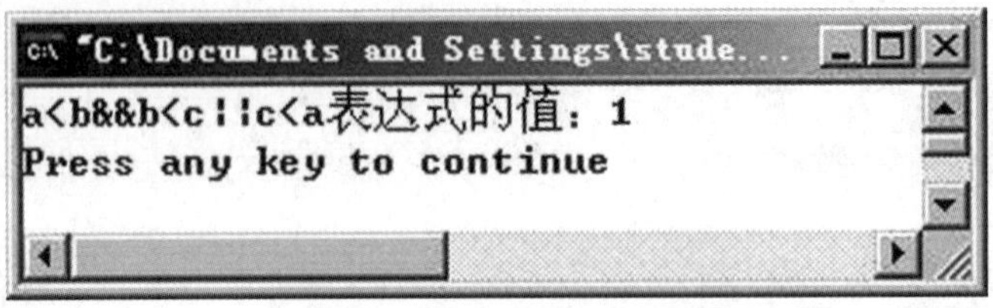

图上机3-2　求表达式的值

注意

优先级决定了哪些表达式的值先被执行，哪些表达式的值后被执行。通常情况下，优先级高的表达式的值先被执行出来后，然后用执行的结果再去执行那些优先级低的表达式。所以如果我们将优先级弄反了，执行出来的结果是错误的。

对于二目表达式，结合性决定了左边的表达式还是右边的表达式先被执行，先被执行出来的结果再用来评估另外的表达式。

指导3　将“Sec”译成密码

完成本任务所用到的主要知识点：

- 赋值运算符、复合赋值运算符的使用
- 类型转换

问题

将“Sec”译成密码。密码规则：用当前字符后面的第4个字符来代替当前字符。例如，字符“A”后面第4个字符“E”，用“E”代替“A”。请编写一个程序，实现此功能。

分析

可以用赋初始值的方法使用变量c1、c2、c3分别存放字符‘S’、‘e’、‘c’。因为字符可以直接转换成整型ASCII码数字参与运算，只要将字符的ASCII码的值加4就可以得到目标字符的ASCII码，最后再将ASCII码转换成字符顺序输出变量c1、c2、c3的值就得到密码了。

解决方案

```
#include <stdio.h>

void main()
{
```

```
    char c1 = 'S',c2 = 'e',c3='c';
    c1+=4;
    c2+=4;
    c3+=4;
    printf("密码为：%c%c%c \n",c1,c2,c3);
}
```

运行结果如图上机3-3所示。

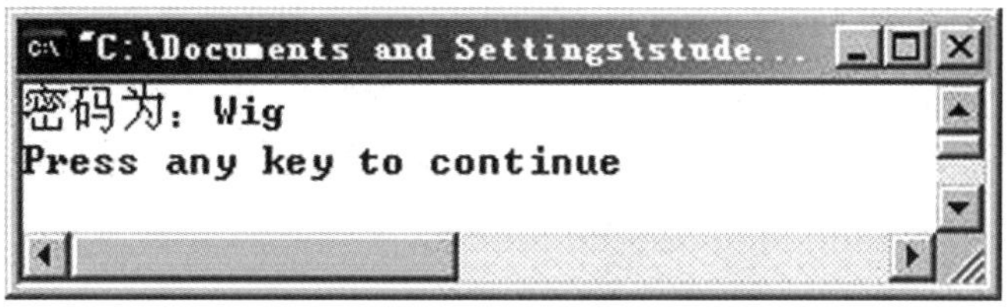

图上机3-3　将“Sec”译成密码

程序中c1+=4，这样的语句会将c1从char类型自动转换成int类型，由于输出时使用%c类型的占位符，最后以字符的形式输出变量的值。

第2阶段　练习

练习1　在4个不同的数中求最小值

问题

请编写一个程序：用条件运算符实现在4个不同的数中求最小值。

提示

参考指导1。

练习2　大小写互换

问题

请编写一个程序将“Sec”大小写互换，最终结果为“sEC”。

上机4 输入输出语句

上机任务

任务1 使用printf、scanf语句输入输出信息

任务2 使用getchar、putchar输入输出单个字符

任务3 温度单位转换

任务4 练习使用putchar、getchar输入输出单个字符

第1阶段 指导

指导1 使用printf、scanf语句

完成本任务所用到的主要知识点：

- printf、scanf的使用
- 格式说明符

问题

从控制台输入圆半径和圆柱高，求圆周长、圆面积、圆球表面积、圆球体积、圆柱体积。用scanf输入数据，用printf输出计算结果。输出时要求有文字说明，取小数点后2位数字。请编写程序。

分析

此题主要目的就是scanf和printf的使用。取小数点后2位数字就是在printf输出时使用格式化说明符控制小数点位数。

解决方案

程序源代码：

```
#include <stdio.h>

void main()
{
    double h,r,len,s,sq,vq,vz;
    double pi = 3.1415926;
    printf("请输入圆半径r,圆柱高h:");
    scanf("%lf,%lf",&r,&h); //读取输入的半径、高
    len = 2*pi*r;  //计算圆周长
    s = pi*r*r;     //计算圆面积
    sq = 4*pi*r*r; //计算圆球表面积
```

```
    vq = 4.0/3.0*pi*r*r*r;   //计算圆球体积vq
    vz = pi*r*r*h; //计算圆柱体积vz
    printf("圆周长为:\tlen=%8.2lf\n",len);
    printf("圆面积为:\ts=%8.2lf\n",s);
    printf("圆球表面积:\tsq=%8.2lf\n",sq);
    printf("圆球体积为:\tsv=%8.2lf\n",vq);
    printf("圆柱体积为:\tsz=%8.2lf\n",vz);
}
```

程序运行后输入“32，43”将输出：如图上机4-1所示。

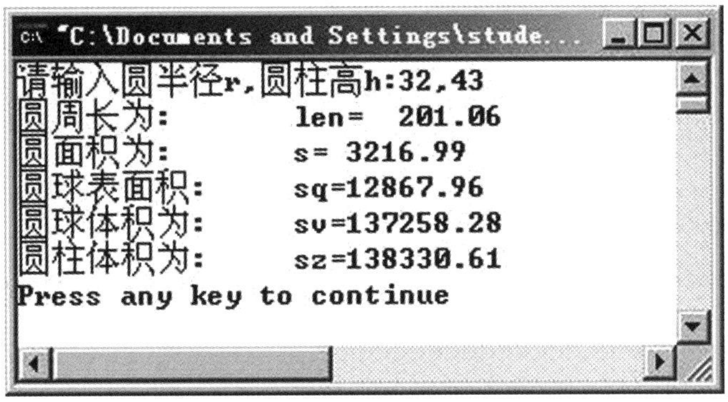

图上机4-1　使用printf、scanf语句

“scanf（"%lf，%lf"，&r，&h）;”用于读取用户的键盘输入。%lf表示输入的为双精度类型。

同理，printf中的%lf表示输出的类型是双精度类型。而“%8.2lf”表示输出最大为8个字符的宽度，小数点占2位的双精度类型；如果不足8个字符则右对齐，左边留空格，如果大于8个字符，则原样输出。

指导2　getchar、putchar函数的使用

完成本任务所用到的主要知识点：

➢ getchar、putchar的使用

问题

编写程序，用getchar、putchar实现单个汉字的输入输出。

分析

因为getchar只能读入一个字符，而一个汉字需要两个字节（即两个字符），所以我们要用两个getchar才能实现这个功能。

解决方案

```
#include <stdio.h>

void main()
```

```
{
    char ch1,ch2;

    /*输入汉字*/
    printf("请输入一个汉字：");
    ch1 = getchar();
    ch2 = getchar();

    /*输出汉字*/
    printf("所输入的汉字为：");
    putchar(ch1);
    putchar(ch2);
    putchar( ‘\n’ ); //输出一个换行符
}
```

当用户由键盘输入字符时，计算机并不会马上处理，而会暂存到系统的缓冲区内。直到用户敲回车键后，getchar()函数才会读入缓冲区的第一个字符。而其他字符则继续保留在缓冲区中，等待下一个读取字符或字符串的函数来读入。这个程序就是当用户输入一个汉字回车后，ch1和ch2各获得了汉字的一个字符，当输出时就用putchar函数依次输出单个字符。运行结果如图上机4-2所示。

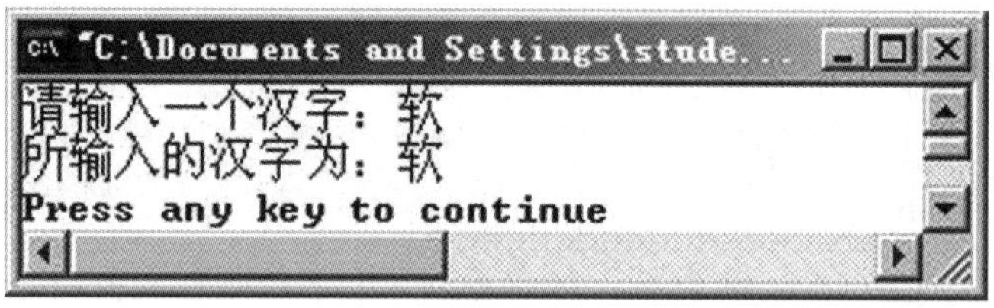

图上机4-2　输入输出中文汉字

第2阶段　练习

练习1　温度单位转换

问题

输入一个华氏温度，要求输出摄氏温度。公式C=5/9（F-32），输出要有文字提示，并取2位小数。注意：5和9要用实型表示，否则5/9的值为0。

练习2　练习使用putchar、getchar输入输出

问题

使用getchar获取单个字符，然后用putchar将其输出。

提示

参考指导2。

上机5 条件语句1

上机任务

任务1 使用if语句做数学题

任务2 判断成绩等级

任务3 判断三角形类型

任务4 计算个人所得税

第1阶段 指导

指导1 使用if语句做数学题

完成本任务所用到的主要知识点：

➢ 条件语句（if）

问题

从键盘输入x，根据以下情形求y的值。

y=0；（当x≤0时）

y=2x+1；（当0<x<5时）

$y=x^2-1$；（当x≥5时）

分析

从键盘输入x的值，用if语句判断x属于的范围，再根据对应的表达式求值。

解决方案

程序源代码：

```
#include <stdio.h>

void main()
{
    int x = 0,y=0;
    printf("请输入x的值：");
    scanf("%d",&x);
    if(x<=0)
    {
        y = 0;
    }
    if(x>0 && x<5)
```

```
    {
        y=2*x+1;
    }
    if (x>=5)
    {
        y=x*x-1;
    }
    printf("x=%d 时，y 的值应为：%d\n",x,y);
}
```

程序运行后输入32，43将输出如图上机5-1所示的结果。

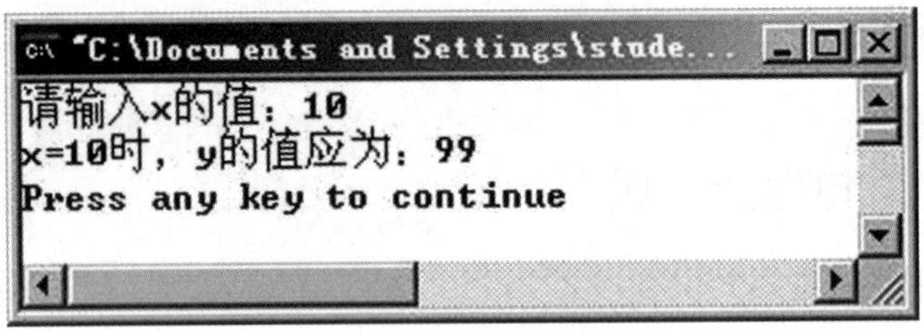

图上机5-1　条件语句的使用

前面是由多个简单if语句实现的，也可以用if-else-if形式实现。代码如下。

```
#include <stdio.h>

void main()
{
    int x = 0,y=0;
    printf("请输入 x 的值：");
    scanf("%d",&x);
    if(x<=0)
    {
        y = 0;
    }
    else if(x>0 && x<5)
    {
        y=2*x+1;
    }
    else
    {
        y=x*x-1;
    }
    printf("x=%d 时，y 的值应为：%d\n",x,y);
}
```

还可以使用嵌套的if语句实现。代码如下：

```
#include <stdio.h>

void main()
{
    int x = 0,y=0;
    printf("请输入x的值：");
    scanf("%d",&x);
    if(x<=0)
    {
        y = 0;
    }
    else
    {
        if(x<5)
        {
            y = 2*x +1;
        }
        else
        {
            y = x*x -1;
        }
    }
    printf("x=%d时，y的值应为：%d\n",x,y);
}
```

这三种实现结果完全一样。在编写程序时应注意：①if语句的条件表达，逻辑运算符的使用，else分支隐含着什么情况。②if的嵌套与非嵌套的执行差别。

第2阶段　练习

练习1　判断成绩等级

问题

输入一个百分制分数，输出其对应的五分制成绩，包括：优（90分以上，含90）、良（80～90分，含80，不含90）、中（70～80分，含70不含80）、及格（60～70分，含60，不含70）、不及格（60分以下，不含60）。

提示

用if-else语句进行判断。

练习2　判断三角形类型

问题

输入三角形的三个边，判断它是何种类型的三角形（等边三角形？等腰三角形？一般三角形?）

练习3　计算个人所得税

问题

输入某人的收入，计算个人应缴纳的税额。税率表如下。

级数	全月应纳税所得额	适用税率%	速算扣除数（元）
1	不超过500元的	5	0
2	超过500元至2000元的部分	10	25
3	超过2000元至5000元的部分	15	125
4	超过5000元至20 000元的部分	20	375
5	超过20 000元至40 000元的部分	25	1375
6	超过40 000元至60 000元的部分	30	3375
7	超过60 000元至80 000元的部分	35	6375
8	超过80 000元至100 000元的部分	40	10 375
9	超过100000元的部分	45	15 375

计算公式是：应缴纳个人所得税的税额=收入×适用税率−速算扣除数

提示

例如：王某当月收入6 400元。则应缴纳个人所得税的税额=6400×20%−375=905元。

上机6 条件语句2

上机任务

任务1　使用switch-case实现菜单选择

任务2　计算某天是某年里的第几天

任务3　实现一个菜单选择功能

任务4　计算自2005年以来的总天数

第1阶段　指导

指导1　使用switch-case实现菜单选择

完成本任务所用到的主要知识点：

➢ switch-case的使用

问题

请用switch-case语句模拟实现一个菜单选择功能。

分析

为每个菜单项指定编号，这样就可以用switch-case根据编号来匹配对应的菜单内容。

解决方案

```
#include <stdio.h>

void main()
{
    int choice;

      printf("学科类别列表：\n");
      printf("\t1.语文\n");
      printf("\t2.数学\n");
      printf("\t3.外语\n");
      printf("\n请输入类别编号:");
      scanf("%d",&choice);
      switch(choice)
      {
          case 1:
              printf("\t您选择了语文!");
                  break;
```

```
            case 2:
                printf("\t您选择了数学!");
                break;
            case 3:
                printf("\t您选择了外语!");
                break;
            default:
                printf("\t您输入错误，没有此类别!");
        }
        printf("\n");
}
```

程序实现了一个学科类别的选择功能，在这里我们的菜单项全都是直接打印的。比如，printf（"\t1.语文\n"），指定的编号为1，在switch-case语句中将菜单项指定的编号与用户选择的编号choice相比较。如果匹配上我们就直接输出他选择了什么，这已经足以体现菜单选择的功能，程序的运行效果如图上机6-1所示。

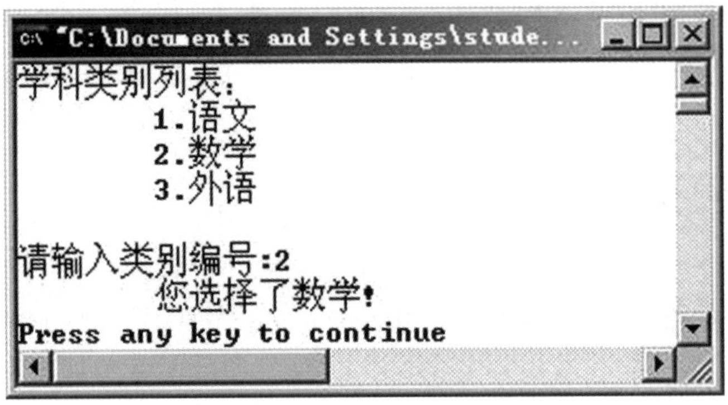

图上机6-1　switch实现菜单选择功能

指导2　计算某天是某年里的第几天

完成本任务所用到的主要知识点：

- switch-case语句的使用
- if语句的使用

问题

输入某年某月某日，判断这一天是这一年的第几天？

分析

以3月5日为例，应该先把前两个月的天数加起来，然后再加上5天即本年的第几天，因为每月的天数基本上是固定的，只有2月的天数和闰年及平年有关。我们可以先假设二月为28天，最后再判断是平年还是闰年，如果月份等于2而且是闰年就把天数多加1天。

解决方案

```
/*
 *题目：输入某年某月某日，判断这一天是这一年的第几天？
 */
#include <stdio.h>

void main()
{
	int year,month,day,sum;

	printf("\n请输入年、月、日（例如：2010-12-05）:\n");
	scanf("%d-%d-%d",&year,&month,&day);

	/*先计算某月以前月份的总天数*/
	switch(month)
	{
		case 1:
			sum=0;
			 break;
		   case 2:
			sum=31;
			 break;
		   case 3:
			sum=59;
			break;
		case 4:
			sum=90;
			 break;
		case 5:
			sum=120;
			 break;
		case 6:
			sum=151;
			break;
		case 7:
			sum=181;
			break;
		case 8:
			sum=212;
			break;
		case 9:
			sum=243;
```

```
            break;
        case 10:
            sum=273;
            break;
        case 11:
            sum=304;
            break;
        case 12:
            sum=334;
            break;
        default:
            printf("错误：您输入的年、月、日格式不对！");
            break;
    }

    sum=sum+day; //再加上某天的天数

    /*月份大于2*/
    if(month>2)
    {
        /*判断是不是闰年*/
        if(year%4==0 && year%100!=0 || year%400==0)
        {//如果是闰年而且月份大于2,总天数应该加一天
            sum++;
        }
    }

    printf("------------------------------------------\n");
    printf(" %d 年 %d 月 %d 日是 %d 年的第 %d 天。\n"
,year, month,day,year,sum);
}
```

这个例子既用到了switch-case语句又用到了if语句的嵌套，是一个条件语句的综合实例。运行效果图如图上机6-2所示。

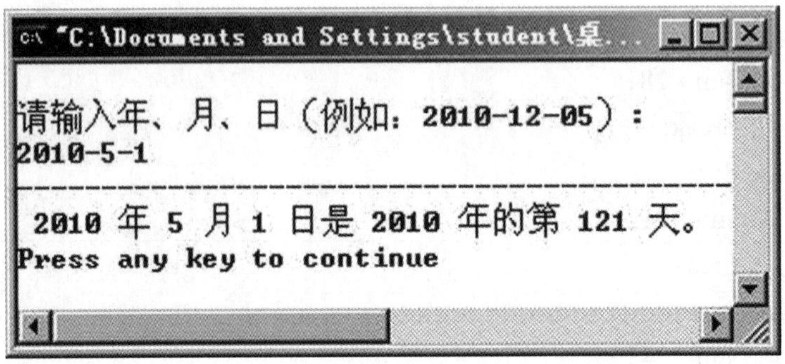

图上机6-2　计算某天是某年里的第几天

大家想想上面的程序还有没有更简单的实现方法？

第2阶段　练习

练习1　实现一个菜单选择功能

问题

用switch实现一个简单的菜单选择功能，菜单内容自拟。

提示

参考指导1

练习2　计算自2005年以来的总天数

问题

计算从2005年1月1日到今天的总天数。要求用条件语句实现。

提示

参考指导2。可以先确定前几年的总天数。

上机7 循环语句1

上机任务

任务1　循环验证数字输入

任务2　简单统计输入数的个数

任务3　打印1～1000内所有能被3整除的数

任务4　求阶乘

第1阶段　指导

指导1　循环验证数字输入

完成本任务所用到的主要知识点：

- do-while循环语句
- continue语句
- break语句

问题

编写循环实现一个验证程序，验证用户输入的数字是否在25～50范围内，如果输入错误或者不在25～50范围内就要求用户重新输入。

分析

循环可用于实现当输入错误时的重复输入。

解决方案

```
#include <stdio.h>
void main()
{
    int num;
    printf("请输入一个25~50数字：");
    do
    {
        scanf("%d",&num);

        if(num>=25 && num <=50)
        {
            printf("输入正确！\n");
```

```
                break;
            }
            else
            {
                printf("输入错误,请重新输入一个25~50的数字！\n");
                printf("请重新输入：");

                //清空缓存，这句没有将会造成死循环
                fflush(stdin);
                continue;
            }
        }while(1);
}
```

先定义一个变量用scanf（"%d"，&num）；这样的方式来接收一个整数，然后判断整数是否在25～50范围内，如果没有则执行continue语句继续循环输入数字；若符合要求则执行break语句跳出循环。注意：这个do-while循环是永远成立的（死循环），所以要想跳出循环，必须使用break、return等语句。

指导2　简单统计输入个数

完成本任务所用到的主要知识点：

➢ while循环

问题

用户可以无限次的输入数字，请统计用户输入的数字中正数的个数，负数的个数，0的个数。直到用户输入999就结束程序，输出统计结果。

分析

可以定义多个变量分别表示输入的总数、输入正数的个数、负数的个数、0的个数。循环条件就是判断输入的数是否为999。

解决方案

```
#include <stdio.h>

void main()
{
    int zheng,fu,ling,count;
    count=zheng=fu=ling=0; //将所有变量赋初始值为0
    int num=0;
    printf("请输入整数：\n");
    while(num != 999)
    {
```

```
        scanf("%d",&num);
        count++;
        if(num < 0)
        {
            fu++;
        }
        else if(num == 0)
        {
            ling++;
        }
        else
        {
            zheng++;
        }
    }
    printf("共输入了%d次\n",count);
    printf("输入正数%d次,负数%d次,零%d次\n",zheng,fu,ling);
}
```

运行效果图如图上机7-1所示。

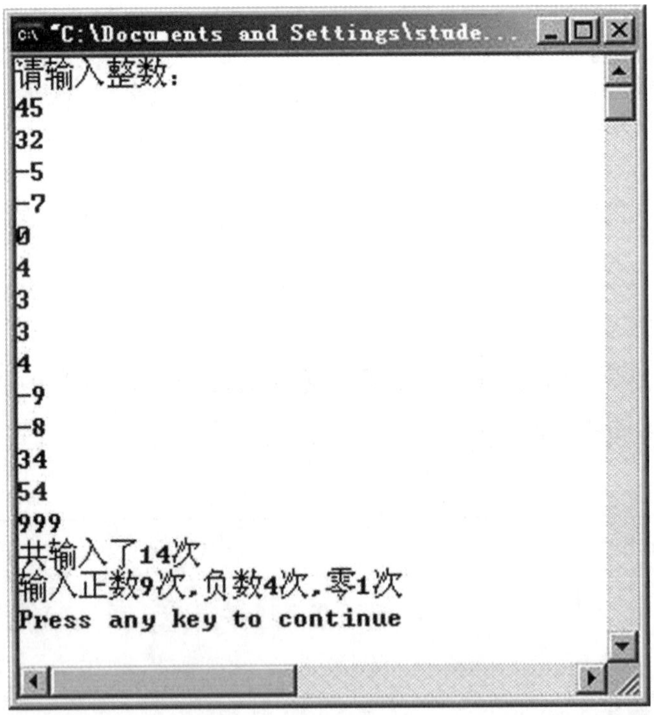

图上机7-1　简单统计输入个数

第2阶段　练习

练习1　打印1～1000内所有能被3整除的数

问题

打印1～1000内所有能被3整除的数。

提示

使用while或do-while循环实现。

练习2　求阶乘

问题

求n的阶乘，n的范围：1<n<=10。阶乘指用1乘以2乘以3乘以4，一直乘到所要求的数。要求：如果输入的数不在范围之内则要求用户重新输入。如下图开始输入的数为11，没在1-10以内，所以重新输入了10，然后输出10的阶乘的计算结果。

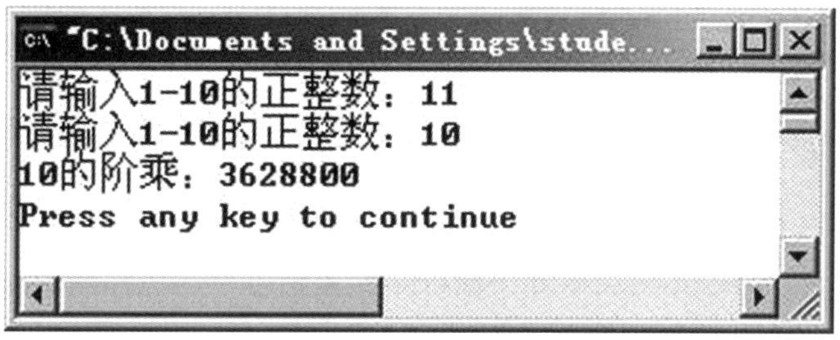

图上机7-2　求n的阶乘

上机8　循环语句2

上机任务

任务1　打印菱形图案

任务2　用for循环穷举数字的组合排列

任务3　100元怎么买100个蛋?

任务4　打印九九乘法表

第1阶段　指导

指导1　打印菱形图案

完成本任务所用到的主要知识点：

- for
- continue语句
- break语句

问题

在前面章节的练习中，我们曾经也打印过菱形图案，不过那时没学习循环，我们只能用printf一行一行地打印。现在我们用循环实现打印菱形图案。效果如图上机8-1所示。

```
    *
   ***
  *****
 *******
*********
 *******
  *****
   ***
    *
```

图上机8-1　菱形图案

分析

观察这个菱形图案，不难发现，从第1行到第5行，星号的数目一直在增加，而到了第6行却开始减少。再看每行，左边全是空格，右边是星号。所以我们要打印这两个图形可以分成两步：第一步：打印上半部分，就是星号不断增加的部分；第二步，打印下半部分，就是星号不断减少的部分。意思就是将一个菱形拆分成两个等腰三角形。

然后我们看每行，我们从左边空白的部分可以看出若干空格。那么每行左边由空格组成，右边由星号组成（最右边的空格不影响布局，所以忽略每行星号后的空格）。

在第一步中，共5行，空格从4到0个，每次减1。星号从1到9个，每次增2，即1、3、5、7、9。

在第二步中，共4行，空格从1到4，每次增1。星号从7到1个，每次减2，即7、5、3、1。

上面这个是规律，下面我们看实现代码。

解决方案

```
#include <stdio.h>

void main()
{
    int n=5,i=1;
    //生成菱形上部分的星号，前n行
    for(; i<=n; i++)
    {
        for(int j=1; j<=n-i; j++)
        {
            printf(" ");
        }
         for(int k=1; k<=2*i-1; k++)
        {
            printf("*");
        }
        printf("\n");
    }

    //生成菱形下部分的星号，后n-1行;
    for(i=1; i<=n-1; i++)
    {
        for(int j=1; j<=i; j++)
        {
            printf(" ");
        }
        for(int k=1; k<=2*(n-i)-1; k++)
        {
            printf("*");
        }
        printf("\n");
    }
}
```

从代码中我们可以看出，共用了六个for循环。将这个菱形分成上下两部分，每部分各三个for循环。在第一部分中，我们用一个外for循环控制打印的行，然后用两个for循环分别控制打印的空格和星号个数。同理，在第二部分中也是如此。

指导2　用for循环穷举数字的组合排列

完成本任务所用到的主要知识点：

➢ for循环嵌套

问题

有1、2、3三个数字，能组成多少个互不相同且无重复数字的三位数？分别是多少？

分析

可填在百位、十位、个位的数字都是1、2、3。组成所有的排列后再去掉不满足条件的排列。

解决方案

```
#include <stdio.h>

void main()
{
    int i,j,k;
    printf("\n");

    /*以下为三重循环*/
    for(i=1;i<4;i++)
    {
        for(j=1;j<4;j++)
        {
            for (k=1;k<4;k++)
            {
                /*确保i、j、k三位互不相同*/
                if(i!=k&&i!=j&&j!=k) {
                    printf("%d%d%d\n",i,j,k);
                }
            }
        }
    }
}
```

i表示百位上的数，j表示十位上的数，k表示个位上的数。用三个for循环嵌套来穷举i、j、k所有可能的排列组合，将符合要求（i!=k&&i!=j&&j!=k）的打印出来，当然也表示如果不符合i!=k&&i!=j&&j!=k，就排除。

运行效果图如图上机8-2所示。

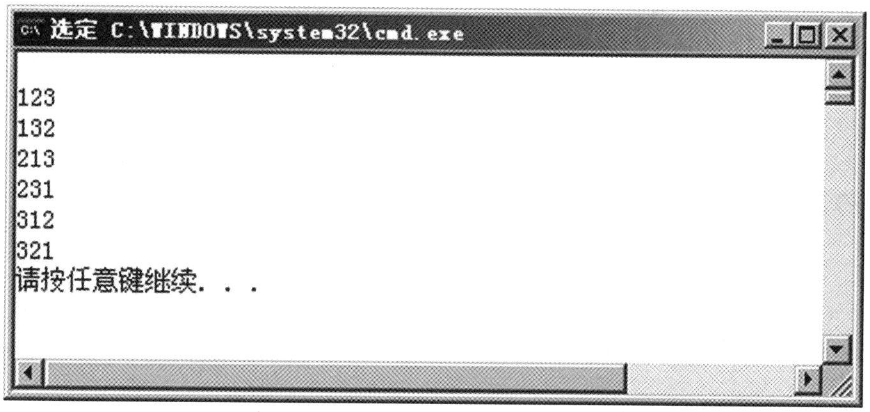

图上机8-2　用for循环穷举数字的组合排列

第2阶段　练习

练习1　100元怎么买100个蛋？

问题

共有100块钱要买100个蛋。鸡蛋1毛钱一个，鸭蛋3元一个，鹅蛋6元一个。问买了多少个鸡蛋，多少个鸭蛋，多少个鹅蛋？（要求用for循环实现）

提示

参考指导2

练习2　打印九九乘法表

问题

打印九九乘法表，要求格式如图上机8-3所示。

提示

用嵌套for循环实现。

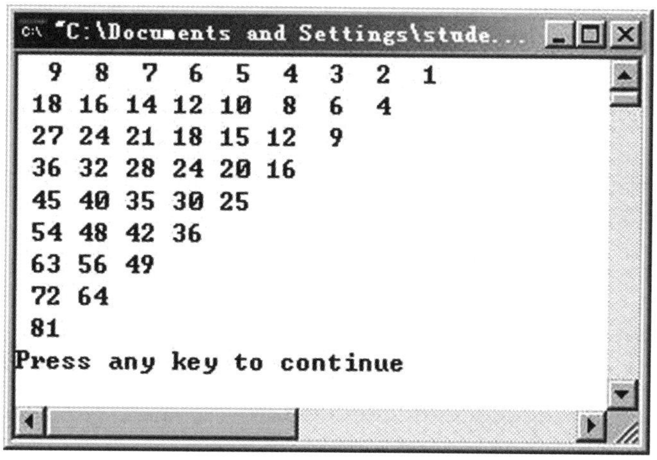

图上机8-3　打印九九乘法表

上机9　一维数组

上机任务

任务1　一维数组的应用

任务2　字符串的使用

任务3　冒泡排序算法的使用

任务4　统计各分数段的学生人数

任务5　密码转换

任务6　冒泡排序练习

第1阶段　指导

指导1　一维数组的应用

完成本任务所用到的主要知识点：

- 一维数组的定义、赋值及引用数组元素
- 求和、求平均数在一维数组中的应用
- 最大值、最小值在一维数组中的应用
- 用for循环遍历数组元素
- 统计

问题

输入10个学生的单科成绩，求出其中的最高分、最低分、平均分以及超过平均分的人数。

分析

最高分、最低分、平均分其实就是求数组中的最大值、最小值、平均值。要统计超过平均分的人数，就要先求出平均分，再用for循环遍历数组进行统计。

解决方案

```
#include <stdio.h>
void main()
{
    int score[10]; //所有成绩
    //最高分、最低分、总分数、平均分、高于平均分的人数
    int max,min,sum,avg,count;
    sum = count = 0;
```

```
    printf("请输入10个学生的成绩：");
    for(int i=0;i<10;i++)
    {
        scanf("%d",&score[i]);
        sum += score[i];
    }
    avg = sum / 10; //求平均分
    max = min = score[0]; //最高分、最低分默认为数组第一个元素
    for(int j =0;j<10;j++)
    {
        if(max < score[j])
        {
            max = score[j];
        }
        if(min > score[j])
        {
            min = score[j];
        }

          //求高于平均分的人数
        if(score[j] >= avg)
        {
            count ++ ;
        }
    }
    printf("最高分：%d,最低分：%d,平均分：%d,分数在平均分及其以上的同学有%
          d人。\n",max,min,avg,count);
}
```

共用了两个for循环来遍历数组元素。第一个for循环用于录入学生成绩以及求成绩总和。第二个for循环用于求最高分、最低分以及统计成绩在平均分及以上的人数。

运行效果如图上机9-1所示。

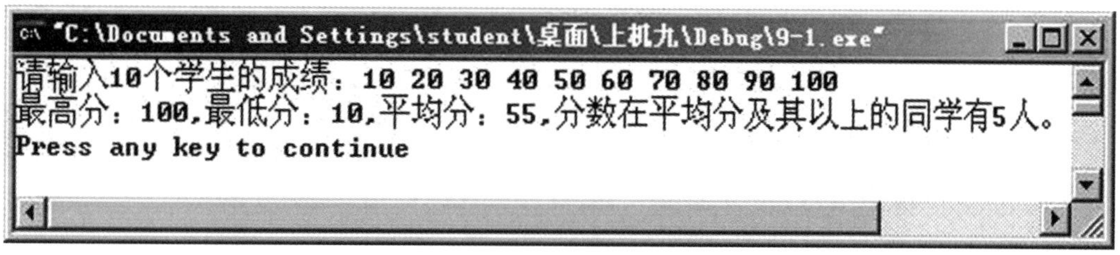

图上机9-1　使用一维数组存储学生成绩

指导2　字符串的简单使用

完成本任务所用到的主要知识点：

➢ 字符串（字符数组）的使用

问题

将用户输入的字符串译成密码。密码规律：将原来的字符后面的第4个字符代替原来的字符。例如，字符“A”后面第4个字符“E”，用“E”代替“A”。请编写一个程序，实现此功能。

分析

在前面的习题中，曾将“Sec”译为密码，当时的做法是将字符串拆分成单个字符，存储在多个变量中，然后将每个字符进行修改，最后将字符顺序输出构成“密码”。这样做好吗？您想想，拆分成多个字符就要用多个变量存储，这样是不是太麻烦？现在我们学习了数组，可以采用字符数组来接收用户输入的字符串。

解决方案

```
#include <stdio.h>

void main()
{
    char str[31];
    printf("输入字符串(限30字符)：");
    gets(str); //接收输入的字符串，并存储到str数组中
    printf("转译前：%s\n",str);
    for(int i=0;i<30;i++)
    {
        //如果字符串已经结束，就不需要转换后面的字符
        if(str[i] != '\0')
        {
            str[i] += 4;
        }
    }
    printf("转译后：%s\n",str);
}
```

字符串就是以字符数组的形式在内存中存储的，并以‘\0’作为字符串的结束。所以上面代码中判断字符串是否已经结束用字符与’\0’比较。

运行效果图如图上机9-2所示。

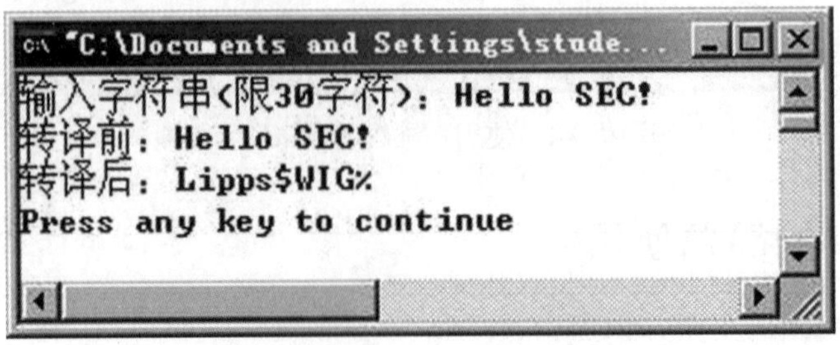

图上机9-2　字符串的简单使用

指导3　冒泡排序算法的使用

完成本任务所用到的主要知识点：

- 冒泡排序算法
- 一维数组
- 插入排序算法

问题

先输入10个数，将这十个数组成数组，然后再输入一个数，并将该数用插入排序法插入这个数组中（要求：使用冒泡排序法实现）。

分析

可以用一维数组来存储这十个数，后面还要插入一个数，所以要为后面插入的数预留空间。插入排序法就是指对一个有序的数据序列插入一个数，但要求插入后的数据序列仍然保持有序。所以我们先通过冒泡排序算法使数组有序，然后将数字按照插入排序算法插入数组。

解决方案

```
#include <stdio.h>
void main()
{
    //i,j 循环变量,insert 是要插入的数
    int a[11],i,j,insert;
    printf("请输入 10 个数：");
    for(i=0;i<10;i++)
    {
        scanf("%d",&a[i]);
    }

    /*冒泡排序算法实现数组a的排序*/
    int temp; //临时变量，用于交换两个数时
    for (i = 0; i < 10; i++)
    {
        for (j = 0; j < 10 - i - 1; j++)
        {
            if (a[j] > a[j+1])
            {
                temp = a[j];
                a[j] = a[j+1];
                a[j+1] = temp;
            }
        }
    }
```

```
    printf("请输入要插入的数: ");
    scanf("%d",&insert);

    /****插入*****/
    //查找要插入的位置
    for(i=0;i<10;i++)
    {
        if(a[i] > insert)
        {
            break;
        }
    }
    //移位
    for(j=10;j>i;j--)
    {
        a[j]=a[j-1];
    }
    //将要插入的数插入位置i
    a[i]=insert;
    //输出数组a
    for(i=0;i<11;i++)
    {
        printf("%d ",a[i]);
    }
    printf("\n");
}
```

运行效果图如图上机9-3所示。

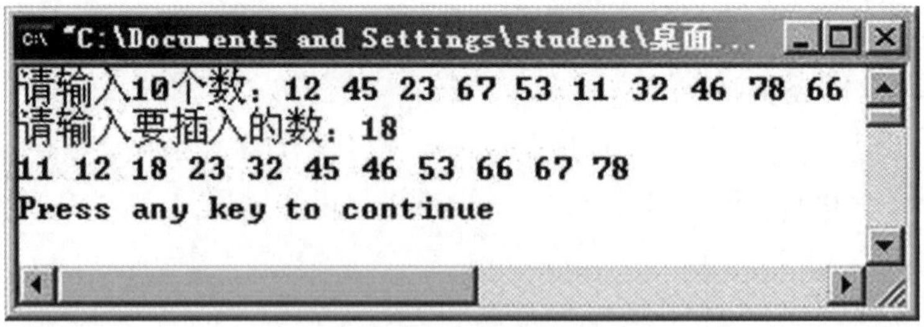

图上机9-3　冒泡排序算法

第2阶段　练习

练习1　统计各分数段的学生人数

问题

输入20个学生的单科成绩，求成绩在60分以下（不包含60）、60～80分（包含60，不含80）及80分以上（包含80）的学生各有多少个？并求出最高分、最低分、平均分。

提示

用循环和一维数组实现。

练习2　密码转换

问题

输入一个字符串，用每个字符的后面第6个字符来替换现有的字符，生成“密码”并输出加密后的字符串。然后将这个密码反译成原来的字符串，并输出该字符串。

提示

参考指导2

练习3　冒泡排序练习

问题

青年歌手参加歌曲大奖赛，有10个评委对她进行打分，试编程求这位选手的平均得分（去掉一个最高分和一个最低分）。要求：用冒泡排序算法实现。

提示

这道题的核心是排序。将评委所打的10个分数利用数组按升序（或降序）排列，计算数组中除第一个和最后一个分数以外的分数的平均分，其中排序部分这里要求用冒泡排序实现（参考指导3）。

上机10 函 数

上机任务

任务1 编写一个验证某数是否是素数的函数

任务2 递归算法

任务3 设计一个函数判断闰、平年

任务4 求1+2+3+4+…+n的值

第1阶段 指导

指导1 编写一个验证某数是否是素数的函数

完成本任务所用到的主要知识点：

- 函数的定义
- 函数的调用
- 函数原型声明
- 求素数算法

问题

设计一个判断素数的函数，在主函数中输入一个整数，调用这个判断素数的函数，并输出是否为素数的信息。

分析

在前面的章节中，我们已经求过素数，素数就是只能被1和本身整除的数。以前我们是将求素数的代码放到main函数里，现在我们将它分离出来，形成独立的通用的函数。

解决方案

```
#include <stdio.h>
#include <math.h>

//isPrime函数原型声明
int isPrime(int num);

void main()
{
    int num;
    printf("请输入一个整数：");
    scanf("%d",&num);
```

```
    //调用 isPrime 函数
    if(isPrime(num))
    {
        printf("%d是素数！ \n",num);
    }
    else
    {
        printf("%d不是素数！ \n",num);
    }
}

/*
 *验证是否是素数
 *是素数返回1
 *不是素数则返回0
 */
int isPrime(int num)
{
    int n = (int)sqrt(num);
    for(int i=3;i<=n;i+=2)
    {
        if(num % i == 0)
        {
            break;
        }
    }
    if(i>n)
    {
        return 1; //是素数
    }
    return 0; //不是素数
}
```

在这段代码中，我们编写了一个函数isPrime，在main函数中调用。这个函数用于验证是否是素数，如果是就返回1，否就返回0。sqrt函数是求平方根的，它的说明在math.h中，所以要包含math.h头文件。注意，别忘记了声明函数原型。

运行效果如图上机10-1所示。

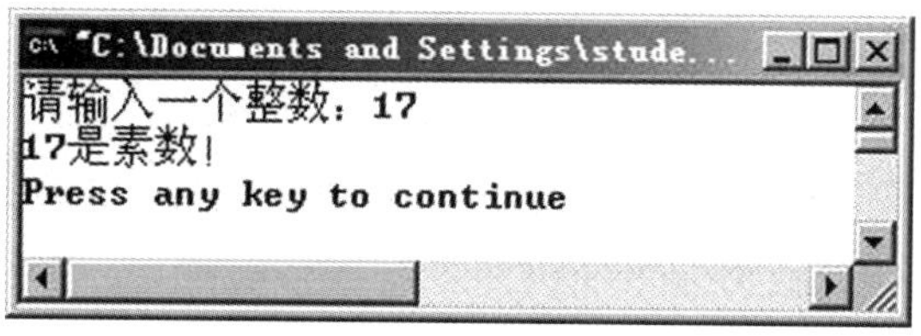

图上机10-1　指导1的运行结果

指导2　递归算法

完成本任务所用到的主要知识点：

- 函数的定义
- 函数原型声明
- 函数调用
- 递归算法

问题

编写一个函数求n!（n的阶乘），用递归函数实现。

分析

阶乘指从1乘以2乘以3乘以4，一直乘到所要求的数为止。例如5!=1*2*3*4*5。而递归函数在编程语言中是指直接或间接地调用自身的函数称为递归函数。

解决方案

```
#include <stdio.h>

int jiecheng(int n);

void main()
{
    int num;
    printf("请输入整数：");
    scanf("%d",&num);
    printf("%d的阶乘为：%d\n",num,jiecheng(num));
}

int jiecheng(int n)
{
    if(n<=1)
    {
        return 1;
    }
    return n * jiecheng(n - 1);
}
```

在代码中，我们定义了一个函数jiecheng，它需要一个参数，这个参数就是你要求阶乘的数。jiecheng函数返回阶乘运算的结果。它里面的代码很简单，就一个if语句和一个return语句。

上面我们已经说过，用递归方式实现就是在自身定义函数里调用自身。可能大家会觉得费解，这样调用自身不就相当于死循环了吗？

我们先来看看这个函数的调用执行过程。

假如我们输入的整数为5，则最开始在main方法调用jiecheng（5），这时将进入jiecheng函数，在这个函数中的执行步骤如下：

1. n=5，if（n<=1）不成立，执行return5*jiecheng（4），则进入调用jiecheng（4）。
2. n=4，if（n<=1）不成立，执行return4*jiecheng（3），则进入调用jiecheng（3）。
3. n=3，if（n<=1）不成立，执行return3*jiecheng（2），则进入调用jiecheng（2）。
4. n=2，if（n<=1）不成立，执行return2*jiecheng（1），则进入调用jiecheng（1）。
5. n=1，if（n<=1）成立，则return 1，这个调用结束，返回到第4步的调用位置。
6. 第4步的jiecheng（1）的值等于1，第4步调用结束，返回到第3步调用位置。
7. 第3步的jiecheng（2）等于2*1=2（即第4步返回的结果），第3步调用也结束，返回第2步调用的位置。
8. 第2步的jiecheng（3）等于3*2=6（即第3步返回的结果），第3步调用也结束，返回第1步调用的位置。
9. 第1步的jiecheng（4）等于4*6=24（即第2步返回的结果），至此调用全部结束。

从这个过程可以清楚地看到，递归调用并非是死循环，因为这里有调用的结束条件就是当n<=1时返回1就不再调用自身了。

运行效果图如图上机10-2所示。

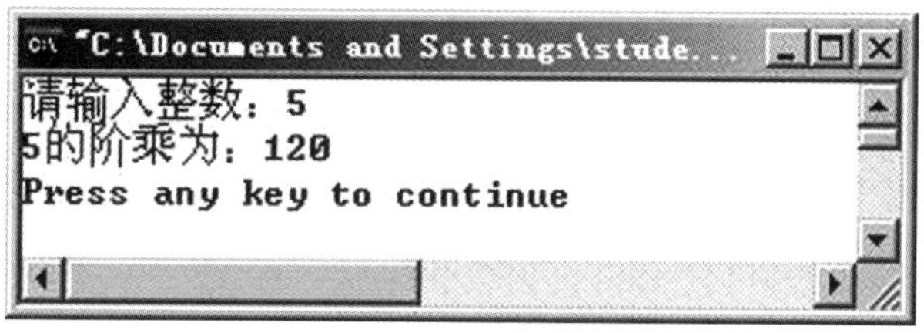

图上机10-2　递归算法求阶乘

注意

在以后编写递归程序时，切记不要忘了递归调用结束的条件。

第2阶段　练习

练习1　设计一个函数判断闰、平年

问题

设计一个判断某年是否是闰年的函数，然后在主函数中调用，输出结果。

提示

参考指导1

练习2　求1+2+3+4+…+n的值

问题

求1+2+3+4+…+n的值。要求：用递归算法实现。

附录一　指　　针

我们知道，任何程序和数据要被使用都必须加载到内存，在程序中如何管理和使用内存对系统的性能有直接的关系，一个优秀的程序其内存的使用效率一定是很高的，那么认识内存就显得很重要了。

操作系统把大部分的内存交给程序员管理，对内存的管理主要是何时分配内存，何时释放内存，分配多大的内存，这些就是动态内存分配的概念，要理解动态内存分配就必须学习指针。

特别说明：指针是一个非常抽象的概念，对初学者来说难度很大。为了降低难度，C#和Java（当前最流行的开发语言）把指针去掉了。既然后面的语言都没有指针了，我们为什么还要学指针呢？原因是C#和Java中虽然没有指针了，但有些概念和指针相关，理解了指针就能更好的理解这些概念。所以本章主要目标是带领大家理解指针的思想。

1.1　什么是指针

指针是一个特殊的数据类型，指针变量存储的是内存的一个地址。因此指针变量也称地址变量（专门用来存储内存地址的变量）。

如图附录1-1所示。i为整型变量，i的内存地址为2000，里面存储了整数10；p里面存储的是i的地址，所以p为指针变量，那么p和i就有关系了。p指向了i，以后我们就可以通过p来访问i。

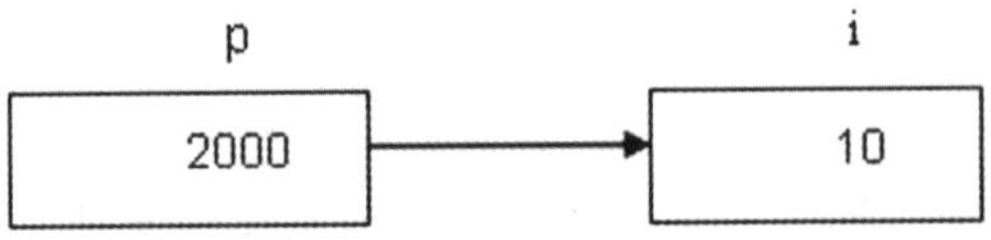

图附录1-1　指针变量与它所指向的变量

➢ 指针的特点

（1）指针是有类型的。指针的类型和它所指向的类型是密切相关的。有什么样的数据类型就有什么样的指针类型。数据类型与指针类型的关系见表附录1-1所列。

表附录1-1　数据类型与指针类型的关系

数据类型	对应指针类型	指针类型表示方式
int	整型指针类型	int *
float	浮点指针类型	float *
double	双精度指针类型	double *
char	字符指针类型	char *
…	…	….

如，指向整型变量的指针叫整型指针，图附录1-1中的p就是整型指针变量。

（2）什么类型的指针只能指向什么类型的变量。反之，什么类型的变量只能用什么类型的指针变量进行指向。也就是说指针的类型和指针所指向的类型要匹配。

（3）指针加1的含义：使指针指向下一个元素。

注意

指针的类型（即指针本身的类型）和指针所指向的类型是两个概念。当你对C越来越熟悉时，你会发现，把与指针搅和在一起的“类型”这个概念分成“指针的类型”和“指针所指向的类型”两个概念，是精通指针的关键点之一。许多人将这两个概念搅在一起了，所以前后矛盾，越学越糊涂。

1.2 怎么定义一个指针变量

指针定义的一般形式是：

```
类型说明符 *变量名;
```

说明：

- 类型说明符表示本指针变量所指向的变量的数据类型。
- “*”符号表明这定义的是一个指针变量。
- 变量名即为定义的指针变量名。

例如：int * p；表示p是一个指针变量，它可以指向一个整型变量。至于p究竟指向哪一个整型变量，应由向p赋予的地址来决定。

1.3 怎么给指针变量赋值

指针变量同普通变量一样，使用之前不仅要定义说明，而且必须赋予具体的值。未经赋值的指针变量不能使用，否则将造成系统混乱，甚至死机。指针变量的赋值只能赋予地址，决不能赋予任何其他数据，否则将引起错误。

在C语言中，变量的地址是由编译系统分配的，对用户完全透明，用户不知道变量的具体地址。C语言中提供了地址运算符&来表示变量的地址。其一般形式为：&是变量名。如&a表示变量a的地址，&b表示变量b的地址。变量本身必须预先说明。

例如，有指向整型变量的指针变量p，如要把整型变量a的地址赋予p可以有以下两种方式：

1. 指针变量初始化的方式

```
int a;
int *p=&a;
```

2. 赋值语句的方式

```
int a;
int *p;
p=&a;
```

注意

不允许把一个数赋予指针变量，故下面的赋值是错误的。

```
int *p;
p=2000;
```

被赋值的指针变量前不能再加“*”说明符，如写为*p=&a 也是错误的。

1.4　怎么访问指针所指向的内存单元

利用指针变量，可以提供对变量的一种间接访问形式。访问指针所指向的内存单元的语法：

```
*指针变量
```

例附录 1-1：用指针变量访问内存。

```
#include <stdio.h>

void main()
{
      int a;
      int *p;

      p = &a;
      printf("请输入一个数字:");
      scanf("%d",&a);
      printf("你输入的数字是：%d\n",*p);
}
```

运行程序的结果如图附录 1-2 所示。

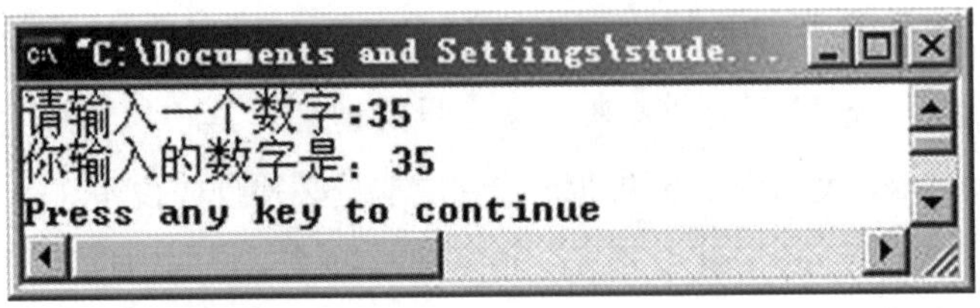

图附录 1-2　例附录 1-1 程序运行结果

例附录 1-2：上述程序可修改为：

```
#include <stdio.h>

void main()
{
      int a;
      int *p;

      p = &a;
      printf("请输入一个数字:");
```

```
    scanf("%d",p);
    printf("你输入的数字是：%d\n",a);
}
```

例附录1-1和例附录1-2运行效果完全相同，这是什么原因呢？代码中最后输出时的a可以替换成*p吗？

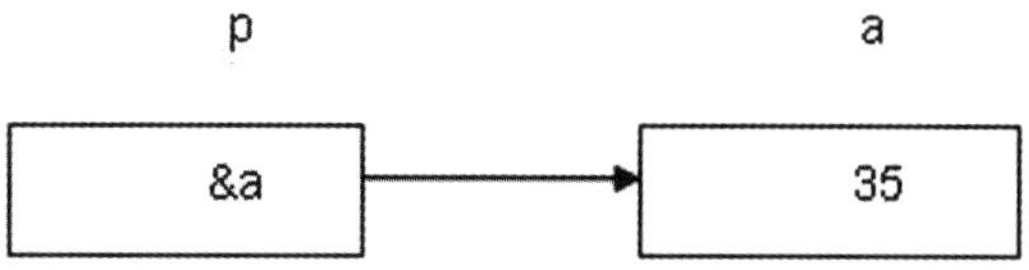

图附录1-3　通过指针变量访问内存示意图

p=&a；则称指针p指向了变量a，或者说p具有了变量a的地址。当执行scanf（"%d"，p）时，计算机会将值存储到p指向的变量a的内存单元中，于是a就有了值，如图附录1-3所示。所以在后面就自然可以通过指针p输入值了，既然p指向了变量a，那么在代码中当然也可以用*p输出a的值。即在此程序的后半部分，凡是可以写&a的地方，就可以替换成指针的表示p，a就可以替换成为*p。

1.5　指针的应用

1.5.1　用指针来处理一维数组

对数组来说，数组名就是数组在内存存放的首地址。指针与数组的关系是：用指针存储数组的首地址，我们就说指针指向了数组。

```
int arr[6];
int * parr;
parr=arr; 或 parr=&arr[0]; //把数组的首地址赋给指针变量。
```

如图附录1-4所示。&arr[0]是数组元素arr[0]的地址，由于arr[0]的地址就是数组的首地址，所以，两条赋值操作效果完全相同。

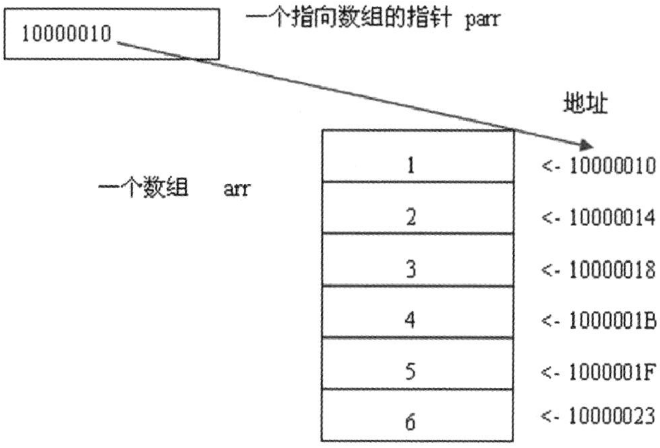

图附录1-4　用指针指向数组

一个指针指向了一个数组，我们就可以通过指针来访问这个数组的所有元素。因此我们访问数组元素的方式有两种：数组方式和指针方式。

若parr指向了一维数组，现在看一下C语言规定指针对数组的表示方法。

（1）parr+n与arr + n表示数组元素arr[n]的地址，即&arr[n] 。对整个arr数组来说，共有6个元素，n的取值为0～5，则数组元素的地址就可以表示为parr+ 0～parr+ 5或arr+0～arr+5，与&arr[0] ～&arr[5]保持一致。

（2）知道了数组元素的地址表示方法，*（parr + n）和*（arr+n）就表示为数组的各元素，即等效于arr[n]。

（3）指向数组的指针变量也可用数组的下标形式表示为parr[n]，其效果相当于*（parr + n)。

例附录1-3：输入输出数组各元素

下面从键盘输入10个数，以数组的不同引用形式输出数组各元素的值。

首先我们采用最常用且原始的形式进行输入输出：

```
/*采用指针变量表示的地址法输入输出数组各元素*/
#include <stdio.h>

void main()
{
    int i,a[10];
    printf("请输入十个数字组成数组a：\n");
    for(i = 0; i<10; i++)
    {
        scanf("%d",&a[i]);
    }
    printf("输出a数组中的所有元素： \n");
    for(i = 0; i<=9; i++)
    {
    printf("%4d",a[i]);
    }
    printf("\n");
}
```

程序运行结果如图附录1-5所示。

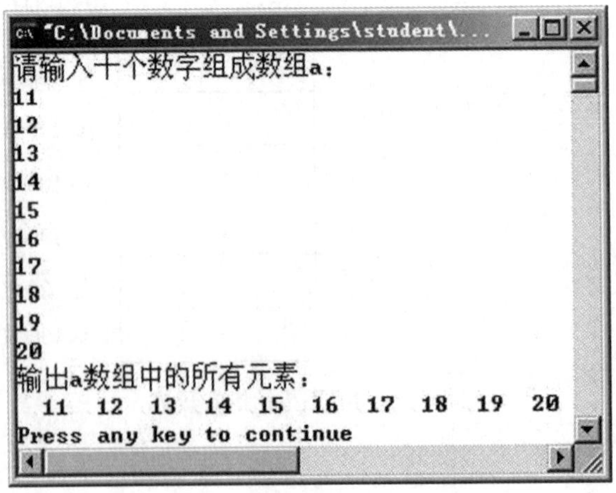

图附录1-5 例附录1-3程序运行结果

例附录 1-4：采用指针变量表示的地址法输入输出数组各元素。

```
/*采用指针变量表示的地址法输入输出数组各元素*/
#include <stdio.h>

void main()
{
    int i,a[10],*p=a;
    printf("请输入十个数字组成数组a：\n");
    for(i = 0; i<10; i++)
    {
        scanf("%d",p+i);
    }
    printf("输出a数组中的所有元素：  \n");
    for(i = 0; i<=9; i++)
    {
        printf("%4d",*(p+i));
    }
    printf("\n");
}
```

例附录 1-5：采用数组名表示的地址法输入输出数组各元素。

```
/*采用数组名表示的地址法输入输出数组各元素*/
#include <stdio.h>

void main()
{
    int i,a[10];
    printf("请输入十个数字组成数组a：\n");
    for(i = 0; i<10; i++)
    {
        scanf("%d",a+i);
    }

    printf("输出a数组中的所有元素：  \n");
    for(i = 0; i<=9; i++)
    {
        printf("%4d",*(a+i));
    }
    printf("\n");
}
```

例附录 1-6：用指针表示的下标法输入输出数组各元素。

```
/*采用指针变量表示的下标法输入输出数组各元素*/
#include <stdio.h>
void main()
{
    int i,a[10],*p=a;
    printf("请输入十个数字组成数组a：\n");
    for(i = 0; i<10; i++)
    {
        scanf("%d",&p[i]);
    }
    printf("输出a数组中的所有元素： \n");
    for(i = 0; i<=9; i++)
    {
        printf("%4d",p[i]);
    }
    printf("\n");
}
```

例附录 1-7：利用指针法输入输出数组各元素。

```
/*采用指针法输入输出数组各元素*/
#include <stdio.h>
void main()
{
    int i,a[10],*p=a;
    printf("请输入十个数字组成数组a：\n");
    for(i = 0; i<10; i++)
    {
        scanf("%d",p++);
    }

    p = a; //重新将指针指向数组a首地址

    printf("输出a数组中的所有元素： \n");
    for(i = 0; i<=9; i++)
    {
        printf("%4d",*p++);
    }
    printf("\n");
}
```

这几个例子运行效果完全相同。在程序中要注意*p++所表示的含义。*p表示指针所指向的变量；p++表示指针所指向的下一个元素，具体地说，若p是整型指针，则移动的字节数为sizeof(int)=4，若p是整型指针，则移动的字节数为sizeof(double) =8，依此类推。而printf("%4d",*p++)中，*p++所起作用为先输出指针指向的变量的值，然后指针变量加1。指针变量的值在循环结束后，指向数组的尾部的后面。假设元素a[9]的地址为1000，整型占4字节，则p的值就为1004。

1.5.2 用指针来处理字符串

用指针来处理字符串，详细内容将在附录四中讲解。

例如：

```
char * name= "张三"; //定义字符指针指向一个字符串
printf("%s",name); //输出name所指向的字符串
```

1.6 动态内存分配和回收

1.6.1 堆内存与栈内存的比较

1. 申请方式

栈：由系统自动分配。例如，声明在函数中一个局部变量 int b；系统自动在栈中为b开辟空间。

堆：需要程序员自己申请，并指明大小，在C语言中用malloc函数申请。

如p1 = （char *） malloc （10）;

如p2 = （char *） malloc （10）;

但是注意p1、p2本身是在栈中的。

2. 申请后系统的响应

栈：只要栈的剩余空间大于所申请空间，系统将为程序提供内存，否则将报异常提示栈溢出。

堆：首先应该知道操作系统有一个记录空闲内存地址的链表，当系统收到程序的申请时，会遍历该链表，寻找第一个空间大于所申请空间的堆结点，然后将该结点从空闲结点链表中删除，并将该结点的空间分配给程序。

由于找到的堆结点的大小不一定正好等于申请的大小，系统会自动地将多余的那部分重新放入空闲链表中。

3. 申请大小的限制

栈：在Windows下，栈是向低地址扩展的数据结构，是一块连续的内存的区域。这句话的意思是栈顶的地址和栈的最大容量是系统预先规定好的，在Windows下，栈的大小是2M（也有的说是1M，总之是一个编译时就确定的常数），如果申请的空间超过栈的剩余空间时，将提示overflow。因此，能从栈获得的空间较小。

堆：堆是向高地址扩展的数据结构，是不连续的内存区域。这是由于系统是用链表来存

储的空闲内存地址的，自然是不连续的，而链表的遍历方向是由低地址向高地址。堆的大小受限于计算机系统中有效的虚拟内存。由此可见，堆获得的空间比较灵活，也比较大。

4. 申请效率的比较

栈由系统自动分配，速度较快。但程序员是无法控制的。

堆是由程序员分配的内存，一般速度比较慢，而且容易产生内存碎片，不过用起来最方便。

1.6.2　为什么用动态内存分配

我们如果要存储数量比较多的同类型或同结构的数据的时候，总是使用一个数组。比如说我们要存储一个班级学生的某科分数，总是定义一个float型（存在0.5分）数组。

```
float score[30] ;
```

但是，在使用数组的时候，总有一个问题困扰着我们：数组应该有多大?

在很多的情况下，你并不能确定要使用多大的数组，比如上例，你可能并不知道该班级的学生的人数，那么你就要把数组定义得足够大。这样，你的程序在运行时就可申请固定大小的你认为足够大的内存空间了。即使你知道该班级的学生数，但是如果因为某种特殊原因人数有增加或者减少，你又必须重新去修改程序，扩大数组的存储范围。这种分配固定大小的内存分配方法称之为静态内存分配。但是这种内存分配的方法存在比较严重的缺陷，在大多数情况下会浪费大量的内存空间，在少数情况下，当你定义的数组不够大时，可能引起下标越界错误，甚至导致严重后果。

那么有没有其他的方法来解决这样的问题呢？有，那就是动态内存分配。

所谓动态内存分配就是指在程序执行过程中动态地分配或者回收存储空间的分配内存的方法。动态内存分配不像数组等静态内存分配方法那样需要预先分配存储空间，而是由系统根据程序的需要即时分配，且分配的大小就是程序要求的大小。

从以上动、静态内存分配的比较可以知道动态内存分配相对于静态内存分配的特点。

（1）不需要预先分配存储空间。

（2）分配的空间可以根据程序的需要扩大或缩小。

1.6.3　如何实现动态内存分配及其管理

要实现根据程序的需要动态分配存储空间，就必须用到以下几个函数，这些函数位于stdlib.h中。

1. malloc 函数

malloc函数的原型为：

```
void *malloc (unsigned int size) ;
```

其作用是在内存的动态存储区中分配一个长度为size的连续空间。其参数是一个无符号整型数，返回值是一个指向所分配的连续存储域的起始地址的指针。还有一点必须注意的是，当函数未能成功分配存储空间（如内存不足）就会返回一个NULL指针。所以在调用该函数时应该检测返回值是否为NULL并执行相应的操作。

下例是一个动态分配的程序。

例附录1-8：动态分配数组。

```
#include <stdio.h>
#include <stdlib.h>
void main()
{
    int i,*array; /* i是循环变量，array是一个整型指针*/
    array=(int *) malloc(10*sizeof(int));
    if(array==NULL)
    {
        printf("不能成功分配存储空间。");
        exit(1);
    }
    for (i=0;i<10;i++) /*给数组赋值*/
    {
    array[i]=i;
    }
    for(i=0;i<10;i++) /*打印数组元素*/
    {
        printf("%2d",array[i]); //等价于printf("%2d",*(array+i));
    }
    printf("\n");
}
```

程序运行结果如图附录1-6所示。

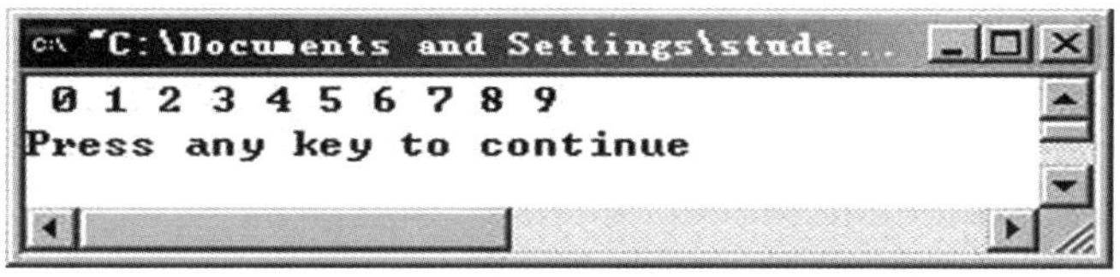

图附录1-6　例附录1-8程序运行结果

上例中动态分配了10个整型存储区域，然后进行赋值并打印。例中array=（int *） malloc（10*sizeof（int））；语句可以分为以下几步：

（1）分配10个整型的连续存储空间，并返回一个指向其起始地址的整型指针；

（2）把此整型指针地址赋给array。

2. free函数

由于内存区域总是有限的，不能无限制地分配下去，而且一个程序要尽量节省资源，所以当所分配的内存区域不用时，就要释放它，以便其他的变量或者程序使用。这时我们就要用到free函数。

其函数原型是：

```
void free(void *p) ;
```

作用是释放指针p所指向的内存区。

其参数p必须是先前调用malloc函数或calloc函数（另一个动态分配存储区域的函数）时返回的指针。给free函数传递其他的值很可能造成死机或其他灾难性的后果。

在例附录1-8中，我们用malloc分配了包含10个元素的整型数组，使用完后我们并没有释放内存，别的程序也不能分配这块内存，这就是内存泄漏。

所以在例附录1-8中程序的最后要加上释放内存的代码：free（array）;

综上所述，在C语言中，对内存区域进行动态分配和回收使用malloc和free函数。

附录二 函数高级

2.1 函数参数的传递方式

C语言中函数参数的传递方式有两种：

（1）按值传递

（2）按地址传递

以两个人在两台机器之间的文件复制做例子。

按值传递好比是你把文件复制一份，通过网络传给他，然后他可以在他本机上对文件做任何的修改，修改会保存下来，但是你机器上的文件不会发生任何的变化。即形参与实参是两个不同的变量，各自占用不同的存储单元。

地址传递好比是你把文件在网络上的地址告诉他人，他人通过网络访问你机器上的文件，他可以对文件进行修改并保存，此时，文件的内容就会发生变化。即形参与实参是相同的变量，占用同一段内存空间。

实际上，因为地址本身也可以作为一个特殊的“值”，所以地址传递也是一种特殊的值传递。只是为了强调其特殊性，故称之为“地址传递”。我们在学习过程中可以视参数的形式而区别对待，比如若参数传递的是简单数据类型的数值，则将其归类为值传递方式；若参数传递的是变量的地址，则视其为地址传递方式。

值传递过程中，被调函数的形参作为被调函数的局部变量处理，即在内存的堆栈中开辟空间以存放由主调函数放进来的实参的值，从而成了实参的一个拷贝（副本）。

值传递的特点是被调函数对形参的任何操作都是作为局部变量进行，不会影响主调函数的实参变量的值。而在地址传递过程中，被调函数的形参虽然也作为局部变量在堆栈中开辟了内存空间，但是这时存放的是由主调函数放进来的实参变量的地址。被调函数对形参的任何操作都被处理成间接寻址，即通过堆栈中存放的地址访问主调函数中的实参变量。正因为如此，被调函数对形参做的任何操作都影响了主调函数中的实参变量。

例附录2–1：值传递示例。

```
#include <stdio.h>
void swap(int x,int y)
{
    int  temp;
    temp=x;
    x=y;
    y=temp;
    printf("\n(swap 函数中)：a=%d,b=%d\n",x,y);
}
```

```
void main()
{
      int a,b;
      scanf("%d,%d",&a,&b);
      if(a<b)
      {
            swap(a,b);
      }
      printf("\n(main函数中)：a=%d,b=%d\n",a,b);
}
```

这显然是一个值传递的过程。假设我们从键盘输入两个数据：12，13，先来看一下运行结果。如图附录2-1所示。

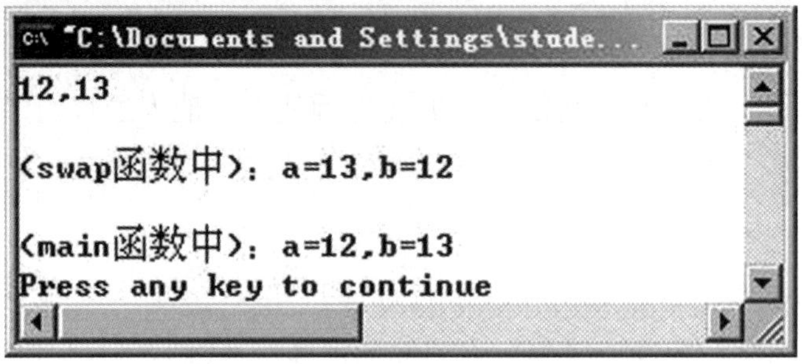

图附录2-1　例附录2-1运行结果

按照值传递的特点，我们可以很清楚地看到，虽然在swap函数中暂时使得运行结果显示了交换后的数据，即达到了交换的目的，但实际情况却是随着swap函数的结束，被作为局部参数的形参x，y以及swap函数本身的局部参数temp都将结束其生存期，在内存中的存储空间被释放。因此，实参a，b的并未受到影响，依然保持原值。

再来看按地址传递方式：

例附录2-2：按地址传递示例。

```
#include <stdio.h>

void swap(int *p,int *q)
{
      int temp;
      temp=*p;
      *p=*q;
      *q=temp;
}

void main()
{
      int a,b;
```

```
    scanf("%d,%d",&a,&b);
    if(a<b)
    {
        swap(&a,&b);
    }
    printf("\n%d,%d\n",a,b);
}
```

输入5，15运行的结果如图附录2-2所示。

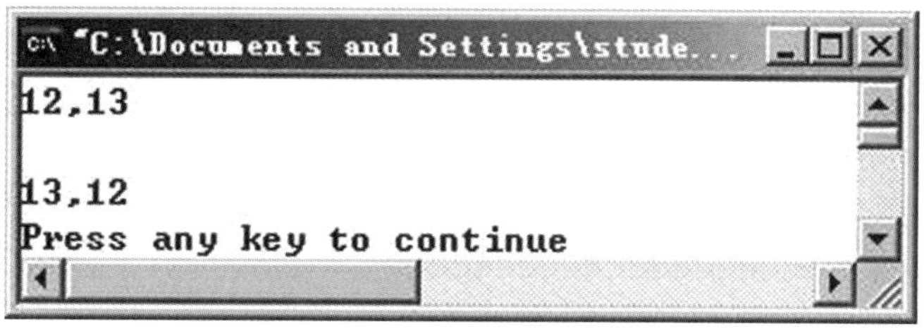

图附录2-2　例附录2-2运行结果

在这个程序中用指针变量作参数，虽然传送的是变量的地址，但实参和形参之间的数据传递依然是单向的“值传递”，即调用函数不可能改变实参指针变量的值。但它不同于一般值传递的是，它可以通过指针间接访问的特点来改变指针变量所指变量的值，即最终达到了改变实参的目的。

2.2　数组作为函数参数

数组可以作为函数的参数使用，进行数据传送。数组用作函数参数有两种形式，一种是把数组元素（下标变量）作为实参使用；另一种是把数组名作为函数的形参和实参使用。

2.2.1　数组元素作函数实参

数组元素就是下标变量，它与普通变量并无区别。因此它作为函数实参使用与普通变量是完全相同的，在进行函数调用时，把作为实参的数组元素的值传送给形参，实现单向的值传送。例附录2-3说明了这种情况。

例附录2-3：判断一个整数数组中各元素的值，若大于0则输出该值，若小于等于0则输出0值。

```
#include <stdio.h>

void output(int);

void main()
{
    int a[5],i;
    printf("请输入5个数字：\n");
    for(i=0;i<5;i++)
    {
```

```
            scanf("%d",&a[i]);
            output(a[i]);
        }
}
//如果v大于0则打印v，如果小于0则打印0
void output(int v)
{
    if(v>0)
    {
        printf("%d ",v);
    }
    else
    {
        printf("%d ",0);
    }
}
```

本程序中首先定义一个无返回值函数output，并说明其形参v为整型变量。在函数体中根据v值输出相应的结果。在main函数中用一个for语句输入数组各元素，每输入一个就以该元素作实参调用一次output函数，即把a[i]的值传送给形参v，供output函数使用。

2.2.2 数组名作为函数参数

用数组元素作实参时，只要数组类型和函数的形参变量的类型一致，那么数组元素的类型也和函数形参变量的类型是一致的。因此，并不要求函数的形参也是数组元素。换句话说，对数组元素的处理是按普通变量对待的。用数组名作函数参数时，则要求形参和相对应的实参都必须是类型相同的数组，都必须有明确的数组说明。当形参和实参二者不一致时，即会发生错误。

在普通变量或数组元素作函数参数时，形参变量和实参变量是由编译系统分配的两个不同的内存单元。在函数调用时是将实参变量的值赋予形参变量；在用数组名作函数参数时，不是进行值的传递，即不是把实参数组的每一个元素的值都赋予形参数组的各个元素。因为实际上形参数组并不存在，编译系统不为形参数组分配内存。那么，数据的传递是如何实现的呢?我们曾介绍过，数组名就是数组的首地址。因此在数组名作函数参数时所进行的传递就是按地址的传递，也就是说把实参数组的首地址赋予形参数组名。形参数组名取得该首地址之后，实际上是形参数组和实参数组为同一数组，共同拥有一段内存空间。 如果只传递首地址，我们在函数中只知道数组的起始位置，不知道结束位置，所以还要向函数传递数组的长度。

例附录2-4：数组a中存放了一个学生5门课程的成绩，求平均成绩。

```
#include <stdio.h>

float avg(float a[],int n)
{
```

```
    int i;
    float av,s=a[0];
    for(i=1;i<n;i++)
    {
        s=s+a[i];
    }
    av=s/n;
    return av;
}

void main()
{
    float score[5],av;
    int i;
    printf("\n请输入5门成绩:\n");
    for(i=0;i<5;i++)
    {
        scanf("%f",&score[i]);
    }
    av=avg(score,5);
    printf("平均分：%5.2f\n",av);
}
```

本程序首先定义了一个实型函数avg，有一个形参为实型数组a，长度为n。在函数avg中，把各元素值相加求出平均值，返回给主函数。主函数main中首先完成数组score的输入，然后以score作为实参调用avg函数，函数返回av的值，最后输出av值。从运行情况可以看出，程序实现了所要求的功能，但是还不足以确定函数avg中形参float a[5]和调用avg函数时传递的实参score是否是同一个对象。在下例中我们将证明这是按引用传递。

例附录2-5：按引用传递数组。

```
#include <stdio.h>
float avg(float a[],int n)
{
    int i;
    float av,s=0;
    for(i=0;i<n;i++)
    {
        //先为每门课程加十分
        a[i]+=10;
        //如果超过100分就改成100分
        if(a[i]>100)
        {
            a[i] = 100;
```

```
            }
            s=s+a[i];
        }
        av=s/n;
        return av;
}
void main()
{
        float score[5],av;
        int i;
        printf("\n请输入5门成绩:\n");
        for(i=0;i<5;i++)
        {
                scanf("%f",&score[i]);
        }
        av=avg(score,5);

        //输出5门成绩
        for(i=0;i<5;i++)
        {
              printf("%.0f ",score[i]);
        }

        printf("平均分：%5.2f\n",av);
}
```

相比例附录2-4，例附录2-5修改了avg和main函数。在avg函数中，对传递过来的成绩数组进行了修改，为每门成绩都添加了10分，并判断是否超过100分，如果超过就改为100分。在main函数中，在调用avg函数求出平均成绩之后添加了打印5门成绩的方法。例附录2-5运行结果如图附录2-3所示。

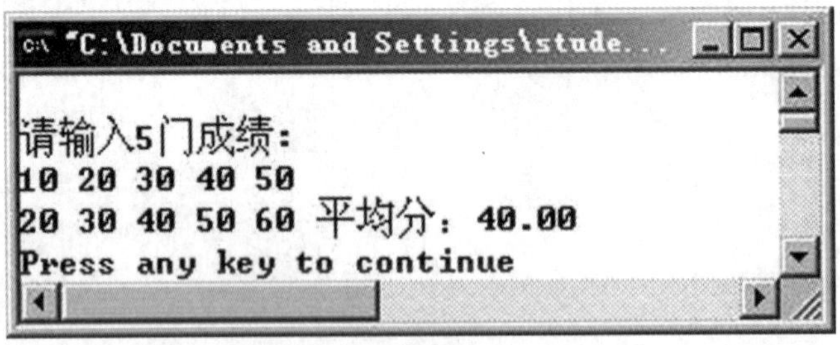

图附录2-3　例附录2-5运行结果

从结果可以看出，在调用avg方法之后，score数组的值已经改变。

➢ 数组名作为函数参数应注意的问题：

（1）形参数组和实参数组的类型必须匹配，否则将引起错误。

（2）数组名作为函数参数时，传递的是数组的首地址。

（3）形参数组和实参数组的长度应该相同。如果不同，虽不至于出现语法错误（编译能通过，因为传递的是数组的首地址，编译器并不检查形参数组的长度与实参是否相符），但程序执行结果将与实际不符，这是应予以注意的。

归纳起来，如果有一个实参数组，想在调用的那个函数中改变此数组的元素的值，实参与形参的对应关系有以下 4 种：

（1）形参和实参都用数组名

（2）实参用数组名时，形参可以用指针变量

（3）实参、形参都用指针变量

（4）实参用指针变量时，形参可以用数组名

2.3 存储类别

2.3.1 静态存储方式和动态存储方式

存储方式，根据变量值在内存中存在的时间来划分可分为静态存储方式和动态存储方式。

（1）静态存储方式：在程序运行期间分配固定的存储空间；

（2）动态存储方式：在程序运行期间根据需要分配动态的存储空间。

用户使用的存储空间：由程序区、静态存储区和动态存储区三部分组成（如图附录2-4）。

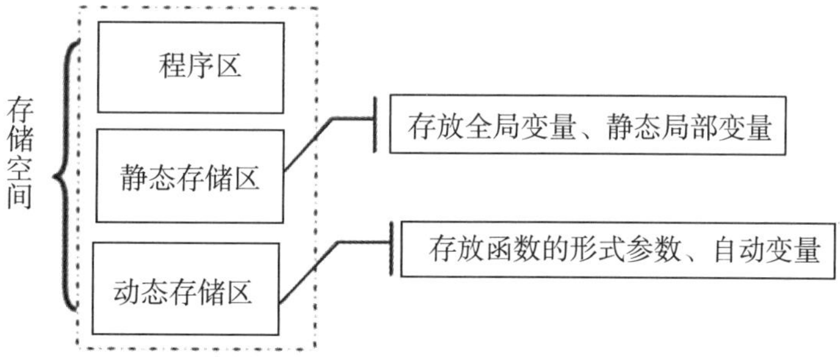

图附录2-4　用户使用的存储空间

数据分别存放在静态存储区和动态存储区中。

动态存储区主要存放函数的形式参数、自动变量和函数使用时的现场保护和返回地址等。在函数调用开始分配动态存储空间，函数结束时释放这些空间。

2.3.2 变量的存储类型

➢ 变量属性：数据类型属性和存储类型属性。

➢ 变量的存储类型：auto（自动）型、static（静态）型、register（寄存器）型和extern（外部）型四种。

1. auto（自动）变量

auto变量只用于定义局部变量，存储在内存中的动态存储区。

定义形式为：

```
auto <数据类型> <变量名表>;
```

局部变量存储类型缺省时为auto型。

例如：

```
int f(int x)      /*定义f函数，x为形参*/
{
    auto int a, b;  /*定义整型变量a、b为自动变量*/
    float y;     /*定义y，缺省存储类型时为自动变量*/
    …
}
```

2. static（静态）变量

static可定义全局变量和局部变量。

static（静态）变量在静态存储区分配存储单元。在程序运行期间自始至终占用被分配的存储空间。

定义形式为：

```
static <数据类型> <变量名表>;
```

注意

（1）静态局部变量是在编译时赋初值的。以后每次调用函数时不再重新赋初值而只引用上次函数调用结束时的值。

（2）静态局部变量没有赋初值，编译时自动赋0或空字符（对字符变量）。

例附录2-6：静态变量的使用。

```
#include <stdio.h>
void f();

void main( )
{
    f();
    f();
    f();
    printf("\n");
}
void f()
{
    static int x=0;
    x++;
    printf("%d\t",x);
}
```

输出结果如图附录2-5所示。

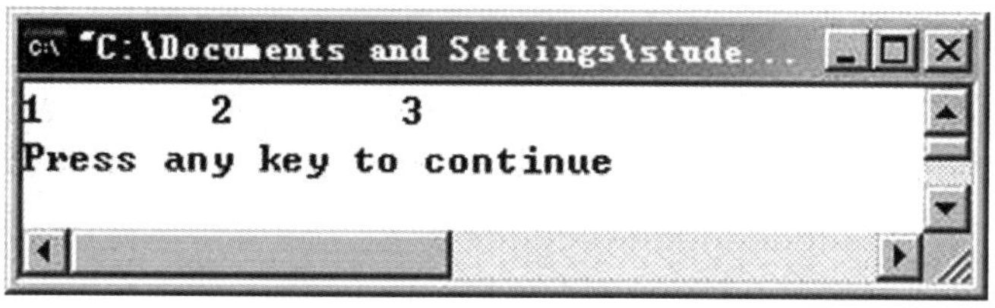

图附录2-5　例附录2-6运行结果

3. register（寄存器）变量

➢ register（寄存器）变量：存放在寄存器中的变量。

变量的值一般是存放在内存中的。某些要频繁使用的变量，为了提高变量的存取时间，可将这些变量存放在寄存器中，将变量定义为register型。

定义形式为：

```
register <数据类型> <变量名表>;
```

注意

（1）只有局部自动变量和形式参数可以作为寄存器变量；

（2）一个计算机系统中的寄存器数目有限，不能定义任意多个寄存器变量；

（3）局部静态变量不能定义为寄存器变量。

例附录2-7：使用寄存器变量。

```
#include <stdio.h>
int fac(int n)
{
    register int i,f=1;
    for(i=1;i<=n;i++)
    {
        f=f*i;
    }
    return(f);
}

void main()
{
    int i;
    for(i=0;i<=5;i++)
    {
        printf("%d!=%d\n",i,fac(i));
    }
}
```

输出结果如图附录2-6所示。

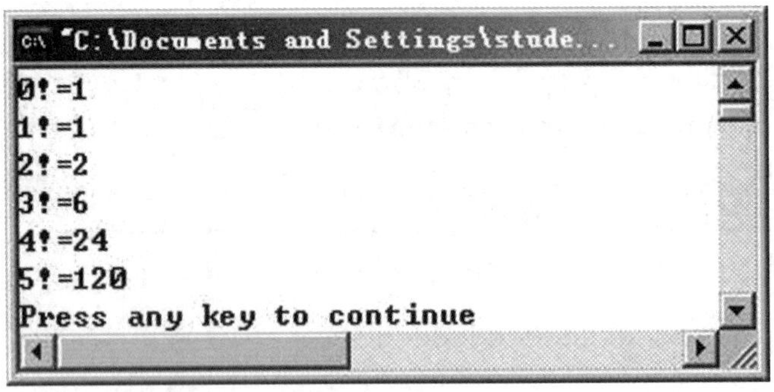

图附录2-6　例附录2-7程序运行结果

4. extern（外部）变量

外部变量（即全局变量）是在函数的外部定义的，它的作用域从变量定义处开始，到本程序文件的末尾。如果外部变量不在文件的开头定义，其有效的作用范围只限于定义处到文件终了。如果在定义点之前的函数想引用该外部变量，则应该在引用之前用关键字extern对该变量作“外部变量声明”。表示该变量是一个已经定义的外部变量。有了此声明，就可以从“声明”处起，合法地使用该外部变量。

例附录2-8：用extern声明外部变量，扩展程序文件中的作用域。

```
#include <stdio.h>

int max(int x,int y)
{
    int z;
    z=x>y?x:y;
    return(z);
}
void main()
{
    extern A,B;
    printf("%d\n",max(A,B));
}
int A=13,B=-8;
```

例附录2-8程序的最后一行定义了外部变量A和B，但由于外部变量定义的位置在函数main之后，因此本来在main函数中不能引用外部变量A和B。现在我们在main函数中用extern对A和B进行“外部变量声明”，就可以从“声明”处起，合法地使用该外部变量A和B。

2.4　嵌套函数调用

C语言中不允许作嵌套的函数定义。因此各函数之间是平行的，不存在上一级函数和下一级函数的问题。但是C语言允许在一个函数的定义中出现对另一个函数的调用。这样就出现了函数的嵌套调用。即在被调函数中又调用其他函数。如图附录2-7所示。

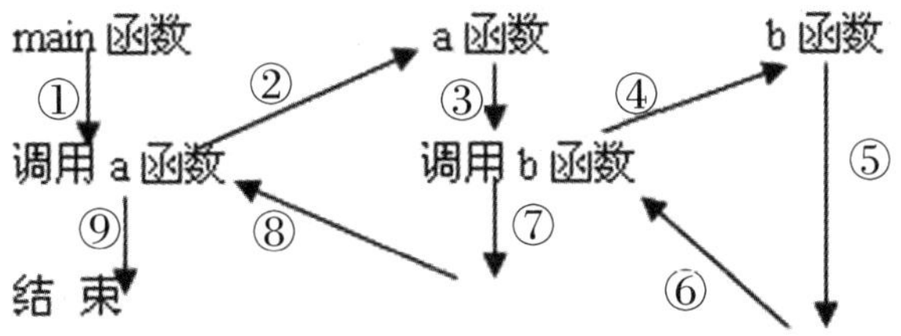

图附录2-7　函数的嵌套调用

图附录2-7表示的是两层嵌套（包括main函数共3层函数），其执行过程是：

① 执行main函数的开头部分；

② 遇到调用a函数的操作语句时，流程转去a函数；

③ 执行a函数的开头部分；

④ 遇到调用b函数的操作语句时，流程转去函数b；

⑤ 执行b函数，如果再无其他嵌套的函数，则完成b函数的全部操作；

⑥ 返回调用b函数处，即返回a函数；

⑦ 继续执行a函数中尚未执行的部分，直到a函数结束；

⑧ 返回main函数中调用a函数处；

⑨ 继续执行main函数的剩余部分直到结束。

例附录2-9：计算 $s=2^2!+3^2!$

本题可编写两个函数，一个是用来计算平方值的函数f1，另一个是用来计算阶乘值的函数f2。主函数先调f1计算出平方值，再在f1中以平方值为实参，调用f2计算其阶乘值，然后返回f1，再返回主函数，在循环程序中计算累加和。

```
#include <stdio.h>
long f2(int);

long f1(int p)
{
    int k;
    long r;
    k=p*p;
    r=f2(k);
    return r;
}
long f2(int q)
{
    long c=1;
    int i;
    for(i=1;i<=q;i++)
      c=c*i;
    return c;
}
```

```
void main()
{
    int i;
    long s=0;
    for (i=2;i<=3;i++)
    {
        s=s+f1(i);
    }
    printf("\ns=%ld\n",s);
}
```

在程序中，函数f1和f2均为长整型，都在主函数之前定义，故不需要在主函数中对f1和f2加以说明。在主程序中，执行循环程序依次把i值作为实参调用函数f1求i^2值。在f1中又发生对函数f2的调用，这时是把i^2的值作为实参去调f2，在f2中完成求$i^2!$的计算。f2执行完毕把C值（即$i^2!$）返回给f1，再由f1返回主函数实现累加。至此，由函数的嵌套调用实现了题目的要求。由于数值很大，所以函数和一些变量的类型都定义为长整型，否则会造成计算错误。例附录2-9运行结果如图附录2-8所示。

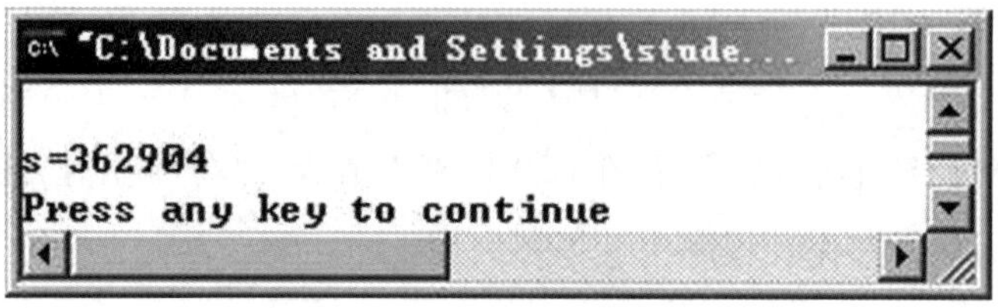

图附录2-8　例附录2-9程序运行结果

2.5　调用自定义头文件中的函数

2.5.1　为什么要使用自定义头文件

还记得最开始讲函数时的那个输出数组最大值、最小值和平均值的例子吗？那个例子中将求数组最大值、最小值、平均值等功能都写在了一个main函数中，如果功能太多，代码就比较容易引起混乱，后来我们学习了函数，可以将各个功能用单独的函数来表示。

但是现在我们有个想法，比如求数组最大值、最小值等功能是在许多地方常用的，那么，我们可不可以将它写成一个通用的，就像用printf、scanf等函数一样，用的时候先引入头文件，然后直接在程序中使用呢？

答案是可以的。我们即将学习的自定义头文件就能达到这样的目的。一般来说，头文件（.h）都包含了一些常用的而且已经通过了测试证明其运行正确的函数，

在自己的程序中用#include引用这些头文件，直接使用其中已经写好的函数，就省去了很多麻烦，提高了代码的重用性。可是该如何写自己的头文件，以让自己的函数能被多次使用呢？

2.5.2 如何在Microsoft Visual Studio 2010中定义头文件

就像新建C语言程序源文件一样首先在头文件中点击右键，选择【添加】→【新建项】，如图附录2-9所示。

图附录2-9　创建头文件

弹出对话框，以前我们选择的是C++文件（.cpp），在这里我们就不选它了，选择头文件（.h），输入名称，单击添加按钮，如图附录2-10所示。

图附录2-10　创建头文件

然后就和我们编辑C语言源文件一样，如图附录2-11所示。

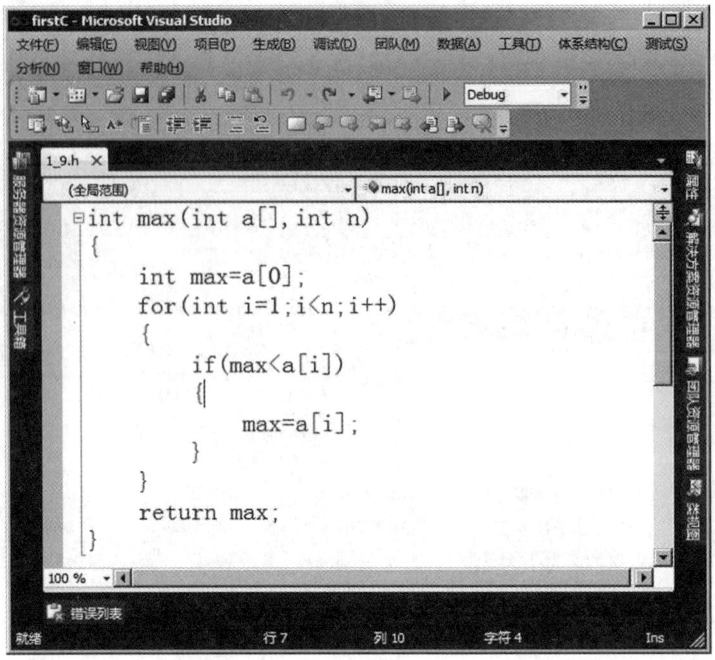

图附录2-11　在编辑窗口中编写头文件代码

接下来就是编写C语言头文件的代码了。

例附录2-10：自定义头文件示例。

包含求最大值函数的自定义头文件代码。

```
int max(int a[],int n)
{
    int max = a[0];
    for(int i=1;i<n;i++)
    {
        if(max < a[i])
        {
            max = a[i];
        }
    }
    return max;
}
```

这段代码就是实现了求一个整型数组的最大值了，返回值类型为int，第一个参数int a[]用于接收从调用处传递的一个整型的数组，前面我们已经讲过，传递的其实是数组的首地址，所以我们这里没定义长度，而我们将长度作为第二个参数传递过来，这样便于我们在程序里面使用（比如在for循环中我们使用长度来验证循环条件是否成立），然后我们用for循环计算出最大值（max），最后返回最大值max。

这个例子除了头文件还应该有一个部分，就是怎么调用我们自定义的头文件中的函数max了。下面是调用的例子。

另外创建一个C语言源程序文件：

```
#include <stdio.h>
#include "1-9.h" //包含自定义的头文件

void main()
{
    int a[5]={1,2,3,4,5};
    int maxValue = max(a,5);
    printf("最大值为：%d\n",maxValue);
}
```

编译→连接→执行C语言程序文件，运行结果如图附录2-12所示。

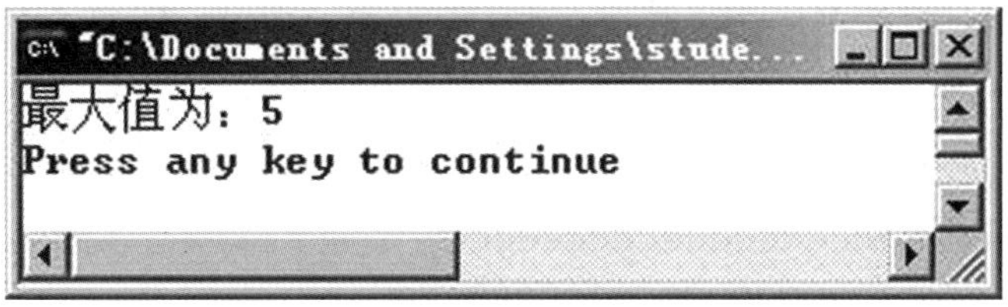

图附录2-12　例附录2-10程序运行结果

在调用的文件中，我们必须包含我们自定义的头文件，调用的方式和一般函数的调用方式一致。

➢ 在程序中包含头文件有两种格式，例如：

```
#include <stdio.h>
#include "my.h"
```

第一种方法是用尖括号把头文件括起来。这种格式告诉预处理程序在编译器自带的或外部库的头文件中搜索被包含的头文件。第二种方法是用双引号把头文件括起来。这种格式告诉预处理程序在当前被编译的应用程序的源代码文件中搜索被包含的头文件，如果找不到，再搜索编译器自带的头文件。

附录三　二维数组

在程序设计中，有时用一维数组还不能解决问题或解决问题不方便。例如，描述一个班50个学生成绩，可以用一个一维数组描述，若要描述全校100个班的学生成绩，假定每班都为50人，则需用100个不同的一维数组来描述。同样，描述某高校学生暑期参加社会实践调查，采用自愿报名方法，报名数据有年级（1～3）、性别（1～2）、乘坐交通工具（1～3），最后统计报名数据，用一维数组来实现会相当麻烦。此时可采用多维数组解决上述问题：描述某校100个班的学生成绩，将定义为一个二维数组（班级，人数）。

描述某高校社会实践调查，可定义为一个三维数组（年级，性别，交通工具）。

在多维数组中，经常使用的是二维数组。后面的讲述以二维数组为主，对于更高维数组，本章不作讲解，如想深入学习，您可以去查阅相关资料。

怎么定义一个二维数组?

二维数组定义的一般形式为：

```
类型说明符 数组名[常量表达式][常量表达式]；
```

例如：

```
int a[2][3], b[4][5] ;
```

定义a为2×3（2行3列）的数组，b为4×5（4行5列）的数组。

注意

请留心上面的说明语句，C语言不像其他大多数计算机语言那样使用逗号区分下标，而是用方括号将各维下标括起，并且，数组的二维下标均从0计算。

例附录3-1：使用二维数组。

```
#include <stdio.h>

void main()
{
    int i,j,num[3][4];
    for(i=0;i<3;i++)
    {
        for(j=0;j<4;j++)
        {
            num[i][j] = i*j;
        }
    }
}
```

在此例中num[0][0]的值为0，num[0][1]的值为0……num[2][3]的值为6。可以将该数组想象为如下表格。

0	0	0	0
0	1	2	3
0	2	4	6

二维数组以“行—列矩阵”的形式存储。第一个下标代表行，第二个下标代表列，这意味着按照在内存中的实际存储顺序访问数组元素时，右边的下标比左边的下标的变化快一些。

3.1 怎么引用二维数组元素

二维数组引用的一般形式为：

```
数组名[下标][下标]
```

其中下标是指整型表达式或整型常量。

注意

数组定义时数组说明中的下标与数组元素中的下标不一样。数组定义中的下标是某一维的长度，而数组元素中的下标指该数组元素在数组中的位置。前者只能是常量，后者可以是常量、变量、表达式。

例附录3-2：统计成绩。

一个学习小组有5个人，每个人有三门课的考试成绩。求全组分科的平均成绩和各科总平均成绩。

	小张	老王	李四	周星星	猪猪
语文	89	61	88	89	55
数学	73	63	61	78	76
外语	92	79	45	22	68

可定义一个二维数组score[3][5]存放三门课五个人的成绩。再设一个一维数组v[3]存放所求得各分科平均成绩，定义变量average为全组各科总平均成绩。

程序代码：

```
#include <stdio.h>

void main()
{
    int i,j,s=0,average,v[3],score[3][5];
    printf("输入成绩:\n");
    for(i=0;i<3;i++)
    {
        //该循环内完成每科5个人的成绩的输入，并累计各成绩之和
        for(j=0;j<5;j++)
        {
```

```
                scanf("%d",&score[i][j]);
                s=s+score[i][j];
            }
            v[i]=s/5;
            s=0;
        }
        average =(v[0]+v[1]+v[2])/3;
        printf("------------------------------\n");
        printf("语文:%d\n 数学:%d\n 外语:%d\n",v[0],v[1],v[2]);
        printf("平均分:%d\n", average );
}
```

程序运行结果如图附录3-1所示。

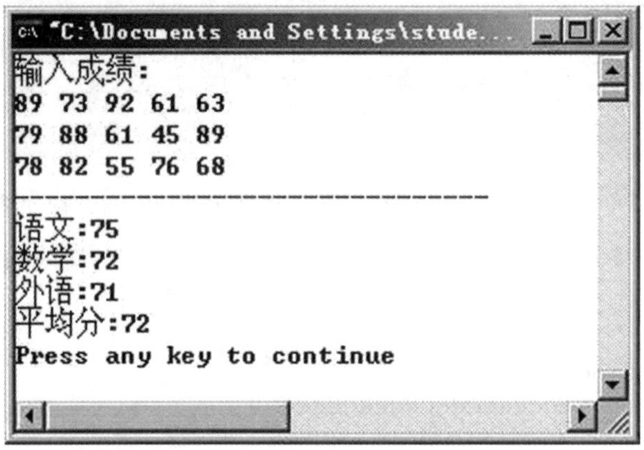

图附录3-1　例附录3-2程序运行结果

程序中首先用了一个双重循环。在内循环中依次读入某一门课程的每个学生的成绩，并把这些成绩累加起来，退出内循环后再把该累加成绩除以5送入v[i]之中，这就是该门课程的平均成绩。外循环共循环三次，分别求出三门课各自的平均成绩并存放在v数组之中。退出外循环之后，把v[0]，v[1]，v[2]相加除以3即得到各科总平均成绩。最后按题意输出各个成绩。

3.2　二维数组元素的赋值及初始化

二维数组初始化也可以在类型说明时给各数组元素赋以初值。二维数组可按行分段赋值，也可按行连续赋值。

例如对数组score[3][5]：

（1）分行给二维数组赋初值，如：

```
int score[3][5]=
{
    {89,73,92,61,63},
    {79,88,61,45,89},
    {78,22,55,76,68}
};
```

（2）可以将所有数据写在一个花括号内，按数组排列的顺序对每个元素赋初值，如：

```
int score[3][5]={ 89,73,92,61,63,79,88,61,45,89,78,22,55,76,68};
```

这两种赋初值的结果是完全相同的，第一种方法较好，比较直观、界限也比较清楚。

（3）可以对部分元素赋初值。其余未赋值的元素值自动为0。如：

```
int score[3][5]={{89},{61},{88}}
```

也可以对各行中的某些元素赋初值，如：

```
int score[3][5]={{89},{61,63}};
```

（4）如果对全部元素都赋初值（即提供全部的初始数据），则定义数组时对第一维的长度可以不指定，但是第二维的长度不能省略。例如：

```
int score[3][5]={ 89,73,92,61,63,79,88,61,45,89,78,22,55,76,68};
```

等价于

```
int score[][5]={ 89,73,92,61,63,79,88,61,45,89,78,22,55,76,68};
```

例附录3-3：将例附录3-2的代码修改，改用分行给二维数组赋初值。

```
#include <stdio.h>
void main()
{
    int i,j,s=0,average,v[3];
    int score[3][5]= {{89,73,92,61,63},{79,88,61,45,89},{78,22,55,76,68}};
    for(i=0;i<3;i++)
    {
        for(j=0;j<5;j++)
        {
            s=s+score[i][j];
        }
        v[i]=s/5;
        s=0;
    }
    average =(v[0]+v[1]+v[2])/3;
    printf("语文:%d\n数学:%d\n外语:%d\n",v[0],v[1],v[2]);
    printf("平均分:%d\n", average );
}
```

运行结果如图附录3-2所示。

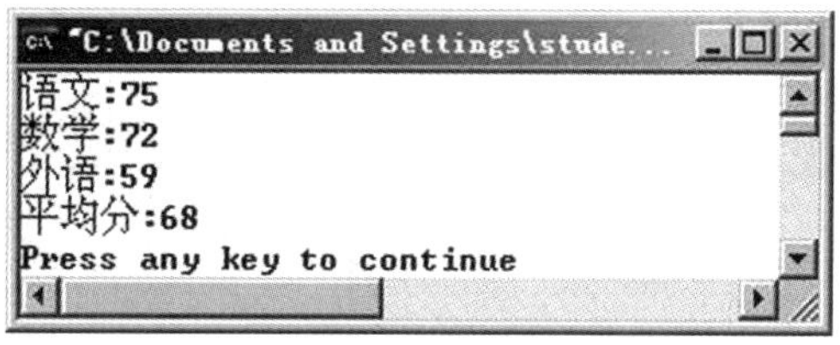

图附录3-2　例附录3-3运行结果

3.3 二维数组的举例

例附录3-4：在二维数组a中选出各行最大的元素组成一个一维数组b。

如数组：int a[3][4]={{26，43，26，123}，{45，13，67，89}，{65，13，78，96}}；

最后组成的数组：int b[]={123，89，96}。

思路：在数组a的每一行中寻找最大的元素，找到之后把该值赋予数组b相应的元素即可。程序代码如下：

```
#include <stdio.h>
void main()
{
    int a[3][4]={{26,43,26,123},{45,13,67,89},{65,13,78,96}};
    int b[3],i,j;
    for(i=0;i<3;i++)
    {
        b[i]=a[i][0];
        for(j=1;j<4;j++)
        {
            if(b[i]<a[i][j])
            {
                b[i]=a[i][j];
            }
        }
    }
    printf("输出由a数组各行最大值组成的数组的所有数组元素：");
    for(i=0;i<3;i++)
    {
        printf("%d\t",b[i]);
    }
    printf("\n");
}
```

程序中第一个for语句中又嵌套了一个for语句组成了双重循环。外循环控制逐行处理。内循环控制逐列求最大值并将最大值赋给最终生成的数组b中。运行结果如图附录3-3所示。

图附录3-3　例附录3-4程序运行结果

例附录3-5：作字模程序。

手机屏幕是如何显示英文字母或汉字的？这个小程序将要从原理上模拟这个过程。

手机屏幕采用的字体称为“点阵”字体。所谓“点阵”，就是用一个个小点，通过“布阵”，组成一个字形。而这些点阵数据，就是一个二维数组中的元素。不同的手机，点阵的大小也不同。如果不支持中文，则最小只需7*7。但若是要支持汉字，则应不小于9*9，否则许多汉字会缺横少竖。采用大点阵字体，则手机屏幕要么是面积更大，要么是分辨率更高（同一面积内可以显示更多点），并且手机的内部存储器也要更多。由于汉字数量众多，不像英文主要只有26个字母，所以支持汉字的手机，比只能显示英文字手机，其所需存储器自然要多出一个很大的数量级。

下面举例英文字母“A”的点阵，为了看得方便，我们用“*”来代替小黑点，并且打上了表格。我们使用最小的7*7点阵：

			*			
		*		*		
	*	*	*	*	*	
*						*

对于这样一个点阵，对应一个二维数组为：

```
int A[7][7] =
{
    {0,0,0,0,0,0,0},
    {0,0,0,1,0,0,0},
    {0,0,1,0,1,0,0},
    {0,1,1,1,1,1,0},
    {1,0,0,0,0,0,1},
    {0,0,0,0,0,0,0},
    {0,0,0,0,0,0,0}
};
```

程序要在屏幕上打出“A”时，则只需遍历该数组，然后在元素值为0的地方，打出空格，在元素值为1的地方，打出小点即可。当然，在我们的模拟程序里，我们打出星号。

所有这些数组，都需要事先写到手机的固定存储器中，这些数据就称为“字模”。

对于“A”的例子，程序源代码如下：

```
#include <stdio.h>
void main()
{
    int A[7][7]={ {0,0,0,0,0,0,0},{0,0,0,1,0,0,0},
                  {0,0,1,0,1,0,0},{0,1,1,1,1,1,0},
                  {1,0,0,0,0,0,1},{0,0,0,0,0,0,0},
                  {0,0,0,0,0,0,0}};
    for(int row = 0;row < 7; row++)
    {
```

```
        for(int col = 0; col < 7; col++)
        {
            if(A[row][col] == 0)
            {
                printf(" ");
            }
            else
            {
                printf("*");
            }
        }
        printf("\n");//换行
    }
}
```

运行结果如图附录3-4所示。

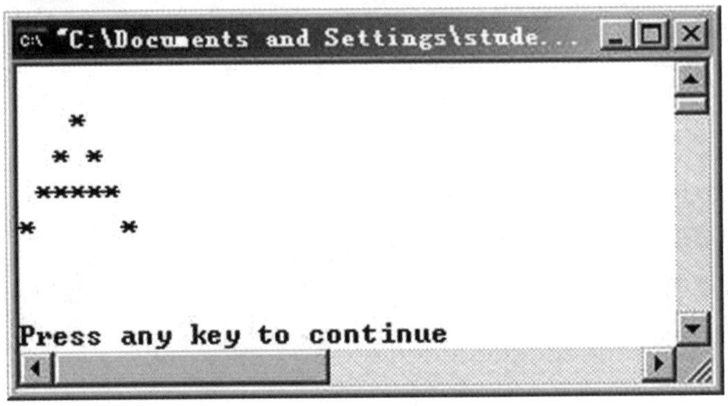

图附录3-4　例附录3-5程序运行结果

附录四　字 符 串

在前面讲一维数组的时候曾经提到过字符串，当时只是简单地介绍，没做深入的学习。在本章中我们将详细介绍字符串。

4.1　字符串的特点

字符串是常量，即用双引号括起来的字符序列。例如：“hello sec”，在前面的每章中，我们都用过字符串常量，比如printf（“输入一个数字：”）；其中的“输入一个数字：”就是一个字符串常量。

C语言并不支持字符串数据类型。但是，它允许使用字符数组来表示字符串。因此在C语言中，字符串变量就是任何合法的C语言变量名，且总是被声明为一个字符数组。其声明的一般形式为：

```
char 字符数组名[长度];
```

长度确定了字符串的字符数。如：char city[10]；char name[30]；

字符串主要有两个特点：

（1）字符串在内存中以字符数组形式进行存储；

（2）字符串必须以‘\0’结尾。

C语言中，字符串被系统当作字符数组来处理。字符串常量在内存中是以字符数组的形式来保存的。特别需要注意的是，数组的最后一个单元的值被系统自动加上一个字符‘\0'。换句话说，字符串是一种以字符‘\0'为结尾的字符数组。这个‘\0’的作用是标志字符串的结束。例如，字符串"hello"的内存存放形式为：

h	e	l	l	o	\0

实际上字符串"hello"占用了6个内存单元。‘\0'是ASCII码等于0的字符，它是一个不可显示的字符，即“空操作符”，作用只是作为一个标志。

实际上，我们在调用printf（"hello"）这样的语句时，并不是把hello这几个字符传递给printf函数去处理，而是传递了字符串“hello”的字符数组首地址，printf函数内部在处理时，也是根据字符数组里的‘\0'，作为字符串结束的标志。

当编译器把字符串赋给字符数组时，在字符串的末尾自动加上空字符（‘\0’）。因此字符串长度必须大于等于字符串中的最大字符数再加上1。

4.2　用数组来存储字符串

C语言允许将字符串作为初值，初始化字符数组。例如：

```
char str[]="hello"; 等价于 char str[]={'h','e','l','l','o','\0'};
```

但注意并不等价于char str[]={'h'，'e'，'l'，'l'，'o'}；前者占用比后者多一个空字符‘\0',

占用的单元多一个。也可以使用如下格式：

```
char str[10]="hello"; 等价于 char str[10]={'h','e','l','l','o'};
```

即数组的前5个元素被赋初值，后5个元素均被赋值为0，0和空字符‘\0'从数值上看是完全相同的。

提示

字符串常量只能在定义字符数组时赋初值给字符数组，而不能在执行语句中将字符串常量直接赋给字符数组。

下面是错误的代码：

```
char str[10];
str="hello";
```

要想在执行语句中将字符串常量赋给字符数组，应该使用字符处理函数或用循环语句进行处理。

4.3 字符串的输入输出

4.3.1 字符串的输入

1. scanf函数

用带%s格式符的scanf函数可以进行字符串的输入。在使用中要注意两个问题：

（1）scanf函数读入的字符串开始于第一个非空白符，包括下一个空白符（'\n'，'\t'，''）之前的所有字符，最后自动加上‘\0’。例如：

```
char str[10];
scanf("%s",str);
```

如果输入“hello sec”，则实际存入str的只有“hello”，中间的空格被忽略掉，而“sec”被留在输入缓冲区中等待下一次输入函数的读入。

（2）要保证字符数组的长度足够大，能容纳下可能的最大输入串。例如：

```
char t[5],s[10];
scanf("%s",t);
```

输入：dingdong，则字符串“dingdong”不仅存入了t的空间，还侵占了s的空间。

2. gets函数

gets函数专门用于输入字符串，一般形式是：

```
gets (字符数组名);
```

其中，函数参数“字符数组名”规定了只能使用数组名而不能是字符串常量。与scanf函数不同，gets函数将用户键入的换行符之前的所有字符（包括'\t'和''）存入字符数组，然后加上‘\0'，但换行符被丢掉。与scanf函数相同的是gets 函数也不检查用户输入字符串长度是否超过了字符数组的容纳能力，因此编程者要确保数组足够大。例如：

```
char str[11] ;
gets(str) ;
```

4.3.2 字符串输出

1. printf函数

用带%s格式字符的printf函数能进行字符串的输出。存放在字符数组中的字符串被全部输出，直至遇到'\0'为止。例如：

```
char msg[]="To be or not to be";
printf("%s",msg) ;
```

2. puts函数

puts函数专门用于字符串输出。一般形式如下：

```
puts(字符串) ;
```

其中，参数" 字符串" 可以是字符串常量，也可以是字符串变量。puts函数打印字符串的全部内容，直至遇到‘\0’为止，然后自动多打印一个‘\n’，起到换行的作用。而printf函数无此功能。

到底应该使用scanf和printf还是使用gets和puts，没有一个绝对的标准。一般而言，当多种类型的混合输入输出时，选用scanf和printf；当大量文字信息输入输出时，使用gets和puts，这两个函数要稍快一些。

4.4 字符串处理函数

介绍最有用又最常见的几个字符串处理函数：strlen、strcpy、strcat、strcmp、strstr、strchr。这些函数的原型存放在string.h文件中，在程序中使用它们时别忘了用#include命令包含string.h文件。

1. strlen（s）

strlen函数测试字符串的实际长度（不包括'\0'），并将该长度作为函数的值返回。函数参数“字符串”可以是字符串常量，也可以是字符变量。一般形式是：

```
int length=strlen（字符串）
```

例附录4-1：使用strlen函数。

```
#include <stdio.h>
#include <string.h>
void main()
{
    char ch_1[] = "abc\n";
    char ch_2[] = "";
    printf("ABC的长度:%d\n",strlen("ABC"));
    printf("ch_1的长度：%d\n",strlen(ch_1));
    printf("ch_2的长度：%d\n",strlen(ch_2));
}
```

运行结果如图附录4-1所示。

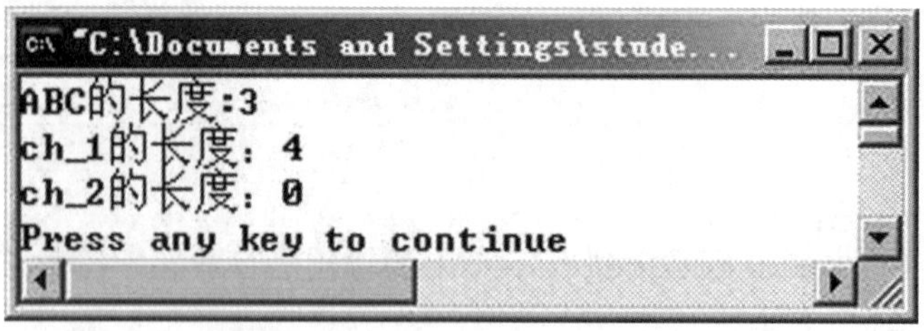

图附录4-1　例附录4-1程序运行结果

"abc\n" 长度为4，而非5，‘\n’ 被看成一个字符。""长度为0，是因为它是空字符串没有有效字符，所以长度为0。

2. strcpy（s1，s2）

strcpy函数用于实现两个字符串的拷贝。一般形式如下：

```
strcpy（字符中1,字符串2);
```

其中，字符串1必须是字符串变量，而不能是字符串常量。strcpy函数把字符串2的内容完全复制到字符串1中，而不管字符串1中原先存放的是什么。复制后，字符串2保持不变。

例附录4-2：使用strcpy函数。

```
#include <stdio.h>
#include <string.h>

void main()
{
    char str[10],str2[10];
    strcpy(str,"abcdefg");  //将字符串常量拷贝给字符串变量str
    strcpy(str2,str);   //再将字符串变量str拷贝到字符串变量str2
    printf("str:%s\n",str);
    printf("str2:%s\n",str2);
}
```

运行结果如图附录4-2所示。

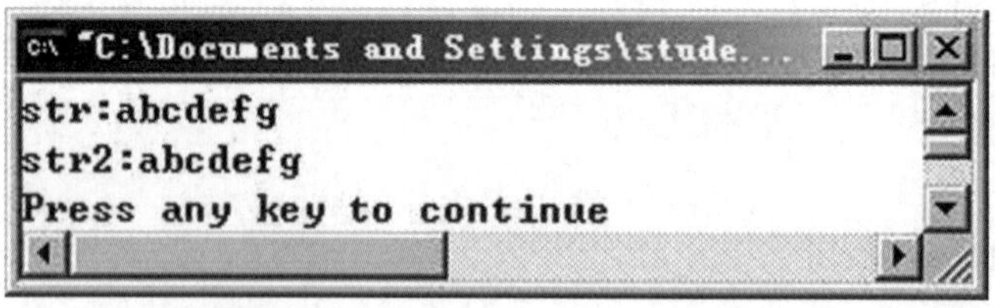

图附录4-2　例附录4-2程序运行结果

注意

由于字符串是字符数组，所以两个字符串复制不通过赋值运算进行。

3. strcat（s1，s2）

strcat函数可以将两个字符串连接起来，形成一个新的字符串。strcat函数的调用形式为：

```
strcat(字符数组1，字符串2);
```

功能是将字符串2续接到字符数组1的字符串后面。例如：

例附录4-3：使用strcat函数。

```
#include <stdio.h>
#include <string.h>
void main()
{
    char s1[50]="good";
    char s2[]="morning";
    strcat(s1,s2); //连接字符串
    printf("%s\n",s1);
}
```

运行结果如图附录4-3所示。

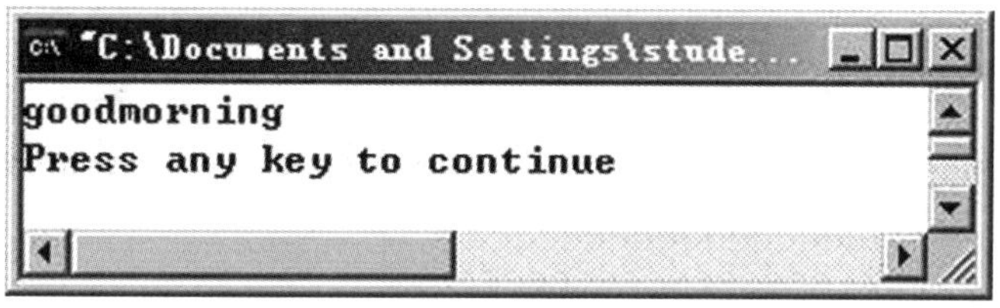

图附录4-3　例附录4-3程序运行结果

4. strcmp（s1，s2）

字符串比较可以使用strcmp函数。strcmp函数的调用形式为：

```
strcmp(字符串1,字符串2);
```

如果字符串1和字符串2完全相等，函数返回0；如果字符串1大于字符串2，函数返回一个正整数；如果字符串1小于字符串2，函数返回一个负整数。

字符串比较的规则是：将两个字符串从左至右逐个字符按照ASCII码进行比较，直到出现不相等的字符或遇到‘\0'为止。如果所有字符都相等，则这两个字符串相等。如果出现了不相等的字符，以第一个不相等字符的比较结果为准。下面的代码输入两个字符串，比较它们的大小并输出结果。

例附录4-4：strcmp函数的使用。

```
#include <stdio.h>
#include <string.h>
void main()
{
char s1[100],s2[100];
    int i;
```

```
    scanf("%s%s",s1,s2);
    i=strcmp(s1,s2); //比较字符串
    if(i==0)
    {
        printf("string1 == string2");
    }
   else if(i>0)
    {
        printf("string1 > string2");
    }
   else
    {
        printf("string1< string2");
    }
    printf("\n");
}
```

比较运行效果如图附录4-4所示。

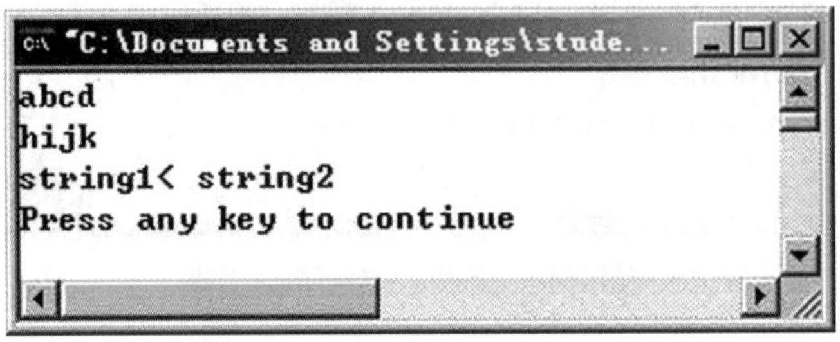

图附录4-4　例附录4-4程序运行结果

提示

不能直接比较两个字符数组的名称，来决定二者是否相等。

以下是错误的代码：

```
char s1[100],s2[100];
scanf("%s%s",s1,s2);
if(s1= =s2)
    printf("same!");
```

s1和s2是数组名称，它们代表的是数组的首地址，永远不可能相等。

5. strstr（s1，s2）

strstr（s1，s2）函数搜索一个字符串在另一个字符串中的第一次出现。如果匹配s2则返回首次出现s2位置的指针，否则则返回null。

调用strstr函数的一般形式为：

```
strstr(被搜索的字符串str,要搜索的字符串search);
```

如果search为数字，则搜索与数字匹配的ASCII值的字符。

注意

该函数对大小写敏感。如需进行大小写不敏感的搜索，请使用 stristr()。

例附录4-5：strstr函数的使用。

```
#include <stdio.h>
#include <string.h>
void main()
{
      char str[]="I like monkey, you like cat!";
      char search[]= "like";
      char *s= strstr(str,search);
      printf("%s\n",s);
}
```

输出结果如图附录4-5所示。

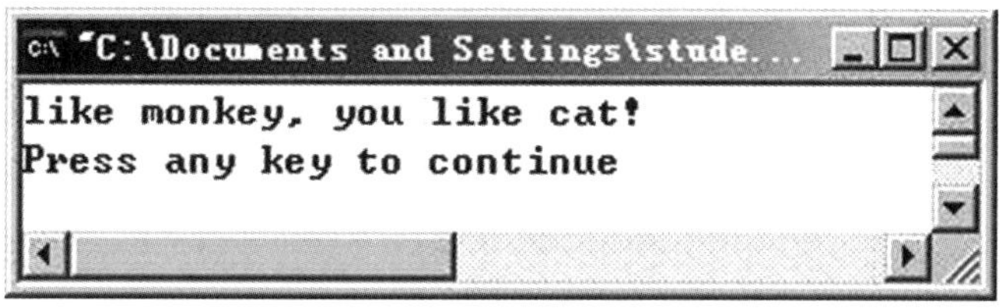

图附录4-5　例附录4-5程序运行结果

6. strchr（s，c）

搜索字符串s中首次出现字符c的位置。返回首次出现c的位置的指针，如果s中不存在c则返回NULL。

调用strchr函数的一般形式为：

```
strchr(被搜索的字符串s,要搜索的字符c);
```

strchr和strstr很相似，只是strstr是查找的字符串，而strchr查找的是单个字符，用法一致，这里就不举例了。

4.5　用字符指针处理字符串

C语言将字符串是作为数组对待的，与数值型数组一样，我们也可用字符型的指针变量指向字符串，然后通过指针变量来访问字符串存贮区域。设有如下语句：

```
char *cp;
cp="HELLO SEC";
```

则cp指向字符串“Hello SEC”常量的首字符‘H’，如图附录4-6所示。

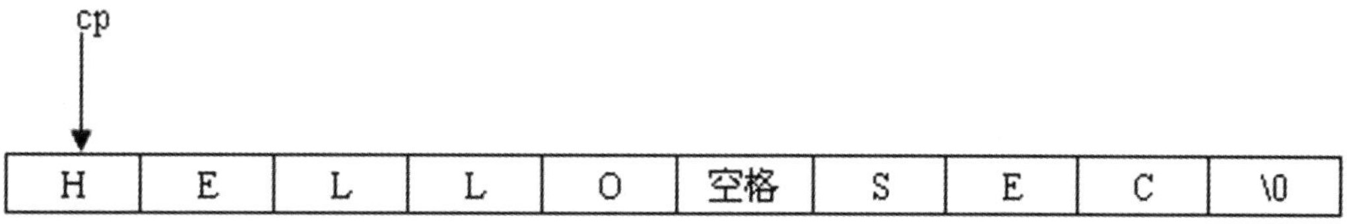

图附录4-6　字符指针cp指向“HELLO　SEC”首地址

程序中可通过cp来访问这一存贮区域，如：*（cp+2）或cp[2]，即是字符‘L’。

字符串实质：任何使用字符串的地方都不是使用字符串本身，而是使用它的首地址。

例附录4-6：大写变小写，小写变大写。

```
/*大小写转换*/
#include <stdio.h>
void main()
{
    char a[] = "Hello,EveryOne!";
    printf("%s\n 转换后\n",a);
    char *s=a;
    while(*s != '\0')
    {
        if(*s>='a' && *s<='z') //如果小写-->转大写
        {
            *s -= 32;
        }
        else if(*s>='A' && *s<='Z') //如果大写-->转小写
        {
            *s += 32;
        }
        printf("%c",*s);
        s++;
    }
    printf("\n");
}
```

程序运行结果如图附录4-7所示。

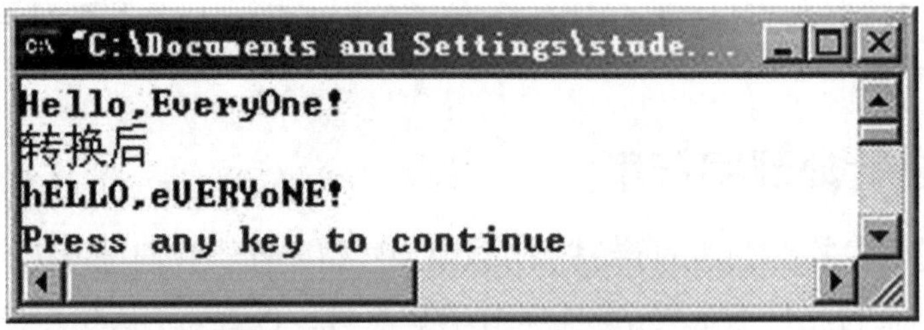

图附录4-7　例附录4-6程序运行结果

4.6　向函数传递字符串

字符串从存储的方式看就是一维的字符数组，而数组在函数中的传递是按地址（引用）传递，传递的值是数组的首地址，字符串也不例外。字符串是由字符组成，所以事实上向函数传递字符串只需传递字符的地址。

例附录4-7：改动例附录4-6的代码，将转换大小写部分独立出来作为一个通用函数。

```
#include <stdio.h>
#include <string.h>
void convert(char *s); //转换函数声明
void main()
{
    char str[] = "hello sec";
    int i=0;

    convert(str); //调用转换函数
    while(str[i] != '\0')
    {
        printf("%c",str[i]);
        i++;
    }
    printf("\n");
}

void convert(char *s) //定义转换函数
{
    while(*s != '\0')
    {
        if(*s>='a' && *s<='z') //如果小写-->转大写
        {
            *s -= 32;
        }
        else if(*s>='A' && *s<='Z') //如果大写-->转小写
        {
            *s += 32;
        }
        *s++;
    }
}
```

运行结果如图附录4-8所示。

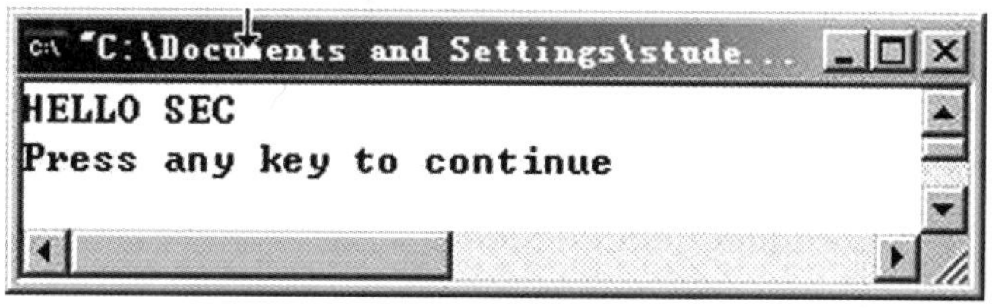

图附录4-8　例附录4-7程序运行结果

在例附录4-7中我们写了一个转换大小写的函数convert。在main函数中，我们在调用convert函数时向convert函数传递一个字符串“hello sec”，可是convert函数并未没有任何的返回值。但是我们在调用convert函数之后再循环输出被传递的数组，发现大小写已经改变（变成了“HELLO SEC”）。

附录五　结　构

5.1　为什么使用结构

在实际问题中，一组数据往往具有不同的数据类型。例如，在学生登记表中，姓名应为字符型；学号可为整型或字符型；年龄应为整型；性别应为字符型；成绩可为整型或实型。显然不能用一个数组来存放这一组数据。因为数组中各元素的类型和长度都必须一致，以便于编译系统处理。为了解决这个问题，C语言中给出了另一种构造数据类型——“结构”或叫“结构体”。

5.2　什么是结构

“结构”是一种构造类型，它是由若干“成员”组成的。每一个成员可以是一个基本数据类型或者又是一个构造类型。

结构既然是一种“构造”而成的数据类型，那么在说明和使用之前必须先定义它，也就是构造它。如同在说明和调用函数之前要先定义函数一样。

5.3　怎么定义一个结构类型

定义一个结构的一般形式为：

```
struct 结构名
{
    成员列表
};
```

成员表由若干个成员组成，每个成员都是该结构的一个组成部分。对每个成员也必须作类型说明，其形式为：

```
类型说明符　成员名;
```

成员名的命名应符合标识符的书写规定。例如：

```
struct stu
{
    int num;
    char name[20];
    char sex;
    float score;
};
```

在这个结构定义中，结构名为stu，该结构由4个成员组成。第一个成员为num，整型变量；第二个成员为name，字符数组；第三个成员为sex，字符变量；第四个成员为score，实型变量。应注意在括号后的分号是不可少的。结构定义之后，即可进行变量声明。凡声明为结构stu的变量都由上述4个成员组成。由此可见，结构是一种复杂的数据类型，是数目固定，类型不同的若干有序变量的集合。

5.4 怎么定义一个结构变量

结构变量，就是用结构类型定义的变量。

5.4.1 定义结构变量的方法

声明结构变量有以下三种方法。以上面定义的stu为例来加以说明。

1. 先定义结构，再声明结构变量

一般形式：

```
struct 结构体类型名
{
    成员列表
};
struct 结构体类型名  变量名表;
```

例如：

```
struct stu
{
    int num;
    char name[20];
    char sex;
    float score;
}; //注意，分号不能少，如果少了分号编译时就会报错
struct stu stu1,stu2;
```

声明了两个变量stu1和stu2为stu结构类型。

2. 在定义结构类型的同时声明结构变量

一般形式：

```
struct 结构体类型名
{
    成员列表
}变量名表;
```

例如：

```
struct stu
{
    int num;
    char name[20];
```

```
    char sex;
    float score;
}stu1,stu2;
```

3. 直接声明结构变量

一般形式：

```
struct
{
    成员列表
} 变量名表;
```

例如：

```
struct
{
    int num;
    char name[20];
    char sex;
    float score;
}stu1,stu2;
```

第三种方法与第二种方法的区别在于第三种方法中省去了结构名，而直接给出结构变量。声明了stu1，stu2变量为stu类型后，即可向这两个变量中的每个成员赋值。在上述stu结构定义中，所有的成员都是基本数据类型或数组类型。其实，成员也可以是一个结构，即构成嵌套的结构。例如：

```
struct date{
    int month;
    int day;
    int year;
};
struct{
    int num;
    char name[20];
    char sex;
    struct date birthday;
    float score;
}stu1,stu2;
```

首先定义一个结构date，由month（月）、day（日）、year（年）三个成员组成。在定义并说明变量stu1和stu2时，其中的成员birthday被说明为date结构类型。结构的成员名可与程序中其他变量同名，互不干扰。

5.4.2 结构变量的赋值

具有相同类型的结构变量可以相互赋值以外，一般对结构变量的使用，包括赋值、输入、输出、运算等都是通过结构变量的成员来实现的。

前面已经介绍结构变量的赋值就是给各成员赋值。可用输入语句或赋值语句来完成。

例附录5-1：给结构变量赋值并输出其值。

```
#include <stdio.h>
void main()
{
        struct stu
        {
                int num;
                char *name;
                char sex;
                float score;
        }stu1,stu2;
        stu1.num = 1001;
        stu1.name = " zhangsan ";
        stu1.sex = '0';
        stu1.score = 68;
        stu2.num = 1002;
        stu2.name = "lisi";
        stu2.sex = '1';
        stu2.score =86;

        printf("\n\t\t学 生 成 绩 信 息\n\t");
        printf("-------------------------------------\n\t");
        printf("|  编号  |  姓名  |  性别  |  分数  |\n\t");
        printf("-------------------------------------\n\t");
        printf("|% 8d|% 8s|% 8s|% 8.2f|\n\t",stu1.num,stu1.name,stu1.sex == '1'?" 男 ":" 女 ",stu1.
score);
        printf("-------------------------------------\n\t");
        printf("|% 8d|% 8s|% 8s|% 8.2f|\n\t",stu2.num,stu2.name,stu2.sex == '1'?" 男 ":" 女 ",stu2.
score);
        printf("-------------------------------------\n\t");
}
```

运行结果如图附录5-1所示。

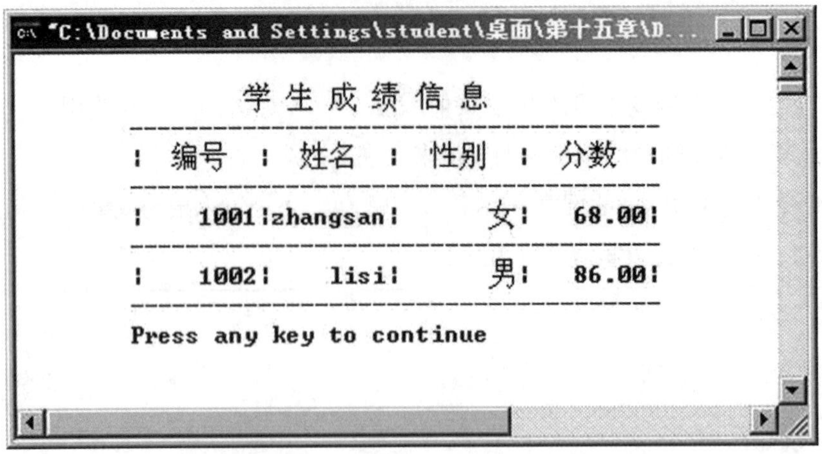

图附录5-1　例附录5-1程序运行结果

本程序中用赋值语句给所有结构成员赋值，其中name是一个字符串指针变量。最后分别输出stu1和stu2的各个成员值。本例演示了结构变量的赋值、输出的方法。

5.4.3　结构变量的初始化

定义结构变量时，可以同时指定初始值。指定初始值时，应注意所指定的数据的顺序必须与结构类型内的结构成员顺序保持一致。

例附录5-2：全局的变量初始化。

```
#include <stdio.h>

/*定义结构stu*/
struct stu
{
    int num;
    char *name;
    char sex;
    float score;
}stu2,stu1={1002,"zhangsan",'1',87.5};

void main()
{
    stu2 = stu1; //将stu1的值整体赋给stu2
    //输出stu2
    printf("\n\t| 编号 | 姓名 | 性别 | 分数 |\n\t");
    printf("------------------------------------\n\t");
    printf("|% 8d|% 8s|% 8s|% 8.2f|\n\n",stu2.num,stu2.name,stu2.sex=='1'?" 男 ":" 女 ",stu2.
score);
}
```

本例中，stu1，stu2均被定义为全局的结构变量，并对stu1作了初始化赋值。在main函数中，把stu1的值整体赋予stu2，然后输出stu2各成员的值。运行结果如图附录5-2所示。

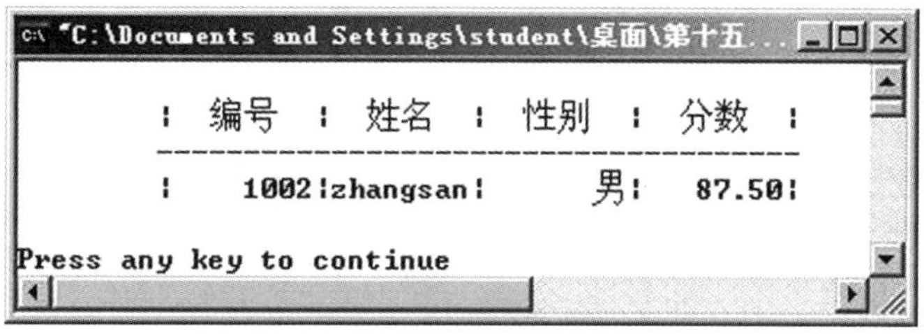

图附录5-2　例附录5-2运行结果

例附录5-3：静态结构变量初始化。

```
#include <stdio.h>

/*定义静态结构变量，全局的*/
static struct stu
{
    int num;
    char *name;
    char sex;
    float score;
}stu2,stu1={102,"Zhang san",'M',78.5};

void main()
{
    /*定义静态结构变量，局部的*/
    static struct stu
    {
        int num;
        char *name;
        char sex;
        float score;
    }stu2,stu1={102,"Zhang si",'1',72.5};
    stu2=stu1;
    printf("编号=%d\n 姓名=%s\n",stu2.num,stu2.name);
    printf("性别=%s\n 分数=%f\n",stu2.sex==’ 1’ ? “男” : “女” ,stu2.score);
}
```

本例是把stu1，stu2都定义为静态局部的结构变量，同样可以作初始化赋值。运行结果如图附录5-3所示。

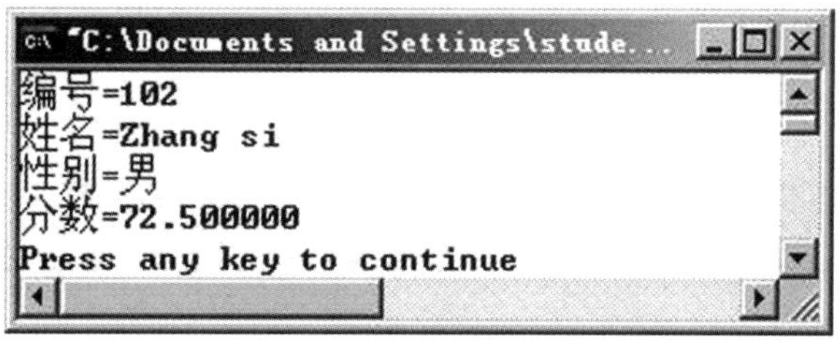

图附录5-3　例附录5-3运行结果

5.5 怎么引用结构中的成员

表示结构变量成员的一般形式是：

```
结构变量名.成员名
```

例如：stu1.num 即第一个人的学号，stu2.sex 即第二个人的性别。如果成员本身又是一个结构则必须逐级找到最低级的成员才能使用。例如：boy1.birthday.month 即第一个人出生的月份成员可以在程序中单独使用，与普通变量完全相同。

可以引用结构体变量成员的地址，也可以引用结构体变量的地址。如：

```
scanf("%d",&stu1.num);      （输入 stu1.num 的值）
printf("%o",&stu1);         （输出 stu1 的首地址）
```

5.6 怎么定义一个结构指针变量

一个指针变量当用来指向一个结构变量时，便称之为结构指针变量。结构指针变量中的值是所指向结构变量的首地址。通过结构指针便可访问该结构变量，这与数组指针和函数指针的情况是相同的。

定义结构指针的一般形式为：

```
结构名 *指针变量名;
```

如 stu *p 就定义了一个指向结构 stu 的指针 p。给指针变量 p 赋值是把结构变量的首地址赋予该指针变量，不能把结构名赋予该指针变量。

例如，下面的语句定义了指向结构类型 stu 的指针 p，并且把结构变量 stu1 的地址赋给了 p。

```
stu * p;
p=&stu1;
```

表达式*p 就是变量 stu1。

注意

结构类型和结构变量是两个不同的概念，不能混淆。结构类型就像 int、double 等类型一样，是一种数据类型，编译系统并不对它分配内存空间。只有定义了结构类型的变量时，才对该变量分配存储空间。因此 p=&stu 这种写法是错误的，不可能去取一个结构类型的首地址。有了结构指针变量，就能方便地访问结构变量的各个成员。

如果要引用 stu1 的成员 age，可以用下面的表达式：

```
(*p).age
```

因为运算符“*”的优先级低于运算符“.”的优先级，所以要对*p 加括号，表示取指针所指向的变量 stu1 的值。此外，C 语言还提供了一种结构类型指针访问结构成员的方法，就是使用运算符“—>”。

```
指针变量—>成员名
```

下面举一个例子加以说明。

例附录5-4：使用运算符“—>”。

```
#include <stdio.h>

struct stu
{
    int num;
    char *name;
    char sex;
    float score;
}stu1={102,"Zhang san",'1',78.5},*p;

void main()
{
    p=&stu1;
    printf("编号=%d\n 姓名=%s\n",stu1.num,stu1.name);
    printf("性别=%s\n 分数=%f\n\n",stu1.sex=='1'?"男":"女",stu1.score);
    printf("编号=%d\n 姓名=%s\n",(*p).num,(*p).name);
    printf("性别=%s\n 分数=%f\n\n",(*p).sex=='1'?"男":"女",(*p).score);
    printf("编号=%d\n 姓名=%s\n",p->num,p->name);
    printf("性别=%s\n 分数=%f\n\n",p->sex=='1'?"男":"女",p->score);
}
```

本例定义了一个结构stu后，再定义了一个stu类型结构变量stu1并进行了初始化赋值，还声明了一个指向stu结构类型的指针变量p。在main函数中，使p指向stu1，并在printf语句内用三种形式输出stu1的各个成员值。

三种访问结构成员的方法：

- 结构变量.成员名
- (*结构指针变量).成员名
- 结构指针变量->成员名

例附录5-4运行结果如图附录5-4所示。

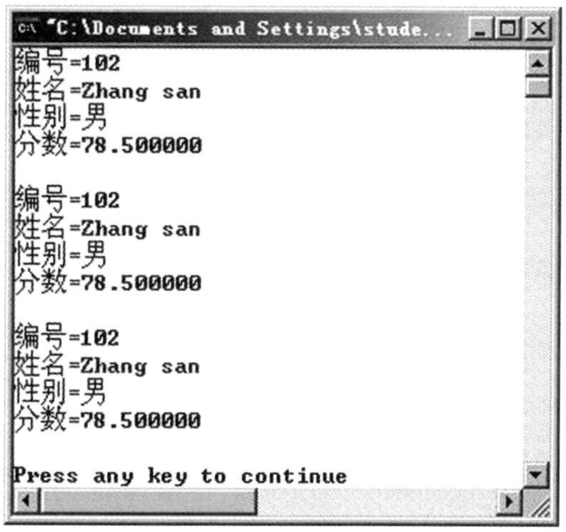

图附录5-4　例附录5-4运行结果

从运行结果，我们可以看到：这三种访问结构成员的方法是完全等效的。

5.7 怎么定义一个结构数组

数组的元素也可以是结构类型的。因此可以构成结构型数组。结构数组的每一个元素都是具有相同结构类型的结构变量。在实际应用中，经常用结构数组来表示具有相同数据结构的一个群体。如一个班的学生档案，一个车间职工的工资表等。

方法和结构变量相似，只需说明它为数组类型即可。例如：

```
struct stu
{
    int num;
    char *name;
    char sex;
    float score;
}student[5];
```

定义了一个结构数组student，共有5个元素，student[0]～student[4]。每个数组元素都具有struct stu的结构形式。对结构数组可以作初始化赋值。

例附录5-5：求平均成绩、总成绩、未及格人数。

```
#include <stdio.h>
struct stu
{
    int num;
    char *name;
    char sex;
    float score;
}student[5]={
    {101,"张三",'1',45},
    {102,"李四",'1',76.5},
    {103,"王五",'1',92.5},
    {104,"赵六",'1',87},
    {105,"王八",'1',58}
};
void main()
{
    int i,count=0; //count为未及格人数
    float avg,sum=0;
    for(i=0;i<5;i++)
    {
        sum+=student[i].score;
        if(student[i].score<60)
        {
```

```
                count+=1;
            }
        }
        printf("总分数=%.2f\n",sum);
        avg=sum/5;
        printf("平均成绩=%.2f\n 未及格人数=%d\n",avg,count);
}
```

当对全部元素作初始化赋值时，也可不给出数组长度。运行结果如图附录5-5所示。

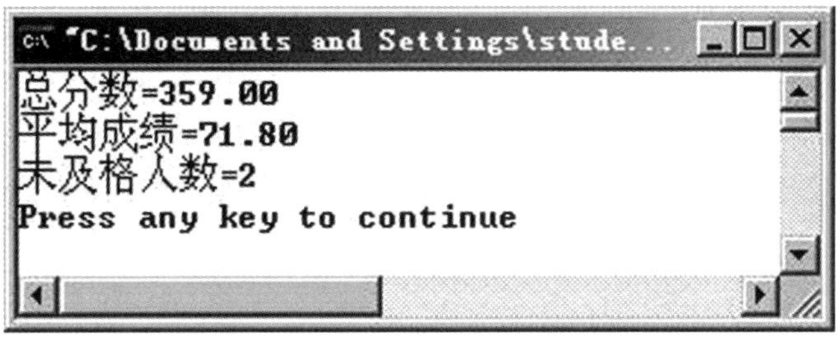

图附录5-5　例附录5-5运行结果

本例程序中定义了一个外部结构数组student，共5个元素，并做了初始化赋值。在main函数中用for语句逐个累加各元素的score成员值存sum之中，如score的值小于60（不及格）即计数器count加1，循环完毕后计算平均成绩，并输出全班总分，平均分及不及格人数。

5.8　函数中包含结构类型的参数

例附录5-6：函数传递结构类型参数。

```
#include <stdio.h>
struct stu
{
        char name[20];
        float score;
};

void display(struct stu stu2);

void main()
{
        struct stu stu1;
        printf("姓名：");
        gets(stu1.name);
        printf("分数：");
        scanf("%f",&stu1.score);

        display(stu1);
}
```

```
void display(struct stu stu2)
{
    printf("display输出：-----------\n");
    printf("姓名：%s\n",stu2.name);
    printf("分数：%.2f\n",stu2.score);
}
```

本例中，定义了一个结构类型stu，stu里共有两个成员name和score。在main函数中，定义了一个结构类型的结构变量stu1，然后录入姓名和分数，之后调用display方法，将结构类型stu1传递给display函数。在display函数中用了一个struct stu来接收传递过来的参数，然后在display中输出相关信息。运行效果如图附录5-6所示。

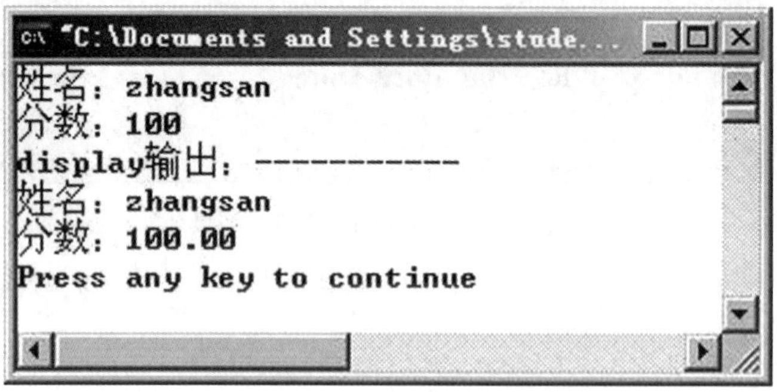

图附录5-6　例附录5-6运行结果

5.9　函数中包含结构数组类型的参数

例附录5-7：函数传递结构类型数组的参数。

```
#include <stdio.h>
//定义结构类型stu
struct stu
{
    char name[20];
    float score;
};
//output函数原型声明
void output(struct stu students[],int size);

void main()
{
    //定义一个结构类型stu的数组stus,并初始化
    struct stu stus[]=
    {
        {"zhangsan",65},
        {"lisi",75},
        {"wangwu",85},
```

```
        {"xiaoliu",45},
        {"xiaozhang",68.5}
    };
    output(stus,5);      //调用output输出学生成绩
}

//输出
void output(struct stu students[],int size)
{
    struct stu *p;
    for(int i=0;i<size;i++)
    {
        p = &students[i];
        printf("姓名：%s\t成绩：%.2f\n",p->name,p->score);
    }
}
```


在main函数中定义了一个结构类型数组stus并初始化5个学生的数据。然后调用output方法输出成绩信息。output有两个参数，第一个是要传递的结构体数组的首地址，第二个是结构数组的长度。运行输出的结果如图附录5-7所示。

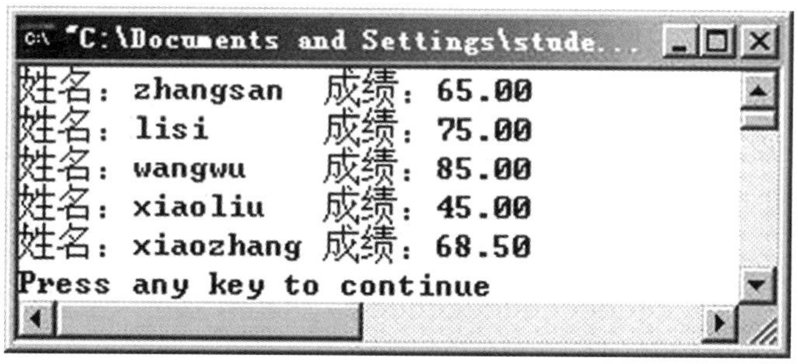

图附录5-7 例附录5-7运行结果

5.10 类型定义符typedef

C语言不仅提供了丰富的数据类型，而且还允许由用户自己定义类型说明符，也就是说允许由用户为数据类型取“别名”。类型定义符typedef即可用来完成此功能。例如，有整型量a，b，其声明如下：

```
int a, b;
```

其中int是整型变量的类型说明符。int的完整写法为integer，为了增加程序的可读性，可把整型说明符用typedef定义为：

```
typedef int INTEGER
```

这以后就可用INTEGER来代替int作整型变量的类型说明了。

例如：

```
INTEGER a,b;
```

它等效于：

```
int a, b;
```

用typedef定义数组、指针、结构等类型将带来很大方便，不仅使程序书写简单而且使意义更为明确，因而增强了可读性。

例如：

```
typedef char NAME[20];
```

表示NAME是字符数组类型，数组长度为20。然后可用NAME 说明变量，如：

```
NAME a1,a2,s1,s2;
```

完全等效于：

```
char a1[20],a2[20],s1[20],s2[20]
```

又如：

```
typedef struct stu
{
      char name[20];
      int age;
      char sex;
} STU;
```

定义STU表示stu的结构类型，然后可用STU来声明结构变量：

```
STU body1,body2;
```

typedef定义的一般形式为：

```
typedef 原类型名 新类型名;
```

其中原类型名中含有定义部分，新类型名一般用大写表示，便于区别。

有时也可用宏定义来代替typedef的功能，但是宏定义是由预处理完成的，而typedef则是在编译时完成的，后者更为灵活方便。

附录六　文　件

6.1 文件的基本概念

在前面的编程中，我们是使用内存来存储数据的，而内存的数据在程序退出或计算机重启后全部清除，之前我们写的程序没办法永久性保存程序的运行结果，每次运行程序都要重新录入。如我们在前面用结构写的“学员管理系统”，每次运行时都要录入学员的信息，这显然是不合理的，也是没必要的。一个学生的信息第一次录入时就要永久地保存起来，以后程序直接读取即可。一般来说一个有实际意义的程序都要能永久保存数据，显然我们不能使用内存来存储这些需要持久化存储的数据。那么使用什么来永久性地存储数据呢？答案就是文件！

6.1.1　什么是文件

文件是存储在外部磁盘设备上数据的集合，操作系统是以文件为单位对数据进行管理(包括外部设备：也就是说，在操作系统的眼里，键盘是输入文件，而显示器是输出文件)。

在第4章的时候，我们学的输入输出实质就是在操作键盘文件和显示器文件。本章要学的是如何操作磁盘上的文件，其操作方式和思想跟键盘和显示器的输入输出类似。

下面先来看看一个完整的例子，来感受在C语言中是怎样读写文件的？虽然我们还没有介绍C语言中是怎样操作文件的，但我相信根据前面章节的知识会有所理解的。

例附录6-1：向C：\sec.txt中写入“您好，SEC!”。

```
#include <stdio.h>
void main()
{
    FILE * fp; //定义文件指针变量
    //以只写的方式打开C:\sec.txt，让文件指针fp来指向这个文件
    fp=fopen("C:\\sec.txt","wt");
    fprintf(fp,"您好，SEC!");//把信息写入fp所指向的文件中。
    fclose(fp); //关闭fp所指向的文件
}
```

执行上面程序后将在C盘创建一个“sec.txt”文件。文件内容如图附录6-1所示。

图附录6-1　例附录6-1程序运行结果

上面的例子使用fprintf()函数向文件写入信息，它的使用方式和printf()函数类似，只是多了一个文件指针参数（用来指示把信息写入哪个文件）。

例附录6-2：输出C：\sec.txt中的内容。

```
#include <stdio.h>

void main()
{
     FILE * fp; //定义文件指针变量
     char str[20]; //用来存储从文件中读取的字符串

     //以只读的方式打开C:\ sec.txt，让文件指针fp来指向这个文件
     fp=fopen("C:\\sec.txt","rt");

     //从fp所指向的文件中读取一个字符串到str中。
     fscanf(fp,"%s",str);
     printf("从C:\\ sec.txt文件中读取的内容：%s\n",str);
     fclose(fp); //关闭fp所指向的文件
}
```

执行上述程序后运行结果如图附录6-2所示。

图附录6-2　例附录6-2程序运行结果

上面的例子使用fscanf()函数从文件读取信息，它的使用方式和scanf()函数类似，只是多了一个文件指针参数（用来指示从哪个文件进行读取数据）。

6.1.2　文件的作用

文件的作用是用来永久的保存数据。当一个程序需要永久地保存数据，可以在磁盘上新建一个文件（注意：我们不是使用资源管理器来创建文件，而是通过C语言程序代码来创建文件），然后通过C语言程序代码把数据写入文件中，这样，下次再运行程序时可以直接从文件中读取数据。

6.1.3　操作文件的过程

用程序来操作文件和直接使用操作系统来操作文件的过程是类似的。对文件的操作主要有读取文件和写入文件两个过程。

A. 读文件过程：根据文件名找到并打开文件—>从文件中读取数据—>关闭文件。读取文件的过程是把磁盘文件中的信息输入到内存中，因此也叫输入文件。

B. 写文件过程：打开或新建文件—>向文件写入数据—>关闭文件。写文件的过程是把内存中的信息输出到磁盘文件中，因此也叫输出文件。

注意

（1）读取文件时，文件必须存在！

（2）文件操作完后要关闭文件！

6.1.4 文件指针

当我们对文件进行读写时，每个被使用的文件都在内存中开辟一个区域，用来存放文件名、文件状态、缓冲区状态及文件当前位置等信息，这些信息保存在一个结构体变量中。在程序中，我们要访问文件，首先要访问这个结构体变量得到文件的基本信息和状态，再根据文件的信息和状态来操作文件。

文件类型是一特殊的结构体类型，一般命名为FILE。用户可以直接使用FILE来定义文件类型变量，存放要处理的文件的基本信息。各种C语言编译系统的FILE定义可以不同，但均包含进行文件操作所需的各种信息。

下面是TURBO C中对FILE的定义：

```
typedef struct
{
    short level;
    unsigned flags;
    char fd;
    unsigned char hold;
    short bsize;
    unsigned char *buffer;
    unsigned char *curp;
    unsigned istemp;
    short token;
}FILE;
```

文件指针指向被打开文件在内存中生成的FILE结构体变量，我们在打开文件时用一个FILE类型指针（文件指针）变量来存储这个文件所对应的FILE结构体变量的地址，以后我们在程序中操作这个文件时只要通过这个文件指针来访问即可。

定义文件指针：

```
FILE * 文件指针变量名；
文件指针变量名= fopen("文件","打开方式")；
```

如：

```
FILE * fp;
fp=fopen("C:\\sec.txt","wt") ;
```

6.1.5 文件的开始标志（BOF）和结束标志（EOF）

文件是存储在磁盘上的，占用磁盘中一个磁道的连续存储空间，当我们读取一个文件时，计算机是怎么知道从磁盘的什么位置开始读取，读到磁盘的什么位置文件结束？为了标示文件开始和结束，计算机会在文件中放置文件的开始标志BOF（begin of file）和文件结束标志文件的结束标志EOF（end of file）。BOF位于文件内容开始之前，而EOF位于文件内容结束之后。

当我们打开一个文件来读写文件的内容时，默认的读写方式为顺序读写，从文件的开始读写到文件的末尾。但在实际的应用中，我们经常不是读取文件的所有内容，而是读取指定位置的内容或在指定位置写入内容，在文件中有一个文件当前活动指针，用来指示文件的当前读写位置。文件活动指针您可以把它理解为光标，当打开一个文件时，它位于文件开始位置，每次读写它会自动后移。文件活动指针可以在BOF和EOF之间移动。

6.1.6 文件类型

1. 文本文件

文本文件是在辅助存储器（如硬盘）中保存的一个已命名的字符集合。所有利用编辑器或文字处理器产生的文件都是文本文件。在使用一个编辑器程序产生文本文件时，按下回车键会在文件中放置一个换行符号（C语言中用‘\n’表示）。

下面的两行表示一个文本文件，它是由两行字母、空格组成的。

```
This is a text file! <newline>
It has two lines. <newline> <EOF>
```

每一行都以换行字符结束，EOF标志跟在文件的最后一个换行符后面。为了使人方便阅读文件内容，所列出的文件中的每一行（通过<newline>）都为单独一行，尽管在实际的磁盘文件中并不是这样。磁盘文件由一系列字符组成，占据了磁盘中一个磁道的连续存储空间，如下所示：

```
This is a text file!<newline>It has tow lines<newline><EOF>
```

2. 二进制文件

二进制文件是按二进制的编码方式来存放文件的，二进制文件是一系列字节，并与外部设备上的字节一一对应。

6.2 文件的基本操作

C语言可以对不同类型的文件进行操作，常用文件操作函数见表附录6-1所示，其操作步骤大致一样，主要步骤如下：

第一步：创建文件指针变量 FILE * fp;

第二步：打开文件 fp=fopen();

第三步：读写文件

（1）读文件：fscanf()，fread()

（2）写文件：fprintf()，fwrite()

第四步：关闭文件 fclose（fp）。

表附录6-1 文件常用函数表

函数名	功　能
fopen( )	打开文件
fclose( )	关闭文件
fread( )	将数据从文件中读到缓冲区
fwrite( )	将数据从缓冲区写入文件
fprintf( )	使用方法类似于 printf()
fscanf( )	使用方法似于 scanf()
feof( )	判断文件活动指针是否达到文件末尾，如果到达文件结尾，返回 true
rewind( )	将文件位置指示器重新置于文件开头
remove( )	删除文件
fflush( )	将内部缓冲区的数据写入指定文件

6.2.1 读写文本文件

1. 写文本文件

相关函数介绍。

fopen()：打开文件函数，原型为：

```
FILE *fopen(const char *filename, const char  *mode);
```

filename是要打开的文件路径及文件名，mode为打开方式，文本文件的打开方式见表附录6-2所列。

表附录6-2 文本文件的打开方式

参数	功能
rt	打开文本文件进行读操作
wt	创建文本文件进行写操作
at	向文本文件追加数据
rt+	打开文本文件进行读/写操作
wt+	创建文本文件进行读/写操作

fclose()：关闭文件函数。原型：

```
int  fclose(FILE *fp);
```

fprintf()：写文本文件函数。原型：

```
int fprintf(FILE * fp, const char *control_string,..) ;
```

fflush()：将缓冲区的内容写入文件中。

例附录6-3：从键盘输入一个学生的信息（包括姓名，性别，年龄，在读学校），然后把这个学生的信息保存到C：\student.txt中。

```
#include <stdio.h>
void main()
```

```
{
    FILE * fp; //定义文件指针变量
    char name[20]; //存储姓名
    char sex[2];  //存储性别
    int age; //存储年龄
    char school[20]; //存储学校名称

    //从键盘输入一个学生的基本信息
    printf("输入姓名：");
    scanf("%s",name);
    printf("输入年龄：");
    scanf("%d", &age);
    printf("输入性别：");
    scanf("%s", sex);

    //把学生的基本信息写入C:\student.txt文件中
    fp=fopen("C:\\student.txt","wt");//以只写的方式打开C:\student.txt
    //把学生信息写入文件中
    fprintf(fp,"%s %d %s %s\n",name,age,sex,school);
    fflush(fp); //清空缓冲
    fclose(fp); //关闭fp所指向的文件
    printf("保存成功！\n");
}
```

执行上述程序后运行界面如图附录6-3所示。

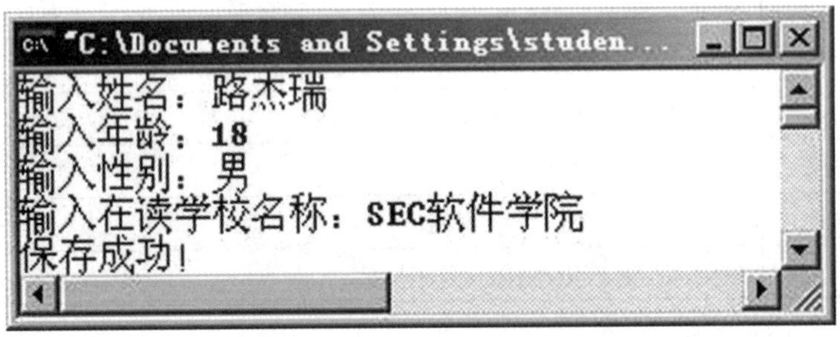

图附录6-3　例附录6-3的运行结果

执行例附录6-3程序后运行结果在C盘生产了一个student.txt。文件内容如图附录6-4所示。

图附录6-4　C：\student.txt的内容

上面的例子使用fprintf()函数向文本文件写入，它的使用方式和printf()函数类似。

实质上printf（“我是向显示器输出的函数”） 等价于 fprintf（stdout，“我是向显示器输出的函数”）；其中stdout是显示器文件指针。由此可见，在C语言中，显示器和文本文件的写入方式是一样，都是使用fprintf()函数。

2. 读文本文件

相关函数介绍。

fscanf()：读文本文件函数。

原型：

```
int fscanf(FILE *fp, const char *control_string,...) ;
```

例附录6-4：输出C：\student.txt中的学生信息。输出格式：我叫路杰瑞，今年18岁了，是个活泼的男孩，在SEC软件学院读书。

```
#include <stdio.h>
void main()
{
    FILE * fp; //定义文件指针变量
    char name[20]; //存储姓名
    char sex[2];  //存储性别
    int age; //存储年龄
    char school[20]; //存储学校名称

    fp=fopen("C:\\student.txt","rt");//以只读的方式打开C:\student.txt
    //从C:\student.txt中读取学生的信息
    fscanf(fp,"%s",name); //从文件中读取姓名
    fscanf(fp,"%d",&age);  //从文件中读取年龄
    fscanf(fp,"%s",sex); //从文件中读取性别
    fscanf(fp,"%s",school); //从文件中读取学校名称

    //输出学生的基本信息
    printf("我叫%s，今年%d岁了，是个活泼的%s孩，在%s读书\n",name,age,sex,
school);
    fclose(fp); //关闭fp所指向的文件
}
```

执行上述程序后运行结果如图附录6-5所示。

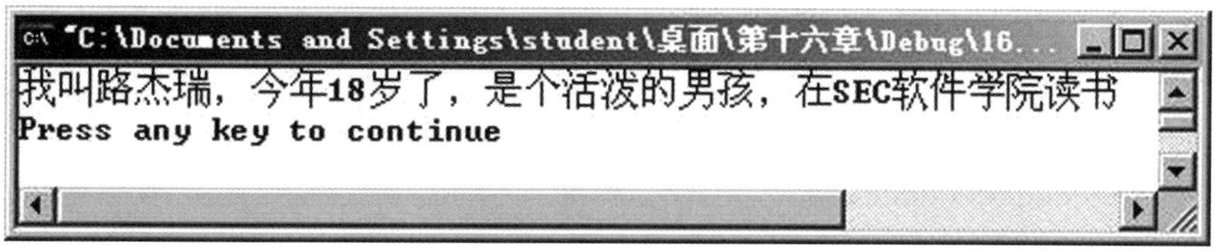

图附录6-5　例附录6-4程序运行的结果

上面的例子使用fscanf ()函数从文本文件读取信息，它的使用方式和scanf ()函数类似。

实质上scanf（“%d”，&age）等价于fscanf（stdin，“%d”，&age）；其中stdin是键盘文件指针。由此可见，在C语言中，键盘和文本文件的输入方式是一样，都是使用fscanf()函数。

6.2.2 读写二进制文件

1. 写二进制文件

相关函数介绍。

fopen()：打开文件函数，原型为：

```
FILE *fopen(const char *filename, const char  *mode);
```

filename是要打开的文件路径及文件名，mode为打开方式，二进制文件的打开方式见表附录6-3所列。

表附录6-3　二进制文件的打开方式

参数	功　能
rb	打开二进制文件进行读操作
wb	创建二进制文件进行写操作
ab	向二进制文件追加数据
rb+	打开二进制文件进行读/写操作
wb+	创建二进制文件进行读/写操作

fwrite()：向文件以二进制的形式写入整块数据。

原型：

```
long fwrite(void *buffer, long  num_bytes, long  count, FILE *fp);
```

例附录6-5：从键盘输入两个学生的信息（包括姓名，性别，年龄，在读学校），然后把这个学生的信息保存到C：\studentbin.txt中。

```
#include <stdio.h>

//定义一个结构体变量
struct Student
{
    char name[20]; //姓名
    char sex[2];  //性别
    int age; //年龄
    char school[20]; //学校名称
};

#define N 2 //学生数目

void main()
{
```

```
    FILE * fp; //定义文件指针变量
    struct Student stu[50]; //定义学生结构体数组
    int i; //循环变量

    //从键盘输入N个学生的基本信息
     for(i=0;i<N;i++)
    {
        printf("输入第%d个学员的信息:\n",i+1);
        printf("姓名：");
        scanf("%s",stu[i].name);
        printf("年龄：");
        scanf("%d",&stu[i].age);
        printf("性别：");
        scanf("%s",stu[i].sex);
        printf("在读学校名称：");
        scanf("%s",stu[i].school);
    }

    fp=fopen("C:\\studentbin.txt","wb");  //以只写的方式打开C:\\studentbin.txt

    //把N个学生的基本一次写入C:\studentbin.txt文件中
    fwrite(&stu,sizeof(struct Student),N,fp);
    fclose(fp); //关闭fp所指向的文件
    printf("保存成功！\n");
}
```

运行后打开C：\studentbin.txt，我们看到的内容如图附录6-6所示。

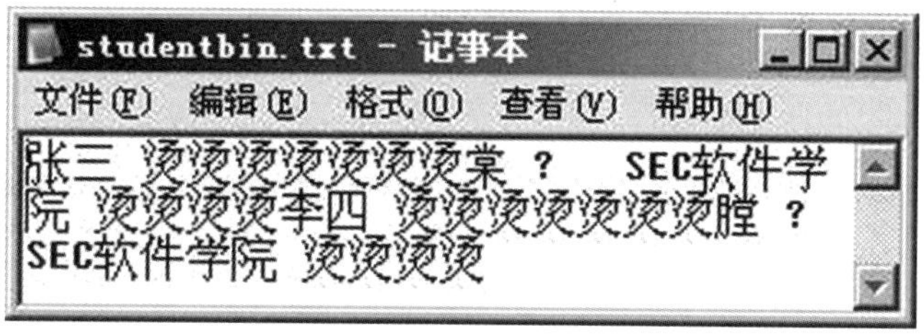

图附录6-6 运行例附录6-5后C：\studentbin.txt中的内容

当我们打开C：\studentbin.txt文件时，看到了一些乱码。因为我们向文件写入的是二进制，而记事本只能正确显示文本（字符）信息。如果用UltraEdit软件打开我们就可以看到二进制代码，如图附录6-7所示。

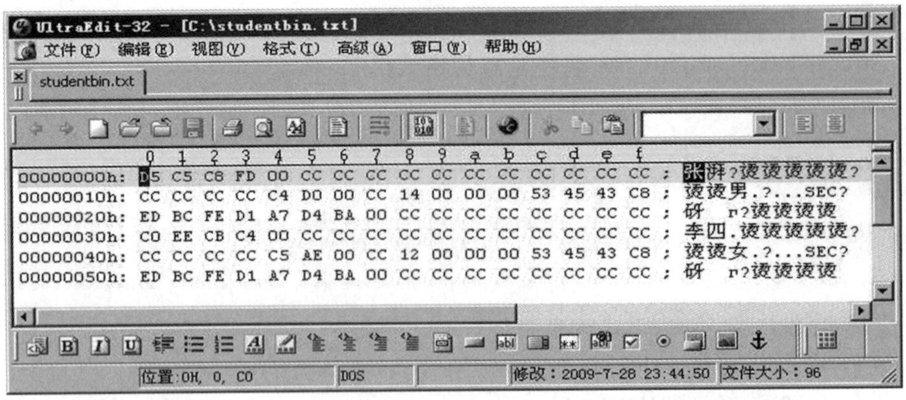

图附录6-7　用UltraEdit打C：\studentbin.txt时显示的二进制代码

2. 读二进制文件

相关函数介绍。

fread()：从二进制文件中读取整块数据。

原型：

```
long fread(void *buffer, long  num_bytes, long  count, FILE *fp);
```

例附录6-6：输出C：\studentbin.txt中的所有学生信息。

```
#include <stdio.h>

//定义一个结构体变量
struct Student
{
    char name[20]; //姓名
    char sex[2];  //性别
    int age; //年龄
    char school[20]; //学校名称
};

#define N 2

void main()
{
    FILE * fp; //定义文件指针变量
    struct Student s[50];
    int i;  //循环变量
    fp=fopen("C:\\studentbin.txt","rb");//以只读的方式打开C:\\studentbin.txt
    //从C:\studentbin.txt中读取N个学生的信息存入s数组中
    read(s,sizeof(struct Student),N,fp);
    //输出所有学生基本信息
    printf("姓名\t年龄\t性别\t在读学校\n");
    printf("======================================\n");
```

```
    for(i=0;i<N;i++)
    {
        printf("%s\t%d\t%s\t%s\n",s[i].name,s[i].age,
        s[i].sex,s[i].school);
    }
    fclose(fp); //关闭fp所指向的文件
}
```

运行结果如图附录6-8所示。

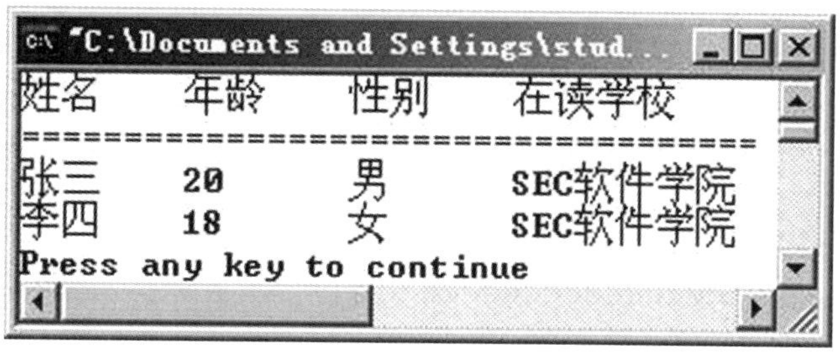

图附录6-8 例附录6-8程序的运行结果

提示

一般简单的字符信息我们使用文本文件存储，这样用户可以用记事本直接查看。而读写大量的数据我们常用二进制文件存储，速度比文本文件快。

6.2.3 其他函数

1. feof()：判断文件是否达到EOF，到文件末尾返回非0。使用示例feof（fp)；
2. rewind()：使文件的位置指针重新返回文件的开头。使用示例rewind（fp)；
3. remove()：删除一个文件。使用示例remove（“c：\\sec.txt”）；

注意

如果文件已经打开，则必须将该文件关闭才能够删除。如果调用成功，返回0，否则返回-1。

附录七　C语言编码规范

1. 排版

1-1　程序块要采用缩进风格编写，缩进一个TAB键。

1-2　相对独立的程序块之间、变量说明之后必须加空行。

1-3　较长的语句（>80字符）要分成多行书写，长表达式要在低优先级操作符处划分新行，操作符放在新行之首，划分出的新行要进行适当的缩进，使排版整齐，语句可读。

1-4　循环、判断等语句中若有较长的表达式或语句，则要进行适当的划分，长表达式要在低优先级操作符处划分新行，操作符放在新行之首。

1-5　若函数或过程中的参数较长，则要进行适当的划分。

1-6　不允许把多个短语句写在一行中，即一行只写一条语句。

1-7　if、while、for、default、do等语句自占一行。

1-8　对齐只使用TAB键，不使用空格键。

1-9　函数或过程的开始、结构的定义及循环、判断等语句中的代码都要采用缩进风格，case语句下的情况处理语句也要遵从语句缩进要求。

1-10　程序块的分界符（如C/C++语言的大括号'{'和'}'）应各独占一行并且位于同一列，同时与引用它们的语句左对齐。在函数体的开始、类的定义、结构的定义、枚举的定义以及if、for、do、while、switch、case语句中的程序都要采用如上的缩进方式。

1-11　在两个以上的关键字、变量、常量进行对等操作时，它们之间的操作符之前、之后或者前后要加空格；进行非对等操作时，如果是关系密切的立即操作符（如—>），后不应加空格。

1-12　程序结构清晰，简单易懂，单个函数的程序行数不得超过100行。

2. 注释

2-1　一般情况下，源程序有效注释量必须在20%以上。

2-2　说明性文件（如头文件.h文件、.inc文件、.def文件、编译说明文件.cfg等）头部应进行注释，注释必须列出：版权说明、版本号、生成日期、作者、内容、功能、与其他文件的关系、修改日志等，头文件的注释中还应有函数功能简要说明。

2-3　源文件头部应进行注释，列出：版权说明、版本号、生成日期、作者、模块目的/功能、主要函数及其功能、修改日志等。

2-4　函数头部应进行注释，列出：函数的目的/功能、输入参数、输出参数、返回值、调用关系（函数、表）等。

2-5　边写代码边注释，修改代码同时修改相应的注释，以保证注释与代码的一致性。不再有用的注释要删除。

2-6　注释的内容要清楚、明了，含义准确，防止注释二义性。

2-7　避免在注释中使用缩写，特别是非常用缩写。

2-8　注释应与其描述的代码相近，对代码的注释应放在其上方或右方（对单条语句的注释）相邻位置，不可放在下面，如放于上方则需与其上面的代码用空行隔开。

2-9　对于所有有物理含义的变量、常量，如果其命名不是充分自注释的，在声明时都必须加以注释，说明其物理含义。变量、常量、宏的注释应放在其上方相邻位置或右方。

2-10　数据结构声明（包括数组、结构、类、枚举等），如果其命名不是充分自注释的，必须加以注释。对数据结构的注释应放在其上方相邻位置，不可放在下面；对结构中的每个域的注释放在此域的右方。

2-11　全局变量要有较详细的注释，包括对其功能、取值范围、哪些函数或过程存取它，以及存取时注意事项等的说明。

2-12　注释与所描述内容进行同样的缩排。

2-13　将注释与其上面的代码用空行隔开。

2-14　对变量的定义和分支语句（条件分支、循环语句等）必须编写注释。

2-15　对于switch语句下的case语句，如果因为特殊情况需要处理完一个case后进入下一个case处理，必须在该case语句处理完、下一个case语句前加上明确的注释。

3. 标识符命名

3-1　标识符的命名要清晰、明了，有明确含义。同时使用完整的单词或大家可以理解的缩写，避免使人产生误解。

3-2　命名中若使用特殊约定或缩写，则要有注释说明。

3-3　自己特有的命名风格，要自始至终保持一致，不可来回变化。

3-4　对于变量命名，禁止取单个字符（如i、j、k...），建议除了要有具体含义外，还能表明其变量类型、数据类型等，但i、j、k作局部循环变量是允许的。

3-5　命名规范必须与所使用的系统风格保持一致，并在同一项目中统一，比如采用UNIX的全小写加下划线的风格或大小写混排的方式，不要使用大小写与下划线混排的方式。

4. 可读性

4-1　注意运算符的优先级，并用括号明确表达式的操作顺序，避免使用默认优先级。

4-2　避免使用不易理解的数字，用有意义的标识来替代。涉及物理状态或者含有物理意义的常量，不应直接使用数字，必须用有意义的枚举或宏来代替。

5. 变量

5-1　去掉没必要的公共变量。

5-2　仔细定义并明确公共变量的含义、作用、取值范围及公共变量间的关系。

5-3　明确公共变量与操作此公共变量的函数或过程的关系，如访问、修改及创建等。

5-4　当向公共变量传递数据时，要十分小心，防止赋予不合理的值或越界等现象发生。

5-5　防止局部变量与公共变量同名。

5-6　严禁使用未经初始化的变量作为右值。

6. 函数、过程

6-1　对所调用函数的错误返回码要仔细、全面地处理。

6-2　明确函数功能，精确（而不是近似）地实现函数设计。

6-3　编写可重入函数时，应注意局部变量的使用（如编写C/C++语言的可重入函数时，应使用auto即缺省局部变量或寄存器变量）。

6-4　编写可重入函数时，若使用全局变量，则应通过关中断、信号量（即P、V操作）等手段对其加以保护。

7. 可测性

7-1　在同一项目组或产品组内，要有一套统一的为集成测试与系统联调准备的调测开关及相应打印函数，并且要有详细的说明。

7-2　在同一项目组或产品组内，调测打印出的信息串的格式要有统一的形式。信息串中至少要有所在模块名（或源文件名）及行号。

7-3　编程的同时要为单元测试选择恰当的测试点，并仔细构造测试代码、测试用例，同时给出明确的注释说明。测试代码部分应作为（模块中的）一个子模块，以方便测试代码在模块中的安装与拆卸（通过调测开关）。

7-4　在进行集成测试/系统联调之前，要构造好测试环境、测试项目及测试用例。同时，仔细分析并优化测试用例，以提高测试效率。

7-5　使用断言来发现软件问题，提高代码可测性。

7-6　用断言来检查程序正常运行时不应发生，但在调测时有可能发生的非法情况。

7-7　不能用断言来检查最终产品肯定会出现且必须处理的错误情况。

7-8　对较复杂的断言加上明确的注释。

7-9　用断言确认函数的参数。

7-10　用断言保证没有定义的特性或功能不被使用。

7-11　用断言对程序开发环境（OS/Compiler/Hardware）的假设进行检查。

7-12　正式软件产品中应把断言及其他调测代码去掉（即把有关的调测开关关掉）。

7-13　在软件系统中设置与取消有关测试手段，不能对软件实现功能等产生影响。

7-14　用调测开关来切换软件的DEBUG版和正式版，而不要同时存在正式版本和DEBUG版本的不同源文件，以减少维护的难度。

7-15　软件的DEBUG版本和发行版本应该统一维护，不允许分家，并且要时刻注意保证两个版本在实现功能上的一致性。

8. 程序效率

8-1　编程时要经常注意代码的效率。

8-2　在保证软件系统的正确性、稳定性、可读性及可测性的前提下，提高代码效率。

8-3　局部效率应为全局效率服务，不能因为提高局部效率而对全局效率造成影响。

8-4　通过对系统数据结构的划分与组织的改进，以及对程序算法的优化来提高空间效率。

8-5　循环体内工作量最小化。

9. 质量保证

9-1　在软件设计过程中构筑软件质量。

9-2　代码质量保证优先原则

9-3　只引用属于自己的存贮空间。

9-4　防止引用已经释放的内存空间。

9-5　过程/函数中分配的内存，在过程/函数退出之前要释放。

9-6　过程/函数中申请的（为打开文件而使用的）文件句柄，在过程/函数退出之前要关闭。

9-7　防止内存操作越界。

9-8　认真处理程序所能遇到的各种出错情况。

9-9　系统运行之初，要初始化有关变量及运行环境，防止未经初始化的变量被引用。

9-10　系统运行之初，要对加载到系统中的数据进行一致性检查。

9-11　严禁随意更改其他模块或系统的有关设置和配置。

9-12　不能随意改变与其他模块的接口。

9-13　充分了解系统的接口之后，再使用系统提供的功能。

9-14　编程时，要防止差1错误。

9-15　要时刻注意易混淆的操作符。当编完程序后，应从头至尾检查一遍这些操作符，以防止拼写错误。

9-16　有可能的话，if语句尽量加上else分支，对没有else分支的语句要小心对待，switch语句必须有default分支。

9-17　禁止goto语句。

9-18　单元测试也是编程的一部分，提交联调测试的程序必须通过单元测试。

10. 代码编辑、编译、审查

10-1　打开编译器的所有告警开关对程序进行编译。

10-2　在产品软件（项目组）中，要统一编译开关选项。

10-3　通过代码走读及审查方式对代码进行检查。

11. 代码测试、维护

11-1　单元测试要求至少达到语句覆盖。

11-2　单元测试开始要跟踪每一条语句，并观察数据流及变量的变化。

11-3　清理、整理或优化后的代码要经过审查及测试。

11-4　代码版本升级要经过严格测试。

11-5　使用工具软件对代码版本进行维护。

11-6　正式版本上软件的任何修改都应有详细的文档记录。

12. 宏

12-1　使用宏定义表达式时，要用完备的括号。

12-2　将宏所定义的多条表达式放在大括号中。

12-3　使用宏时，不允许参数发生变化 。

附录八　C语言常用的系统函数

本附录列出了一些Turbo C常用的库函数。如果需要更多的库函数可以查阅《C库函数集》。

一、输入/输出函数

使用下列库函数要求在源文件中包含头文件<stdio.h>。

函数名	函数与形参类型	功　能	说　明
clearerr	void clearerr(FILE *fp);	清除文件指针错误。	
close	int close(FILE *fp);	关闭文件指针fp指向的文件。成功，返回0，不成功，返回-1	非ANSI标准
creat	int creat (char filename,int mode);	以mode所指定的方式建立文件。成功则返回正数，否则返回-1	非ANSI标准
eof	int eof(int fd);	检查文件是否结束。遇文件结束，返回1，否则返回0	非ANSI标准
fclose	int fclose(FILE *fp);	关闭文件指针fp所指向的文件，释放缓冲区。有错误返回非0，否则返回0	
feof	int feof(FILE *fp);	检查文件是否结束。遇文件结束符返回非零值，否则返回0	
fgetc	int fgetc(FILE *fp);	返回所得到的字符。若读入出错，返回EOF	
fgets	char *fgets(char *buf,int n, FILE *fp);	从fp指向的文件读取一个长度为(n-1)的字符串，存放起始地址为buf的空间。成功返回地址buf，若遇文件结束或出错，返回NULL	
fopen	FILE *fopen(char *filename,char *mode);	以mode指定的方式打开名为filename的文件。成功时返回一个文件指针，否则返回NULL	
fprintf	int fprintf(FILE *fp,char *format,args,…);	把args的值以format指定的格式输出到fp指向的文件中	
fputc	int fputc (char ch,FILE *fp);	将字符ch输出到fp指向的文件中。成功则返回该字符，否则返回非0	
fputs	int fputs (char *str,FILE *fp);	将str指向的字符串输出到fp指向的文件中。成功则返回0，否则返回非0	
fread	int fread(char *pt, unsigned size,unsigned n, FILE *fp);	从fp指向的文件中读取长度为size的n个数据项，存到pt指向的内存区。成功则返回所读的数据项个数，否则返回0	
fscanf	int fscanf(FILE *fp,char format,args,…);	从fp指向的文件中按format给定的格式将输入数据送到args所指向的内存单元	
fseek	int fseek(FILE *fp, long offset,int base);	将fp指向的文件的位置指针移到以base所指出的位置为基准，以offset为位移量的位置。成功则返回当前位置，否则返回-1	

续表

函数名	函数与形参类型	功　能	说　明
ftell	long ftell(FILE *fp);	返回fp所指向的文件中的当前读写位置	
fwrite	int fwrite(char *ptr, unsigned size,unsigned n, FILE *fp);	将ptr所指向的n*size个字节输出到fp所指向的文件中。返回写到fp文件中的数据项个数	
getc	int getc(FILE *fp);	从fp所指向的文件中读入一个字符。返回所读的字符，若文件结束或出错，返回EOF	
getchar	int getchar(void);	从标准输入设备读取下一个字符。返回所读字符，若文件结束或出错，则返回-1	
gets	char *gets(char *str);	从标准输入设备读取字符串，存放由str指向的字符数组中。返回字符数组起始地址	
getw	int getw(FILE *fp);	从fp指向的文件读取下一个字（整数）。返回输入的整数，若遇文件结束或出错，返回-1	非ANSI标准函数
open	int open(char *filename, int mode);	以mode指出的方式打开已存在的名为filename的文件。返回文件号（正数），如打开失败，返回-1	非ANSI标准函数
printf	int printf (char *format,args,…);	按format指向的格式字符串所规定的格式，将输出表列args的值输出到标准输出设备。返回输出字符的个数，出错返回负数	format是一个字符串或字符数组的起始地址
putc	int putc (int ch,FILE *fp);	将一个字符ch输出到fp所指的文件中。返回输出的字符ch，出错返回EOF	
putchar	int putchar(char ch);	将字符ch输出到标准输出设备。返回输出的字符ch，出错返回EOF	
puts	int puts(char *str);	把str指向的字符串输出到标准输出设备，将‘\0’转换为回车换行。返回换行符，失败返回EOF	
putw	int putw(int w,FILE *fp);	将一个整数w（即一个字）写入fp指向的文件中。返回输出的整数，出错返回EOF。	非ANSI标准函数
read	int read(int fd,char *buf, unsigned count);	从文件号fd所指示中读count个字节到由buf指示的缓冲区中。返回真正读入的字节个数。如遇文件结束返回0，出错返回-1	非ANSI标准函数
rename	int rename(char *oldname, char *newname);	把由oldname所指的文件名，改为由newname所指的文件名。成功时返回0，出错返回-1	
rewind	void rewind(FILE *fp);	将fp指向的文件中的位置指针移到文件开头位置，并清除文件结束标志和错误标志	
scanf	int scanf (char *format,args,…);	从标准输入设备按format指向的格式字符串规定的格式，输入数据给args所指向的单元。成功时返回赋给args的数据个数，出错时返回0	args为指针
write	int write(int fd,char *buf, unsigned count);	从buf指示的缓冲区输出count个字符到fd所标志的文件中。返回实际输出的字节数。如出错返回-1	非ANSI标准函数

二、数学函数

使用下列库函数要求在源文件中包含头文件<math.h>。

函数名	函数与形参类型	功　能	说　明
abs	int abs(int x);	计算并返回整数x的绝对值	
acos	double acos(double x);	计算并返回arccos(x)的值	要求x在1和-1之间
asin	double asin(double x);	计算并返回arcsin(x)的值	要求x在1和-1之间
atan	double atan(double x);	计算并返回arctan(x)的值	
atan2	double atan2(double x,double y);	计算并返回arctan(x/y)的值	
atof	double atof(char *nptr);	将字符串转化为浮点数	
atoi	int atoi(char *nptr);	将字符串转化为整数	
atol	long atoi(char *nptr);	将字符串转化为长整形数	
cos	double cos(double x);	计算cos(x)的值	x为单位弧度
cosh	double cosh(double x);	计算双曲余弦cosh(x)的值	
exp	double exp(double x);	计算e^x的值	
fabs	double fabs(double x);	计算x的绝对值	x为双精度数
floor	double floor(double x);	求不大于x的最大双精度整数	
fmod	double fmod(double x,double y);	计算x/y后的余数	
frexp	double frexp (double val,double *eptr);	将val分解为尾数x，以2为底的指数n，即$val=x*2^n$，n存放到eptr所指向的变量中	返回尾数x，x在0.5与1之间
labs	long labs(long x);	计算并返回长整型数x的绝对值	
log	double log(double x);	计算并返回自然对数值ln(x)	x>0
log10	double log10(double x);	计算并返回常用对数值$log_{10}(x)$	x>0
modf	double modf(double val,double *iptr);	将双精度数分解为整数部分和小数部分。小数部分作为函数值返回，整数部分存放在iptr指向的双精度型变量中	
pow	double pow(double x,double y);	计算并返回x^y的值	
pow10	double pow10(int x);	计算并返回10^x的值	
rand	int rand(void);	产生-90到32767间的随机整数	rand()%100就是返回100以内的整数
random	int random(int x);	在0~x范围内随机产生一个整数	使用前必须用randomize函数
randomize	void randomize(void);	初始化随机数发生器	
sin	double sin(double x);	计算并返回正弦函数sin(x)的值	x为单位弧度
sinh	double sinh(double x);	计算并返回双曲正弦函数sinh(x)的值	
sqrt	double sqrt(double x);	计算并返回x的平方根	x要大于等于0
tan	double tan(double x);	计算并返回正切值tan(x)	x为单位弧度
tanh	double tanh(double x);	计算并返回双正切值tanh(x)	

三、字符判别和转换函数

使用下列库函数要求在源文件中包含头文件<ctype.h>。

函数名	函数与形参类型	功　能	说　明
isalnum	int isalnum(int ch);	检查ch是否为字母或数字	是，返回1；否则返回0
isalpha	int isalpha(int ch);	检查ch是否为字母	是，返回1；否则返回0
isascii	int isascii(int ch);	检查ch是否为ASCII字符	是，返回1；否则返回0
iscntrl	int iscntrl(int ch);	检查ch是否为控制字符	是，返回1；否则返回0
isdigit	int isdigit(int ch);	检查ch是否为数字	是，返回1；否则返回0
isgraph	int isgraph(int ch);	检查ch是否为可打印字符，即不包括控制字符和空格	是，返回1；否则返回0
islower	int islower(int ch);	检查ch是否为小写字母	是，返回1；否则返回0
isprint	int isprint(int ch);	检查ch是否为可打印字符（含空格）	是，返回1；否则返回0
ispunch	int ispunch(int ch);	检查ch是否为标点符号	是，返回1；否则返回0
isspace	int isspace(int ch);	检查ch是否为空格水平制表符('\t')、回车符('\r')、走纸换行('\f')、垂直制表符('\v')、换行符('\n')	是，返回1；否则返回0
isupper	int isupper(int ch);	检查ch是否为大写字母	是，返回1；否则返回0
isxdigit	int isxdigit(int ch);	检查ch是否为十六进制数字	是，返回1；否则返回0
tolower	int tolower(int ch);	将ch中的字母转换为小写字母	返回小写字母
toupper	int toupper(int ch);	将ch中的字母转换为大写字母	返回大写字母
atof	double atof(const char *nptr);	将字符串转换成浮点数	返回浮点数（double型）
atoi	int atoi(const char *nptr)	将字符串转换成整型数	返回整数
atol	long atol(const char *nptr);	将字符串转换成长整型数	返回长整型数

四、字符串函数

使用下列库函数要求在源文件中包含头文件<string.h>。

函数名	函数与形参类型	功 能	说 明
strcat	char *strcat(char *str1,const char *str2);	将字符串str2连接到str1后面	返回str1的地址
strchr	char *strchr(const char *str,int ch);	找出ch字符在字符串str中第一次出现的位置	返回ch的地址，若找不到返回NULL
strcmp	int strcmp(const char *str1,const char *str2);	比较字符串str1和str2	str1<str2 返回负数， str1=str2 返回0， str1>str2 返回正数
strcpy	char *strcpy(char *str1,const char *str2);	将字符串str2复制到str1中	返回str1的地址
strlen	int strlen(const char *str);	求字符串str的长度	返回str1包含的字符数（不含'\0'）
strlwr	char *strlwr(char *str);	将字符串str中的字母转换为小写字母	返回str的地址
strncat	char *strncat(char *str1,const char *str2,size_t count);	将字符串str2中的前count个字符连接到str1后面	返回str1的地址
strncpy	char *strncpy(char *dest,const char *source,size_t count);	将字符串str2中的前count个字符复制到str1中	返回str1的地址
strstr	char *strstr(const char *str1,const char *str2);	找出字符串str2的字符串str中第一次出现的位置	返回str2的地址，找不到返回NULL
strupr	char *strupr(char *str);	将字符串str中的字母转换为大写字母	返回str的地址

五、动态分配存储空间函数

使用下列库函数要求在源文件中包含头文件<stdlib.h>。

函数名	函数与形参类型	功 能	说 明
calloc	void *calloc(size_t num, size_t size);	为num个数据项分配内存，每个数据项大小为size个字节	返回分配的内存空间起始地址，分配不成功返回0
free	void *free(void *ptr);	释放ptr指向的内存单元	
malloc	void *malloc(size_t size);	分配size个字节的内存	返回分配的内存空间起始地址，分配不成功返回0
reallc	void *realloc(void ptr,size_t newsize);	将ptr指向的内存空间改为newsize字节	返回新分配的内存空间起始地址，分配不成功返回0
ecvt	char ecvt(double value,int ndigit,int *decpt,int *sign);	将一个浮点数转换为字符串	
fcvt	char *fcvt(double value,int ndigit,int *decpt,int *sign);	将一个浮点数转换为字符串	
gcvt	char *gcvt(double value,int ndigit,char *buf);	将浮点数转换成字符串	
itoa	char *itoa(int value,char *string,int radix);	将一整型数转换为字符串	
strtod	double strtod(char *str,char **endptr);	将字符串转换为double型	
strtol	long strtol(char *str,char **endptr,int base);	将字符串转换为长整型数	
ultoa	char *ultoa(unsigned long value,char *string,int radix);	将无符号长整型数转换为字符串	

附录九 ASCII字符集

1. 标准ASCII字符集

ASCII值	字符	控制字符	ASCII值	字符	ASCII值	字符	ASCII值	字符
000	null	NULL	032	space	064	@	096	`
001	☺	SOH	033	!	065	A	097	a
002	☻	STX	034	"	066	B	098	b
003	♥	ETX	035	#	067	C	099	c
004	♦	EOT	036	$	068	D	100	d
005	♣	ENQ	037	%	069	E	101	e
006	♠	ACK	038	&	070	F	102	f
007	beep	BEL	039	'	071	G	103	g
008	back space	BS	040	(	072	H	104	h
009	◙	HT	041	)	073	I	105	i
010	line feed	LF	042	*	074	J	106	j
011	♂	VT	043	+	075	K	107	k
012	♀	FF	044	,	076	L	108	l
013	carriage return	CR	045	-	077	M	109	m
014	♫	SO	046	.	078	N	110	n
015	☼	SI	047	/	079	O	111	o
016	►	DLE	048	0	080	P	112	p
017	◄	DC1	049	1	081	Q	113	q
018	↕	DC2	050	2	082	R	114	r
019	‼	DC3	051	3	083	S	115	s
020	¶	DC4	052	4	084	T	116	t
021	§	NAK	053	5	085	U	117	u
022	▬	SYN	054	6	086	V	118	v
023	↨	ETB	055	7	087	W	119	w
024	↑	CAN	056	8	088	X	120	x
025	↓	EM	057	9	089	Y	121	y
026	→	SUB	058	:	090	Z	122	z
027	←	ESC	059	;	091	[	123	{
028	∟	FS	060	<	092	\	124	¦
029	↔	GS	061	=	093	]	125	}
030	▲	RS	062	>	094	^	126	~
031	▼	US	063	?	095	_	127	del

2. 扩充ASCII字符集

ASCII值	字符	ASCII值	字符	ASCII值	字符	ASCII值	字符
128	Ç	160	á	192	└	224	α
129	ü	161	í	193	┴	225	β
130	é	162	ó	194	┬	226	Γ
131	â	163	ú	195	├	227	π
132	ä	164	ñ	196	─	228	Σ
133	à	165	Ñ	197	┼	229	σ
134	å	166	ª	198	╞	230	μ
135	ç	167	º	199	╟	231	τ
136	ê	168	¿	200	╚	232	φ
137	ë	169	⌐	201	╔	233	θ
138	è	170	Ø	202	╩	234	Ω
139	ï	171	½	203	╦	235	δ
140	î	172	¼	204	╠	236	∞
141	ì	173	¡	205	═	237	∮
142	Ä	174	«	206	╬	238	∈
143	Å	175	»	207	╧	239	∩
144	É	176	░	208	╨	240	≡
145	æ	177	▒	209	╤	241	±
146	Æ	178	▓	210	╥	242	≥
147	ô	179	│	211	╙	243	≤
148	ö	180	┤	212	╘	244	⌠
149	ò	181	╡	213	╒	245	⌡
150	û	182	╢	214	╓	246	÷
151	ù	183	╖	215	╫	247	≈
152	ÿ	184	╕	216	╪	248	°
153	Ö	185	╣	217	┘	249	·
154	Ü	186	║	218	┌	250	·
155	¢	187	╗	219	█	251	√
156	£	188	╝	220	▪	252	▮
157	¥	189	╜	221	▌	253	²
158	Pt	190	╛	222	▐	254	■
159	ƒ	191	┐	223	▬	255	blank